养生防病之医学问答集锦

不生病之真法（续）

——中华自然医学——

人类健康的新途径 21 世纪医学的主流

张家瑞　著

新华出版社

图书在版编目（CIP）数据

不生病之真法（续）——中华自然医学/张家瑞著. －北京：新华出版社，2004.5

ISBN 7－5011－6598－X

Ⅰ. 不… Ⅱ. 张… Ⅲ. 保健－基本知识 Ⅳ. R161

中国版本图书馆 CIP 数据核字（2004）第 019116 号

不生病之真法（续）

张家瑞 著

*

新 华 出 版 社 出 版 发 行

（北京市石景山区京原路 8 号 邮编：100043）

新华出版社网址：http://www.xinhuapub.com

中国新闻书店：（010）63072012

新 华 书 店 经 销

海洋出版社激光照排中心照排

北 京 神 剑 印 刷 厂 印 刷

*

880 mm×1230 mm 32 开本 13 印张 400 000 字

2004 年 6 月第一版 2004 年 6 月北京第一次印刷

ISBN 7－5011－6598－X/R·89 定价：38.00 元

本书正版加有防伪标志

中华自然医学之宗旨

弘扬真法，解除人间痛疾；祛邪扶正，致中和；人人健康快乐。

倡导真理，净化国人身心；安内攘外，合自然，家家幸福美满。

　　作者有次与悟光上师论及"无病论"时，此高僧非常高兴地说："古佛经早就强调'佛子无病'"。随后又顺写了这幅"佛子源来无病"，由此证实"真理相通"。

福

序

　　自从《不生病之真法》出书后，就不断地接获读者们的来电，有些读者说他把此书当成小百科，有人把它列为最佳传家之宝，有读者说他已看了不知几次，愈看愈有心得，有些学过现代医学的医生却把它视为至宝，因为以往所有健康医学上的盲点和瓶颈在此书都已找到答案了，也有读者以责备的口吻询问说："张博士，您这本书为什么不早一点出版!?"诸若如此，读者们如此热烈的回响，使我感到欣慰万分，亦令我更觉得责任重大，并企望务必把这套救世新医学更积极地推荐给全世界。

　　其中占大部分的读者则希望我赶快出第二本书，使大家对自然医学能更加深入了解。经过一番考量后，我即开始搜集每位读者来电请教的所有问题，以一问一答的方式来写出这第二本书；或许某一位读者的疑问亦将是其他读者的疑问，而事实上也是如此，往往同一个问题都不断有人重复地提出询问。今天，一一加以整理成书后，但愿您会喜欢它，因为这些疑问也可能是您想知道的，或是与您非常切身关系的问题，因此本书可能将成为您的惟一选择。

　　由于《中华自然医学》的学理与现代医学截然不同，因此希望读者先把第一册《不生病之真法》看上三五遍后，再来阅读本书，如此之下或许会受益更多；敝人才疏学浅，也许难以满足读者的需求，不过将尽己之能，把所知道的都呈献给大家，只愿读者能因此更加健康，阖家更幸福美满，谨此为序。

张家瑞

1996 年 7 月 11 日

前　言

　　您知道何谓专家？曾经有人对这两个字下了定义："所写的字，无人看懂，即大书法家；所画出的画，无人看懂，即大艺术家；所发表的政治言论，无人听懂，即大政治家；所提出的医学理论，无人可搞懂，这才是最权威的医学专家。"

　　这或许只是一句调皮话，可是却很耐人寻味，尤其在现今的社会里，似乎有许多人正朝这个目标努力。不过我却一直喜欢拿一些大家都知道，或人人易懂的事来做比喻，因此我成不了专家，更谈不上权威。有读者曾经向我诉苦说："我的父亲只相信权威，可是十多年来权威医生不仅医不好他的糖尿病，而且又引发了许多并发症，到此地步我的父亲仍然执著，只忠于权威，盲目地相信权威，完全忘了自己宝贵的生命比权威更重要。"像如此执著且近于无知的人，我们也只有表以同情与怜悯罢了。其实权威往往和实际有着很大的差距，权威只是一种美誉，也可能只是一种噱头。不知诸位是否记得，曾经有位我国癌症最权威的专家，自己得鼻咽癌后无法治愈而于中研院跳楼自杀，而使国家痛失英才，令人甚感遗憾。

　　或许我非权威中人，因而如此说话。但若有朝一日我已是权威人士，我仍将奉劝大家不要盲目地相信权威，诚如我在中国内地时，面对一些中西医大夫们，其中有的是已退休的老大夫或医院院长，我时常强调他们："不要认为我站在讲台上，所说的一切都是对的，你们必须去加以临床实践与证实。"结果和我所说的完全吻合时，才可肯定地说："老师！您所说的都是对的！"因此，我亦希望读者不要被权威所迷惑，更不要被不能吻合实际的理论所左右，包括本书的种种言论仍须加以实践与证实，也惟有如此才能求得真理，才可达成理想中的目标，不仅健康须如此，或许针对许多事与物也都该如此吧！

张家瑞

于 1996 年 7 月中旬

目　录

不生病之真法（续）

寿

不生病之真法（续）

寿

不生病之真法（续）

寿

不生病之真法（续）

福

不生病之真法（续）

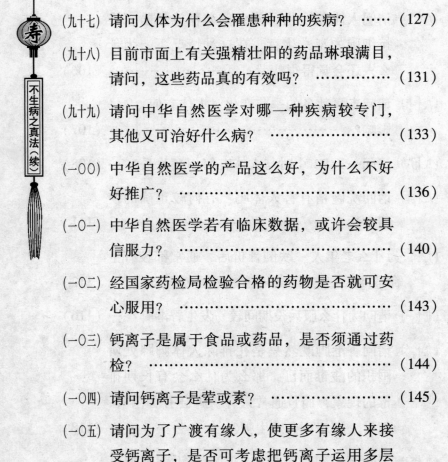

福

不生病之真法（续）

福

不生病之真法（续）

福

不生病之真法（续）

不生病之真法（续）

不生病之真法（续）

不生病之真法（续）

不生病之真法（续）

又有乙型肝炎，请问如何改善？ ……………（280）

（八十五）我已是鼻咽癌末期，接受化学治疗至今头
发已完全掉光了，经朋友介绍而接受了自
然医学已有两个多月，刚开始觉得体力、
精神都有很大的进步，使我觉得非常有信
心，可是这几天来，嘴巴、鼻孔和双耳都
流出污血和血块来，从嘴内流出的血块约
拇指大有十多块，鼻孔和双耳亦流出许多
小血块，请问这是否就是排毒，有没有关
系？ ……………………………………（282）

（八十六）我的鼻咽癌于第一次排毒过程中，排出十
多块拇指大的血块和许多小血块，第二次
从嘴巴又排出拇指大的血块有二十几块，
从鼻孔和双耳仍排出许多小血块，人体排
出这些又黑又臭的血块和污血，我知道这
是在排除人体的酸毒，可是只是鼻咽癌怎
么会排出这么多的污血和血块呢？ ………（284）

（八十七）我的鼻咽癌这次的排毒已不是血块，而
是臭肉块，从口中排出的二十几块也都
有如拇指般之大小，从双耳和鼻孔仍然
排出许多小肉块，当然也都夹带有污血，
看起来很恐怖，请问以后还有什么好转
反应呢？ ……………………………（286）

不生病之真法（续）

右侧：福 不生病之真法（续）

工作，使整个家庭经济问题完全靠我的太太，如今接触自然医学后，以前被牛车碾过的位置又出现剧痛，这是否表示人体已开始自我改善了，我很希望早日健康，早日正常上班，免得我的太太那么辛苦？ … (311)

不生病之真法（续）

左侧竖排：不生病之真法（续）

不生病之真法（续）

不生病之真法（续）

一、健康之道

㈠ 许多医学报道、健康杂志都经常宣导大家多刷牙才能防止蛀牙。请问刷牙真的就可防止蛀牙吗？

答：不能，因为刷牙只能清除牙缝中的残留物或是齿面上的污垢而已，而且过度的刷牙亦可能损及牙齿表层的珐琅质，如果刷牙可防止蛀牙的话，为什么现代人天天刷牙，甚至一天刷好几次牙，却仍然满口蛀牙；而古时候的人或所有动物完全不刷牙，反而不蛀牙呢？由于现代的家畜或宠物在现代人饲养方式的不同之下，已愈来愈偏离自然，所以现代的家畜、宠物的蛀牙现象，甚至得病率已逐年增高。

㈡ 既然刷牙不能防止蛀牙，那么如何才能有效地防止呢？

答：欲防止蛀牙，首先必须了解蛀牙之主因，蛀牙是因牙齿的钙质流失而引起，也就是从牙齿的内部结构渐渐变坏而产生蛀牙，因此若光从牙齿表面下功夫，则将完全无济于事。

(三) 请问牙齿的钙质为什么会流失呢？

答：由于现代空气、水质污染严重，以及西药、化学品到处充斥，又加上现代人的饮食习惯错误，使现代人体内的酸毒偏高，而当人体内的酸毒偏高时，人体为了维持细胞的正常生存，将会发动人体的自然治愈本能，这时人体的脑下垂体将命令副甲状腺分泌荷尔蒙（一种激素），来刺激骨骼释放出骨髓（钙离子），而因钙离子系属碱性，故可中和人体内的酸毒，使人体的体液、血液维持于弱碱性的状态下，人体的细胞才能正常生存，人体也才能无病；根据中医学理："齿为骨之余"。牙齿是属于骨质的一部分，以人体的架构而言，则以骨骼为主，牙齿为副，因此当人体骨髓于大量释放的过程中，牙齿的钙骨将首当其冲，率先释出，而就会开始出现蛀牙了，所以一旦有了蛀牙时，则表示人体的酸毒已偏高，也就是须特别注意人体的健康了。

(四) 如何防止人体或牙齿的钙质流失呢？

答：当然空气、水质、西药、化学品都是导致人体酸毒偏高的主因，可是现代人由于营养观念的偏差而致使摄取饮食方面发生严重的错误，不仅每天大鱼大肉，还吃了不少甜食及种种垃圾食物，这些属于酸性食物，尤其糖属强酸，所以我们都知道，小孩子爱吃甜食，很容易蛀牙，也就是我们经常提起的"酸能蚀骨腐肉"。

因此为防止骨骼或牙齿的钙质流失，则须先从饮食着手，少吃鸡、鸭、鱼、肉、蛋、豆类、罐头、可乐、油、盐、糖等种种酸性食物，而多吃蔬菜、野菜、地瓜叶等碱性食物，使人体内酸毒的积累速度延缓，蛀牙的形成也自然随之延缓，若欲更进一步防止骨髓流失，可参阅《不生病之真法》。

(五) 请问如何区分酸性食物或碱性食物？亦请举例日常生活中哪些酸碱平衡的应用？

答：通常酸和碱是以磷和钙为代表，食物中含磷量高于钙者为酸性食物，反之含钙量高于磷者，则为碱性食物。

酸性食物如鸡、鸭、鱼、肉类、罐头类、白米、豆类、味精、糖、饼干、面包、咖啡、汽水、可乐、精致食品、加工食品及水果的果肉部分等皆属于酸性食物。

碱性食物如小米、海带、海藻类、虾皮、小鱼干、鱼骨、青菜、野菜、葡萄干及水果表皮等。

所谓的酸碱系属于《易经》阴阳五行中的一部分，阴阳涵盖酸碱，阴阳亦涵盖表里，故果皮属阳也就是属碱，果肉属阴也就是属酸；有蛀牙的人有时一吃香蕉就马上引起牙疼，因为通常吃香蕉都只吃香蕉肉，香蕉肉则属酸性，尤其香蕉甜度很高，也就是非常酸性，故极易破坏人体细胞的生存环境，当然也包括牙齿的细胞。

而且当牙齿已有了蛀孔时，更容易被香蕉的强酸所侵蚀而马上引起牙疼，由于果皮系属碱性，可中和果肉的酸性，所以吃香蕉时只要连皮一起吃，就不会引起牙疼。

此外，譬如龙眼、荔枝的甜度很高，甜度高的食物于中医学理中则归属于温性，这属于温性食物一吃多则较易上火，也就是易使人体火气旺盛，因此吃太多的龙眼、荔枝或榴莲时，有时眼睛会排出一种很稠、很粘的分泌物，"台"语称为目周屎膏，如果您是吃太多的龙眼而引起时，您只要取一些龙眼壳和龙眼子加水熬成汤来喝后，这种症状就会消失，这就是酸碱平衡的道理。

〔六〕**请问醋是属于酸性或碱性？有人说，醋是酸性，但吃进人体后却呈碱性反应，为什么？**

答：醋是属于酸性，有少数人因受到一些错误理论的影响，认为醋是碱性，其实到底属于酸性或碱性，只要利用酸碱试纸或测试酸碱的仪器来测试，即可一目了然。

醋吃进人体后将呈碱性反应，这也就是曾经于《不生病之真法》中所引述的借支方式，当人体吃进了多量的醋后，因为醋也是一种非常酸性的物质，因此使人体很快偏向于酸性化而启动人体的自然治愈本能，而促使骨髓大量释放，因此醋吃进人体后呈碱性反应，不过这种借支方式还是少用为妙，因为我在《不生病之真法》中已经强调过，骨髓是人体生命之源，当人体骨髓耗光时，人的生命亦将宣告结束。有人强调醋可消除疲劳，这也是借支的作用，当人体大量的释放骨髓来中和人体内的酸毒时，人体细胞就会显得较活泼、强壮，而使疲劳较快消除之故。

〔七〕 有人说："柠檬是属于碱性食物。" 是吗？

答：前已提过，果皮系属碱性，果肉则属酸性；柠檬也是一样，柠檬的表皮属碱，而果肉亦是属酸，汁当然也属酸性。这问题我这么回答时亦曾引起有些人的争议，其实现代科技这么发达，只要利用酸碱仪器一测试就可马上知晓，不过令我百思莫解的是，既然心中已十分肯定柠檬是属于酸性，又何必再问我呢？

亦有人认为柠檬进到人体内仍将呈碱性反应，这道理已陈述于前，故不再重述。

〔八〕 茶叶属于酸性或碱性呢？

答：刚从茶树摘下来的茶叶是属于碱性，加工次数愈少的茶叶则愈偏碱性，反之，加工次数愈多者则愈偏酸，因此绿茶较偏碱，一般所谓的老人茶则较偏酸；所有食品都一样，加工次数愈多者，也就是愈偏离自然，所以也就愈偏酸性了。

寿

（九）**甜食属于酸性，那么水果愈熟透、愈甜的也愈偏酸性吗？**

答：是的，大致上是如此，会有例外的应属于少数。愈熟透、愈甜的水果当然愈偏酸性。反之，半熟、生涩的水果则偏碱性。在此有一偏方，读者诸君不妨一试，曾经有人把自己的毛病治愈，就是以半生不熟，略偏生涩的香蕉来治愈关节酸痛，在治愈的过程中，将有一段时间会特别疼痛，这也就是在《不生病之真法》中所提起的好转反应，欲了解好转反应的学理时，请参阅《不生病之真法》。

（十）**有人说："榴莲是果王，对人体很补。"请问是否如此？**

答：根据中医理论的基础来解释，中医学理把中药或食物的特性区分成温、平、凉、寒，凡水分较少又带有甜味的食物，通常都被称为温性食物，温性则属于补品，凉性或寒性的中药或食物则用于祛毒、降火气。故榴莲性温而属于补品，可是人类生活饮食习惯的转变，对补品的摄取也必须随之改变，否则不一定对人体有所补益。譬如古时候的人以蔬菜为主，人们的体质偏碱性，体质太偏碱也会不舒服，这就是中医学理所谓的阴阳失调，也就是酸碱失衡，当人体太偏碱时，则须吃一些甜

性的食物，愈甜性的食物则愈酸，故吃些甜性食物可中和人体过碱的体质，使人体体质保持于弱碱性的情况下，人体的健康才能呈最巅峰状态，因此古时候的人吃些甜性食物会觉得对人体有所补益。

而今，现代人每天大鱼大肉，使人的体质都已偏向酸性，若再吃些温性食物，也就是酸性食物时，对人体几乎已无助益，甚至会有反作用。譬如台湾中部有位罹患鼻咽癌的苏先生，当他接受中华自然医学后，他的身体于短短数个月已改善得相当不错，精神、体力几乎不亚于常人，可是有一阵子却出状况，也就是病情突然出现恶化现象，经过几番的追问下，才知道是吃了一个榴莲之故，因此身体欠安的人在饮食上需稍加留意，健康的人则较无所谓。

(十一) 现代的农药使用太过于泛滥，果皮虽属碱性可是却较易残留农药，吃水果时是否适合连皮一起吃呢？

答：其实农药的分子很微细，农药只要一喷洒在果皮上，瞬间就已渗进果肉的内部了，因此将水果浸泡盐水或把果皮削掉也无济于事，既然如此，或许连皮吃反而较有益人体，也就是合乎新营养学的自然、新鲜、完整，完整就是连皮一起吃才是完整。

（十二）请问如何正确使用酸碱试纸来测试唾液的酸碱度？酸碱试纸何处可买到？

答：酸碱试纸通常于一般化工原料行、化学仪器行或医疗器材行等应该都可买到，若是测试唾液用时可选择 PH 值 7 之前后的试纸，如 PH5～11 或 6～10 之间的即可。

测试唾液时，最好是早上刚起床，尚未漱口、刷牙、说话和吃早餐之前的这段时间，其准确性最高；测试时先让舌尖处有了口水，然后用酸碱试纸一沾即可；不可把嘴唇密合夹住试纸，测试的过程中嘴巴都自然地张开，当试纸沾到口水后，就可把试纸取出，观察试纸颜色的变化，黄则属于酸性，蓝色则属碱性，可与酸碱对色表稍对照一下，看看自己的唾液的酸碱性是多少，是 7.3以下或 7.3 以上，若在 7.3 以下时，就表示体质已酸性化了，也表示健康已亮起黄灯了，您的生活起居、饮食或其他与健康有关的问题，都须稍加留意或改善了。

（十三）为什么体质很差的人，如癌症、临危病人或老年人，用酸碱试纸测其唾液，却呈碱性反应？

答：于《不生病之真法》中已强调过，人体的体液、血液于 PH7.3 左右时，最适合人体细胞的生存，当人体在这种弱碱性的体质下，细胞才能非常活泼、强壮，人体细胞非常活泼、强壮时，新陈代谢、免疫力、自然治愈力也就会自然地增强，人体才能健康无病。

反之，人体的体液、血液的 PH 值低于 7.3，甚至愈来愈酸性时，人体的细胞也将愈无法生存而面临死亡，当人体细胞大量死亡时，人体即将出现种种的疾病；因此当人体体质偏酸性，也就是人体内的酸毒偏高时，人体为了维护细胞的正常生存，必将发动人体的自然治愈本能，而释出大量的骨髓，因骨髓中含有大量的钙离子，钙离子系属碱性，可中和人体内的酸毒，使细胞又可拥有正常的生存环境，细胞才能正常生存，人体才能无病。

我经常强调：骨髓是人体生命之源。当骨髓耗光时人的生命亦将宣告结束；因此当人体内的酸毒偏高时，人体在较大量地释出骨髓的同时，亦在斟酌不能让骨髓太快耗光，以维持人体整体生命的延长，人体在这种顾虑下，所释出的骨髓量将仅能勉强维持细胞的生存而已，不可能将人体细胞的生存环境改善得相当正常，所以细胞也就在这种勉强可生存的环境下生存，在这种情况下，人体细胞当然不活泼、不强壮，人体也就会觉得精神萎靡、疲劳，故酸性体质的人的第一征兆就是容易疲劳。

当人体酸毒偏高后，人们还不知加以防止人体酸毒的增高，甚至以为人体有病、疲劳是因营养不足，于是又是大鱼大肉、或者打针吃药，反而徒增人体的酸毒，人体也只好随着酸毒的与日俱增下，而逐渐增加骨髓的释放量，以致年纪愈大，病情愈严重者，其骨髓的释放量也必须愈多，当骨髓太过于大量释放时，人体的唾液

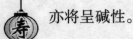

亦将呈碱性。

(十四) 喝牛奶能补充人体钙质吗?

答：一般医生或营养专家都认为牛奶的含钙量高，多喝牛奶可补充人体的钙质，假如多喝牛奶可补充人体钙质的话，那么现代人从小就大量地饮用牛奶，人体内的钙质应该非常充足，可是现代小孩的蛀牙比率高，成年人的骨质老化快，老年人骨质疏松的情况日益严重，这都是属于人体钙质大量流失的现象，也表示所喝进的牛奶，其钙质并未被人体所摄取；那么，请问多喝牛奶是否可补充人体的钙质呢？

(十五) 既然牛奶的含钙量很高，为什么不易被人体所摄取呢?

答：现代人所喝的鲜奶都已经过加工，尤其奶粉更是经过多次的加工而成，所有的食物都是一样，经过愈多次的加工则愈远离自然，也就是加工愈多次，其食物的营养流失得愈多；牛奶的含钙量虽高，可是这些钙质于多次加工中早已变成乳酸钙，也就是结合性钙、死性的钙，这种死性的钙则不易被人体所吸收，因为不论任何食物必须离子化后，才能被人体吸收利用，因此死性的钙质很难被人体摄取，所以欲喝牛奶，则以生奶佳。

(十六) 生奶较有益人体，那么，请问生奶可多喝吗？

答： 生奶不经加工，营养不流失，当然较有益人体；若根据地球万物的自然法则而言，所有的哺乳类动物，包括人类，只要过了哺乳期都不适合再补充任何奶品；或许在乡下成长的人都知道，牛、羊、猪、猫、狗，还有其他种种的哺乳动物，只要哺乳期限一到，它们的母亲就会强制断奶，一点也不妥协，因为所有动物都知道顺乎自然、遵守自然法则，所以在乡下经常可看到母狗、母羊特地避开或用脚踢开小狗、小羊，不让小狗、小羊吃奶，因它靠母奶成长的过程已结束，该摄取其他的营养了，如此才能使它们于成长过程中的每一阶段里，都可摄取到每一个阶段该得到的营养，也只有如此才能培养出最健康的下一代。

地球万物或许不了解其中道理，可是它们都懂得顺乎自然；而身为万物之灵的人类，却反而不懂得自然法则，更不知顺乎自然，喜欢自以为是、自作聪明，"台"语谓之"假行"，譬如人类的哺乳期正常是幼儿出生后的八个月左右，可是现代人从幼儿、青年一直到年老，天天都在喝牛奶，导致现代人人都有"牛脾气"；我在《不生病之真法》中一直强调；顺天者昌，逆天者亡。顺天即顺乎自然，现代人无处不在破坏自然、违反自然，这是否就是逆天呢？

（十七）为什么所有哺乳动物于幼儿的哺乳期限一到，就会强制断奶？

答：所有哺乳动物于幼儿成长阶段，都必须依赖母乳来供给成长过程中所需的营养，当哺乳阶段过后，幼儿所需要的营养则必须有所改变，如此才能使每一成长过程都能充分获得最实际、最需要的营养。

母乳是一种非常高营养的特质，它不仅含有现代营养学家所发现的五大营养，甚至还含有一些人类尚未发现的营养素，因此母乳可充分供给幼儿成长过程中所需要的营养，使幼儿体内的细胞可快速且大量地成长，因细胞外表的细胞膜，其主要成分是蛋白质，故母乳中仍须含有大量的蛋白质，以充分供给幼儿细胞的快速成长之需，一旦幼儿成长阶段过后，幼儿已不需大量的蛋白质了，这时若再给予大量的蛋白质时，则很难被幼儿的身体吸收利用，当这些蛋白质在人体或动物体内不被吸收利用时，即将转成为酸毒，而母乳是一种非常高营养的组合，愈高营养的物质变质、变坏、变毒后，其毒性也愈高，所以所有的哺乳动物，每当幼儿哺乳期限一到就毫不犹疑地强制断奶，绝不会再给幼儿吸上一口，否则不仅对幼儿无益，甚至有害。

地球万物的自然本能都还存在，因此它们都知道顺乎自然，惟有人类的自然本能早已消失，为了弥补这种缺欠，古时老一辈的人都懂得观星望斗，观察自然界的种种变化，譬如我在《不生病之真法》中曾提过，当虎头蜂巢筑在树梢时就知道今年不会有台风，既然人类不了解自然法则，也只有好好地观察地球万物的一点一滴了，这或许会比种种权威的理论更实际、更有意义吧！

（十八）有人说牛奶的含钙量高，喝多仍会导致结石，是吗？

答：是的，因为牛奶中含有大量的蛋白质、脂肪，而且现代所谓的鲜奶也都已经过多次加工，把生奶中原属于活性的营养素都已变成死性化了，这些死性的蛋白质、脂肪于人体内极易转变成胆固醇，这些胆固醇与牛奶中的结合钙相结合时，将于人体内形成结石的现象。通常，人体内的结石，其主要成分大致是95%的胆固醇和5%的结合钙。但一般医生或大多数的人们都认为人体结石的主因是钙，其实钙只是次因，而且钙有活性与死性之分，死性钙也就是结合钙会导致人体结石，而活性钙也就是离子钙却可化解人体内的结石。

（十九）一般医生都建议小孩子多吃鱼，会较聪明，而且也经常鼓励病人多吃鱼比吃肉好，请问这种说法正确吗？

答：不知是国内的健康资讯太缺乏，或是国内医生和民众一样，仍停留于旧有的营养观念下，还认为"蛋

白质是人体生命之源"，若还停留于这种观念下，当然会认为吃愈多的蛋白质愈有益于人体，尤其亦将认为愈高蛋白的食物也愈有益人体，由于鱼、虾、蟹等海鲜类的蛋白质含量比肉类高，所以一般医生才会建议大家多吃鱼、多吃海鲜类的食物，而且鱼的肉质比肉类松软，使人们觉得鱼比较容易消化、容易被人体吸收。医生认为多吃鱼可让小孩较聪明，也是认为高蛋白食物较有益人体，既然如此，当然也较有益于儿童脑细胞的成长，因此医生认为小孩多吃鱼会较聪明，事实或临床实验结果是否如此，则有待商榷了。

其实，目前世界上较先进的国家，不论是医生或一般民众都已知道多吃青菜少吃高蛋白的食物，人体才会健康，也就是多吃青菜才真正有益人体、有益人体细胞，也才有益人体的脑细胞。可是国内在这种缺乏正确健康的资讯下，一般为人父母者只能听信医生的建议，为了望子成龙、望女成凤，而非常费心、刻意的培育下，使大多数的小孩于"国"小阶段，其记忆力已开始衰退了，尤其家庭经济、父母知识水准愈高者，愈能配合医生的建议和细心照顾，小孩的记忆力不仅退化得愈快，而且体质亦将比一般小孩差。

我经常告诉一些父母们："您小孩的记忆力已急速衰退中。"这句话通常却很难被接受，因为小孩的细胞还处于成长阶段，怎可能会急速衰退呢？而且又遵照医生指示多吃鱼，因此很难相信这个事实，其实不难证实，只要一问小孩本人就可知晓，譬如问其背功课是否每年有愈来愈难记忆的现象。由于现代小孩的记忆力都提早衰退，因此我有时看到一些记忆力非常衰退的小孩时，就会用半开玩笑的口吻说："其实不只在运动场上有训练选手和比赛选手之分，在大专、大学联考也是如此。"因为现代大多数的学童，记忆力都已衰退，在学校里的期考、段考范围小，肯用功的学生，在校成绩就会不错，可是大专、大学联考的范围较广，这种情况下记忆衰退的学生就吃亏很大，虽然加倍用功可弥补记忆力，可是记忆力很差时，平时的努力一到联考，脑袋瓜里已所剩无几而名落孙山，这就属于训练选手。另外有些学童，虽然功课不很认真，在校成绩也不怎么好，可是从高一到高三的课程，只要老师在讲堂上所教的，他都记得或有印象，因此至少可安全上垒，甚至考上理想中的学校或科系，这种学生也就属于比赛选手，您说是吗？

（二十）请问人体可完全不必补充任何蛋白质吗？

答：是的。根据许多专家们的观察和研究，所有肉食动物的牙齿都很尖锐，而草食动物的牙齿却较平齐，不是尖锐的形状。肉食动物的肠子较短，草食动物的肠子较长。根据种种因素判断，我们人类应属于草食动物。

所有草食动物所需的蛋白质，除了幼儿成长阶段须从母乳中来供给，过了幼儿成长期后，若需蛋白质时就会从平时所吃的食物中自动机转而来，而且只要所摄取的食物正确时，人体或动物体内需要多少蛋白蛋，人体

或动物的自然本能就会从这些食物机转而来，譬如牛只吃草，当它生下小牛，也必须为小牛哺乳，这时母牛的自然体自然而然地会生出奶水来，小牛成长过程需要大量的蛋白质，因此母牛的奶水里就会含有大量的蛋白质，这就是造物者赐给地球万物的自然本能。话说至此，或许有些人会说，牛适合吃草，人却是人，所需的营养不只从草而来，或许读者诸君可稍加追寻，我们的祖先于古时候只吃甘薯、甘薯叶，尤其是女性，一生中吃不到一小块鱼或肉，可是却儿女成群，奶水滚滚而来。

(二十一) 先天或后天的体质不佳，是否可改善？

答：所谓先天体质不好，即表示父母亲的体质不好，所生下的小孩，其身体也一定不好，所以父母的体质也就是小孩子的先天，因此孙中山先生才强调："强国必先强种，强种必先强身。"为人父母者身体健康才能生出健康的后代，每个家庭都培育出很健康的后代时，国家才能拥有个个都很健康的国民，全国国民都很健康时，国家才能富强。

根据中医的理论而言，先天不足，只要后天调理得当仍可获得健康。后天的失调，只要有正确的方法加以调养，当然都可健康；一般医生因不得法，无法治好病人的毛病，通常都为了自圆其说，才把疾病推给先天、后天体质或遗传。有一种特殊情况，当胎儿成形后，母体不小心吃到药物伤及胎儿，而造成残缺，这种属于半先天性的残缺，导致婴儿出生后变成残障，这种的先天不足，就很难使其复原了，所以有很多妇女都知道，怀孕中不可乱吃药。

《不生病之真法》中已提过，水质是鱼虾的生存环境，土质是花木的生存环境，而体质就是人体细胞的生存环境。体质不好就是人体细胞的生存环境已遭破坏，也就是遭到酸毒的污染。先天体质不好是因胎儿于母体中，于摄取母体营养的过程中，也将母体中的酸毒一并摄取，使小孩一出生时，体内已有很多酸毒，而导致体弱多病，这就是所谓的先天。后天体质不好，是小孩出生后，由于饮食错误或其他种种因素，导致小孩的健康情况愈来愈差，这就属于后天。中华自然医学强调"万病一元"，系指人体的所有疾病都是因人体内的酸毒所引起，所以不论先天或后天的体质不佳，只要能把人体过多的酸毒排除，人体细胞就能正常生存，细胞能正常生存才可活泼、强壮，当人体的全身细胞都很活泼、强壮，人体才能健康无病。排除人体内过多的酸毒，使细胞拥有正常的生存环境，这就是改善体质。

（二十二）请问小孩子经常感冒，该怎么办？

答：感冒这两个字在现代医学里，是一个非常笼统的名词，也就是说感冒这种症状并无特有的迹象，因此一般医生通常都把头痛、发高烧、流鼻水、咳嗽、喉咙发炎等，都说是感冒，因而感冒在现代医学并无真正的特效药，针对感冒惟一的法宝就是抗生素而已。

1966 年 6 月间，台湾卫生署对抗生素的滥用十分关切，禁止于家畜的饲养中添加抗生素，因为抗生素也是一种强酸毒素，一进到家畜或人体内就很难排除。不知大家是否记得，十多年前台湾有批猪肉外销日本，因猪肉内的抗生素残留量太高，而被日本拒收。国外政府早就已关心此事，十多年后的今天，台湾的卫生署也注意到家畜体内抗生素的残留量太多时，将危及人体健康，实在可喜可贺，也是国人之福。

本来我刚看到"抗生素过于泛滥"的报道，心想假如抗生素全面禁止时，医生们要用什么药物来治疗感冒呢？以目前现代医学针对感冒除了抗生素，似乎已无他法，还好，没有全面禁止，因此医生们还可使用，这到底是病人之福，还是祸呢？在《不生病之真法》中曾陈述过，抗生素的作用只是一种代抗而已，也就是代替人体的抗体来消除感冒的迹象。可是人体的抗体和人一样都有一种惰性，譬如第一次感冒时，以一公克的抗生素可消除感冒迹象，第二次感冒时则须加量，必须二公克以上的抗生素才可治好感冒，以此类推，也就是每次必须加倍分量，否则感冒就好不了。可是人体的抗体每次都用抗生素来代替，到最后将使人体的抗体十分低落，当人体抗体非常低落时，再给予大量的抗生素，仍然治不好感冒，万一再感冒时一感冒就是几个月，而且稍微风吹草动就会感冒，一样好不了。这就是小孩经常感冒的原因之一。

其实，感冒不一定是细菌或病毒的感染，大多数的感冒迹象都属于人体为了增强抗体或排除人体某一部位酸毒的一种措施。譬如发高烧是人体增强抗体的最佳方法，咳嗽是为了排除肺泡膜所卡住的灰尘、污物，流鼻水是人体为了改善呼吸系统时，不希望灰尘、污物或细菌又进入呼吸道，以利人体自我改善工作的进行。可是一般人都把感冒当成一种疾病，每当小孩发动感冒来自我改善人体时，为人父母者就赶快送到医院打针、吃药，来横加抑制，削弱人体的抗体，使感冒消失。我经常在强调一句话："人体有一种势必为人体健康而效命到底的傻劲。"当人体想利用感冒来自我改善但却被药物抑制下来后，人体只好再养精蓄锐，一有机会它仍然还会再发动感冒。当小孩的人体又发动感冒时，又将被父母送医院打针、吃药来抑制，如此一次又一次，使小孩的人体一直无法利用感冒的方式来完成自我改善。人体无法完成这个改善工作时也誓不罢休，使小孩子经常发生感冒的迹象，以致没完没了。这是小孩经常感冒的原因之二。欲消除孩子经常感冒的现象，惟有改善体质，增强人体抗体而已，请参阅《不生病之真法》。

（二十三）医生说："小孩发烧摄氏 40℃，超过两小时以上，很可能会烧坏脑细胞，而使小孩成为白痴。"请问这说法是否正确？

答：曾经有一次，一位老师为三年级的学生上自然

课时提及此事，当时有一位小朋友突然站起来报告老师说："老师，您说错了，我的弟弟有一次发烧40℃以上，而且又持续48小时，可是脑筋并没有烧坏。"这位老师为了求证，特地请教学校里的护士小姐，这护士小姐皱皱眉后说："这应该属于特殊案例吧！"这位小朋友回到家后把此事告诉了她的妈妈，这位妈妈经过一番考量后，认为若能借此机会让这位老师了解"人体发烧的正确理念"，进而把这种正确理念教导给学生们，何尝不是好事一件呢！因此特地叫她的女儿把《不生病之真法》拿去借给这位老师参阅，事后又亲自到学校把她的小孩的健康情形做一番的陈述："我这男孩，一生下来就体弱多病，几乎天天跑医院，自从接触中华自然医学后，这半年来已不需再上医院了，这半年来的体质改善过程中前后发了三次烧，第一次只有38℃，第二次已达39℃多，第三次就达40℃以上，每次高烧过后，不仅健康了许多，包括脑筋也真的聪明了一些，与张教授在《不生病之真法》中所陈述的完全吻合，所以我愈来愈有信心。"这位自然课的老师听了后，觉得非常不可思议。

现在老一辈的人都有这种经验："小孩出生后的十天内，必然会发高烧一次，尤其抗体较强的小孩甚至于三天内就发高烧。小孩长牙齿也一定会发高烧，小孩子出麻疹、水痘也一定会发高烧；小孩长高也必然会发高烧。"小孩出生后的高烧是人体为增强抗体的一种措施，长牙齿的高烧是让骨髓释放来帮助牙齿的成长，出麻疹、水痘时的高烧是帮助人体更彻底地排毒，长高时的高烧

是为了促使骨骼成长，就好像一条钢筋，您想把它拉长
必须先加热把它烧得通红，否则一拉很可能会断掉。另
外现代的小孩，除了骨质较差的外，每次打预防针后也
会发高烧，因为预防针也是强酸、毒素，当人体发觉有
了大量的酸毒进入时，即将发动紧急防御措施，就是发
高烧。

　　1996年3月间，台湾中部有对夫妻慕名而来，请教
小孩的健康问题，我请他们入座后，我就近乎于自言自
语地说："正常的小孩，出生十天内必将发高烧一次，尤
其抗体更强的小孩，甚至出生三天就会发高烧。因为发
高烧是人体自我改善、增强抗体的最佳方法，可是现代
人的无知，每当发现小孩发烧，就急着赶快送医院打针、
吃药来横加抑制，当小孩的抗体被强酸、毒素强行抑制
下来后，当然就没有能力发高烧。可是人体认定必须利
用发高烧的这种方式才能完成人体某方面的改善时，人
体必将再利用发高烧的方式来完成这项工作，这时人体
的抗体一增强就会再发高烧。可是为人父母者又发现小
孩子发高烧，又将急急忙忙送医院强加抑制，如此一次
又一次，到最后人体的自然抗体已完全被药物的强酸、
毒素所抑制后，再也没有能力发高烧了。这时为人父母
者也放心了，可是小孩子的身体却等于报废了。"当我叙
述到此，这对夫妻马上应声说："对！对！我的这小孩的
毛病就是这样而来，而且我记得您在《不生病之真法》
中说过，第三胎的小孩，其体质最好，也就是抗体最强，
我带来的这小孩就是第三胎，三个小孩中发高烧就是她

不生病之真法（续）

发得最高、最持久，因此药物也用得最多，这小孩至今已三岁多，却完全不会说话，有一条腿却又有萎缩的现象。"

现代父母用心良苦，利用药物来让小孩子没有能力发高烧，这种违反人体自然法则的行为也就是所谓的逆天，俗语说："顺天者生，逆天者亡。"最后小孩的身体必将报废，为人父母者虽然不必再担心小孩子会发高烧，可是从此以后，这小孩子的健康问题却必须让他担心一辈子、甚至需照顾一辈子。上述的这小孩，不会说话，有一条腿已开始萎缩，这都是被药物伤害到某一部分的脑细胞或某人体神经所致，所以我告诉这对夫妇，欲让这小孩子回复正常，仍然必须让人体寻着原来的路回来，也就是必须再让这小孩子又恢复抗体，又有能力发高烧，只要这小孩能发烧几次，且能高达 42℃ 以上，甚至又有腹泻现象，把肠胃内的药物毒素泻掉后，这个小女孩就会开始说话，腿部的萎缩现象也自然会消失。

小孩子发高烧就好比一个人要爬过一座山，当然会全身发热、满身大汗，您强行把他拉下来，他当然也就下了坡，就相当于已退了烧；但当这个人费尽九牛二虎之力爬过了这座山后，也会下了另一边的山坡，也就是退了烧，虽然同样都是下了山坡，也就是同样都退了烧，可是有能力爬过愈高的山的人，不只表示他的身体愈强壮，当他每爬过一座高山，又将是柳暗花明又一村，身心的舒畅无法形容；人体每发烧一次后，人体内或脑部的酸毒就会减少许多，人体或脑部内的毒愈少时，人体

的细胞或脑细胞也就会愈活泼，当人的脑细胞愈活泼时就会愈聪明，因此古人说："小孩发烧一次，聪明一次。"其理由在此。本来发烧是一件非常可喜的事，没想到被现代医学搞得小孩一发高烧，父母就惊慌失措。

　　小孩发烧时，最主要就是充分地供给人体的水分即可，并随时补充一些现打的蔬菜汁，我们主要的工作就是帮助人体完成自我的改善，只要完成改善时，人体的烧就会退了，若能配合中华自然医学的方法，万一是细菌或病毒的感染，也不会有生命的危险或变成白痴之虑了。现代人对小孩发高烧的观念很难改变，陈述至此，似乎已尽了我的心思，若还无法帮助大家回归到正确观念的话，我也实在"没法度"了。

　　(二十四) 我有个小孩特别难伺候，经常发烧，没几天就必须跑一次医院，请问为什么会这样，我该怎么办?

　　答：每当有人问起这问题时，通常我都会随口回问她，你这个小孩是排行老几？答案都是老二或老三。因为现代人只有二个小孩的较多，所以在两个小孩中老二会较难伺候，假如她有三个小孩的话，当然是老三会比较难伺候了，因为排行老三是属于兄弟姊妹中抗体最强的一个。这个道理在《不生病之真法》中已提过，在此不再重述。前已提过，小孩出生十天必将发高烧一次，尤其抗体愈强的小孩出生三天就会出现高烧的现象，为人父母者一发现小孩发高烧，就赶快送医院强加抑制，人体认为必须以发高烧来自我改善时，只要抗体一增强，人体必然又须发高烧，为父母者又须赶快把小孩送医院，小孩的抗体又被药物削弱后而退烧。可是小孩的抗体又增强时，人体又必将发动发高烧来自我改善，尤其抗体愈强的小孩每次发高烧被抑制后，往往不到三五天，他的抗体又很快增强，又将发动发高烧来自我改善，可是人体的抗体一次次被药物削弱后。发高烧也烧不高了，顶多只有38℃多，发高烧的温度达不到自我改善所需的温度，而且人体认为仍须利用发高烧才能完成人体某方面的改善时，终于使这小孩三五天就必须发烧一次，也就需三五天跑一次医院，这时为人父母者也就认为这个小孩很难伺候了。

假如询问者来电话时是直截了当地说："我有位小孩经常发高烧。"每当我听到经常发高烧时，我就会顺口回问她"发高烧？根本高不起来，顶多三十八九度而已。"会经常发高烧的小孩，其抗体本还都很强，可是往往都已被药物抑制而使发烧时的温度高不上来了，发烧的温度高不上来，一直无法达到人体改善的温度时。就好比你在烧一壶水，由于火力不够，一直无法烧开，水温顶多在八九十度左右，由于这壶水一直没烧开，所以你也不想把火熄掉，就让它继续烧着。人体也是如此，由于发烧的温度达不到改善的温度时，而人体又必须利用发高烧来自我改善的情况下，人体就会出现经常发烧的现象。

不过你的小孩若还能发烧三十八九度时，还算不错，

表示这小孩子的抗体还没完全被药物所削弱。假如有一天，你的这小孩已完全不发烧了，那你必须烦恼、困扰的事情又将增多了，因为那时这小孩已不是纯粹发烧的问题而已，而是麻烦多多。假如有人想养一个完全不会发烧的小孩，我也不反对，因为孩子是她的，我也反对不了。不过一个发烧只能烧到摄氏三十八九度的小孩，其体质已很差了，若已完全不再发烧了，其体质、健康情况当然可想而知。可是有些人，往往不到黄河不死心，不见棺材不流泪，不亲眼看到小孩不发烧时的局面，或许还会执迷不悟吧！

欲解决小孩经常发烧的问题，惟一的方法就是帮助小孩的抗体增强，让人体有能力再发高烧，给人体好好地自我改善一番。当人体认为已不需再发高烧时，人体也就不会发高烧了，而且到这种阶段的小孩，也必须非常健康、非常聪明了。

总而言之，"病怎么来，就该怎么回去"。抑制反而将疾病滞留于人体，使人体必须永远遭病魔折腾，不可能有痊愈的一日。

（二十五）小孩白痴不完全因发高烧而引起，那么请问其原因？是否可治愈？

答： 白痴大致上可分成先天性、半先天性和后天性所引起，先天性白痴即遗传因素或近亲结婚等。半先天性白痴系指胎儿正在成长脑细胞的这阶段中，母体不小

心吃了药物，而这些药物的毒素将随着胎儿吸收母体营养的同时，也将被胎儿一并吸收，使这些药物的毒素直接、间接地伤及胎儿的脑细胞。因为胎儿的形成是分成好几个阶段，通常于受精后的第 30 天至 34 天是脑部的成长期，第三十五六天长出耳朵，第 39 天至 41 天成长手臂，第 41 天至第 48 天则成下肢，假如这一阶段是正在形成手或脚，那么母体吃下药物时就会伤及手或脚，使小孩出生后成为残障。后天性白痴则属于药物伤害或外伤所引起。

药物伤害所引起的后天性白痴，大多数与大家最担心的发高烧有关，尤其是先天抗体很强、很健康的小孩最有机会演变成这种受药物伤害的后天性白痴，因为抗体愈强、愈健康的小孩，必须使用愈大量的药物才能削弱小孩的抗体，也才能抑制住小孩的高烧，使用愈大量的药物当然也将小孩伤得愈惨，伤及小孩的脑细胞时也就成为白痴。

所谓造化弄人，命运天注定，是真的如此吗？我经常强调"健康即命运"，因为欲求运好，必须命好，命就是生命，欲求命好，也就是必须有非常健康的身体。反之，若已失去健康，命危在旦夕，没命又何来其运呢？前所提到的，先天抗体很强、很健康的小孩，也表示命运也将非常不错，可是却成为这种错误的医学观念下的牺牲者。天下父母有谁不痛心，可是我比他们更痛心，因为一个以后可能成为最伟大的科学家、总统或救世主的幼苗，却在成为一个智障者，怎不令人痛心呢？

不生病之真法（续）

那么该怎么处理才能使白痴的症状痊愈呢？我们人体细胞的再生能力很强，脑细胞也是如此，最主要是必须让人体细胞拥有正常的生存环境。白痴者即表示脑细胞遭到伤害死亡后，一直无法再生，脑细胞无法再生则表示脑细胞的生存环境仍然被酸毒所污染，使脑细胞没有正常的生存环境，所以才无法再生。因此只要将人体内的酸毒清除，尤其是药物的酸毒完全清除后，让细胞又恢复原有的生存环境。这时人体细胞、脑细胞就会再生，当脑细胞又能再生时，脑部组织功能又恢复正常，白痴的症状自然就会消失，甚至也可能白痴变天才。如何净化人体、排除人体内的种种酸毒，请参阅《不生病之真法》。

（二十六）请问小孩发高烧时是否该给予睡冰枕？

答：应该是不必睡冰枕，睡冰枕也是现代医学所谓对症疗法中的一种延伸，也都是头疼医头，脚疼医脚的方法之一，头部发烧就利用冰枕来冷却，以防烧过头伤及脑细胞，这种对症疗法、对症下药的方式，会令人觉得很有效，也很正确，其实不论任何一种对症疗法，也不论有多正确，甚至对疾病有立竿见影的效果，却都只是短暂性的作用而已，不仅对疾病的痊愈毫无帮助，甚至将使疾病更加恶化。

前已提过，发高烧是人体自我改善的最高表现，也就是人体自我改善的最佳方式，我们应该帮助人体完成改善的这种工作，而不是阻挠或抑制，睡冰枕则属于阻挠的一种，这种方法亦将使人体达不到自我改善的温度，所以最好还是不用这种方法。

（二十七）小孩经常咳嗽不止，请问是什么原因？是否可治愈？

答：咳嗽也是人体排除体内毒素、污物的一种自然现象，而且人体绝不会做毫无意义的事情。因此人体会出现咳嗽不止的现象时，则可百分之百地肯定，人体肺部一定囤积许多毒素或污物而未完全清除，待这些毒素、污物完全清除后，咳嗽的现象自然就会消失。

或许大家都有这种经验，当您的汽车行驶两三万公里后，一进了保养厂，技师们就会把车子的空气滤清器拆下来，然后用气枪从滤清器的里面往外吹，把卡在滤清器外面的灰尘、污物吹掉，再把滤清器又装回原位，这样才能维持车子的正常运转。否则当滤清器卡满了灰尘后，不论多名贵的车子也将动弹不得。

我们人体肺部内的小肺泡，就相当于车子的空气滤清器。我们的车子每天顶多开六小时，可是在短短的几个月中，车子的空气滤清器就会卡满了许多灰尘或污物。而我们人体一天 24 小时都在呼吸，一天的呼吸量高达13.6 公斤，在这种情况下，人体的肺泡膜更容易卡满灰尘和污物。当肺泡膜卡满了灰尘、污物后，氧气就无法透过肺泡膜而渗入血液，人体细胞也就无法得到氧气的滋润，人体细胞只要数分钟得不到氧气时，细胞就会马上死亡，人的生命也将宣告结束。因此人体的自然治愈本能每当肺泡膜卡满了许多灰尘、污物时，就会利用咳嗽的作用来震落这些灰尘和污物，以维持肺泡膜的正常功能，顺利完成气体的交换作用，如此才能确保人体的生命和健康。当这些灰尘和污物被震落后，将和人体的体液结合变成痰，然后经由肺部的支气管、气管的纤毛细胞把这些痰输送到喉部而吐出人体，当人体肺部内的污物完全清除后，咳嗽现象也就会随着消失。

可是由于人们觉得咳嗽很痛苦，而利用种种药物来横加抑制，谓之止咳化痰，但往往只止得了咳却化不了痰，这种止咳化痰的药物有时仍然抑制不了一些抗体较强的小孩，所以就会出现咳嗽不止的现象。欲求咳嗽的现象消失，也只有帮助人体把肺部内的毒素、污物彻底消除而已，这才是最正确的方法。当然也可利用药物来强加抑制、削弱人体的抗体，使人体没有能力发动咳嗽，不论小孩的抗体有多强，只要加强药物的剂量，一定可达到止咳的目的。但在这种止咳却化不了痰的情况下，就好比您家的纱窗卡满了灰尘，使空气无法进入屋内，此现象若在人体就会出现胸闷、气短的现象，由于呼吸必须用力而发出喘声，则谓之气喘。由于肺部已卡满了污物，人体就会利用鼻塞、打喷嚏的方式来阻止灰尘、污物再进入肺部，渐渐地将演变成鼻病或种种呼吸系统的疾病，最后的结局就是鼻癌、喉癌、肺癌。

此时此刻，大家都还十分肯定"对症下药、对症疗

法等头疼医头、脚疼医脚"的治病方法，认定疾病必须加以抑制、控制，如咳嗽则须止咳、高血压则控制血压、糖尿病则须控制血糖、癌症则须控制癌细胞的成长，只有中华自然医学主张必须把疾病、人体酸毒排出人体，绝不可横加抑制，否则将使疾病永远滞留于人体内缠绵不愈；这两种观点不仅不一样，而是完全对立，因此使大多数的人裹足不前，不敢接受，虽然有很多人认同，但仍有多数人还处于怀疑、观望的阶段，也许真的勉强不得，因为每个人的机运、因缘都不可能一样，所以有些很热心想把这套新医学推荐给周围朋友的人，我经常告诉他们不要勉强，最好是推荐他先看《不生病之真法》，能接受这套理念就是他的福报，不能接受也就算了。

(二十八) 小孩食欲不振，该怎么办？

答：食欲不振的这种现象是人体自我防卫的一种措施，表示这小孩很少吃蔬菜类，都吃一些人体不想要的垃圾食物，如鸡、鸭、鱼、肉、牛奶、汉堡、可乐、豆类、甜食或种种加工食品、零食等，这都属于美味但对人体有害的食品，因为这些都属于酸性食品。

现代小孩在父母刻意的、细心的照顾下，从胎儿阶段就已开始偏向酸性体质，愈酸性体质的小孩就愈喜欢吃酸性食物，因此小孩一出生后，过了哺乳期就是大鱼大肉，由于现代人对营养观念的错误，误以为大鱼大肉是最营养而且又好吃，同时又认为开水是贫穷家庭的专利，而罐头类的果汁、饮料是科技产品、中上家庭的象征，所以就任凭小孩大吃大喝了。

一开始人体会勉强接受，而想尽办法来处理这些垃圾食物，可是长年累月下来，人体不断地吃进这些垃圾食物，使人体愈来愈无法处理，人体为了阻止垃圾食物再进入时，人体就会采取食欲不振的措施，使人没胃口，可是人类的无知，不知即时改变饮食，停止吃进垃圾食物，而大量食用蔬菜，以吻合人体的需求，只要稍有胃口时，又不断地吃些甜食、零食。

人体发动食欲不振的措施尚无法阻止垃圾食物进入人体时，这时抗体稍强的小孩，其人体又将找机会发动紧急措施——"感冒"。人体发动感冒时就好比百货公司整修内部，而必须暂停营业。因而每次感冒时人体就会让人完全没胃口，以彻底阻止任何食物进入体内，人体也才能好好地改善自己。在这种处理人体吃进大量的垃圾食物的感冒现象，通常会伴有呕吐和腹泻，经过一次的大改善后，再任由人类自我糟蹋。当人体又被污染到某程度时，人体才又发动感冒的作用来改善，如此一次又一次，人体也一次又一次盼望人类何时觉醒，何时不再吃进垃圾食物。可是当人体愈酸性时却反而愈喜食酸性食物，最后人体也将无法阻止了，当人体愈酸性，也就是体内酸毒愈多时，百病也就接踵而至了。

欲彻底消除小孩食欲不振的现象，正确的方法是不再给小孩吃酸性食物、垃圾食物，而多吃碱性食物如蔬

菜类。欲让小孩多吃碱性食物，则必须能使小孩的体质能由酸性体质逐渐转变成弱碱性体质，当小孩呈弱碱性体质时，种种的酸性食物、垃圾食物就会自然吃得少，而且三餐只有糙米、小米、甘薯叶、蔬菜、野菜，不论是生吃或熟食都将吃得津津有味，若不节制的话，都会经常吃得太饱。我的邻居偶尔过来看看我家小孩的用餐情形都会摇头，搞不懂我家小孩的食欲怎么会这么好，只有粗茶淡饭，不是大鱼大肉，小孩们却吃得不亦乐乎。因此只要吃一些人体需要的食物，绝不会有食欲不振的现象出现，我经常强调："欲求健康，只有多吃青菜、多喝水。"简单地说，您每天喝的水和青菜量占全部饭食中的20%时，您的健康也就只有20%，您每天喝的水和青菜量占全部饮食中的80%，那么您也就可达到80%的健康。

（二十九）请问小孩饭前吃了甜食后，为什么就会没胃口？

答：人体的脑下垂体是人体的自律神经中枢和内分泌中枢，内分泌中枢负责检测和指挥人体全身的内分泌。当脑下垂体检测到血液中的血糖值偏低时，它就会命令肠胃又需工作了，这时肠胃就会有饥饿现象来催促人们进食。当您吃了一些甜食后，人体的血糖也将随之增高，人体的血糖值一增高时，其饥饿感就会马上消失，因此小孩饭前吃甜食会严重影响食欲。

目前有人正在提倡"断食减肥"，于断食的过程中配合饮用一种糖浆，喝糖浆的作用就是让血液中的血糖增高来蒙骗脑下垂体，使人体于断食的过程中不会有饥饿感，不过糖是属于强酸，多吃无益。

（三十）为什么小孩就有肝功能衰退的现象呢？

答：根据中医学理论："肝于五行、五色中属木，色青（绿）"因此肝脏需要的是叶绿素、维他命 C、K 等营养素。由于现代人对营养观念的偏差，误信"蛋白质是人体生命之源"，加上父母爱子心切，从胎儿就开始进补，婴儿阶段就特地把奶粉放多一些，哺乳期过后就是大鱼大肉，几乎都在将小孩培育成酸性体质。当小孩已成酸性体质后，自然就更喜食鸡、鸭、鱼、肉、甜食等酸性食物了，这时您想鼓励小孩吃点青菜也就不灵了，不论您怎么勉强小孩吃青菜，他仍然不吃。

人体肝脏在这种长期得不到它所需要的营养，维他命 C、K 和叶绿素时，肝脏细胞即将快速衰老或死亡，而肝脏功能也就急速衰退了。当肝脏功能低落、肝脏细胞衰老的情况下极易遭受外界的影响，如受细菌、病毒的感染而引发种种肝脏的疾病，因此现代的年轻人，甚至孩童年纪小小的就罹患了甲、乙型肝炎。最后亦将演变成肝硬化、肝癌等重大疾病。

不生病之真法（续）

（三十一）请问现代小孩为什么较早熟？是否表示现代小孩较聪明？

答：化学毒素的污染几乎无孔不入，又加上人类的无知，为达目的而不择手段，为了促进家畜的快速成长，在饲料中不仅添加大量的抗生素，还加入大量的荷尔蒙来刺激家畜的成长。譬如古时候的猪需饲养一年以上，而现代的猪约三个月就已长大可出售了，以前的鸡必须饲养半年以上，而现在的鸡顶多一个半月就可成桌上佳肴了。还有许多水果，为了增加甜度或促进成长，也都大量喷洒荷尔蒙。

现代孩童喜食鸡、鸭、鱼、肉，而现代家庭都很注重多吃水果。孩童每天大量地吃进这些食物时，无形中也摄取了大量的荷尔蒙，因为荷尔蒙是一种激素，可促使人体骨髓大量释出，使孩童的骨骼快速成长。因此现代小孩在小学阶段就长得很高，当父母的人看了十分高兴，认为养子有道，其实这种小孩的骨骼内已近乎中空，里面的骨髓已经快耗光了。或许老一辈的人都还有印象，以前的猪骨、鸡骨被敲开后，骨头里面充满红色的骨髓，而现代的猪骨、鸡骨里只剩油油的一些脂肪而已，已看不到骨髓了。

我在《不生病之真法》中已提过，骨髓是人体生命之源，俗语说："精满、气足、神自在。"欲求精满也就是骨髓饱满。现代小孩的骨髓因荷尔蒙的作用，而被大

量借去促使骨骼的成长和中和人体酸毒以致所剩不多，因此现代小孩的体力、精力都比不上往昔的孩童。

我们都知道，热带的人类寿命较短，因寿命较短所以成熟较快，以利传宗接代。换言之，愈早成熟的人类或动物，其寿命也必须较短，由于现代小孩的骨髓将提早耗光，也表示寿命亦将随之缩短。因此人体预知生命将提早结束时，则将启动宇宙万物都具有的"非传宗接代不可"的本能，以求整体生命的延续，在这种本能的发动下，人体或动植物都会提早成熟。因此小孩早熟是否是一种好现象，则有待读者诸君自己去评估了，假如您想提早当祖父、祖母的话，孩子能早熟当然是属于好现象了。

(三十二) 请问小孩易盗汗、手汗是什么原因，可治愈吗？

答：根据中医学理论："肺主皮毛，与大肠相表里。"小孩易盗汗、手汗都因肺、大肠的功能低落而引起。肺、大肠的功能低落与现代空气的严重污染当然有很大关系，不过大多数的小孩都是在现代医学的止咳化痰下，才真正导致肺功能低落，甚至引发种种呼吸道的病变。

因为在空气污染严重的情况下，人体顶多把咳嗽间隔的时间缩短而已。就好比山上的空气品质好、污染少，或许山上人家的纱窗可以一年清洗一次即可，假如您是居住在大都市里，每两三个月清洗一次纱窗都还觉得很

脏，不过再把清洗的时间缩短也仍然可以保持纱窗的清洁。人体本来就是全自动，当人体发现肺部卡住了许多灰尘、污物，已将影响人体对氧气的摄取量时，人体就会自动的咳嗽，利用咳嗽的震动作用来清除卡住在肺泡的灰尘、污物，以确保人体健康。

因此现代空气严重污染还不是导致人体肺功能低落的主因。最糟糕的是由于人类无知，每逢人体欲以咳嗽作用来清除肺部垃圾时，人们就打针、吃药来横加抑制，使肺部垃圾无法清除，久而久之就会导致肺功能低落。所以欲消除盗汗、手汗的现象，则须从人体肺部着手改善，欲使肺功能恢复正常，则须让肺部的灰尘、污物或酸毒能完全排除，惟有如此，否则似乎没有任何更有效的方法。

〔三十三〕请问小孩更换乳牙后，为什么牙齿都比原来的乳牙较粗大？

答：小孩开始有了蛀牙时，则表示小孩的体质已酸性化，使骨髓大量流失。小孩换乳牙后，新长的牙齿比原来的乳牙较粗大时，亦表示人体骨髓已在大量流失。而导致牙齿的质地疏松，就是骨质疏松的现象，因此当发现小孩蛀牙或新长出的牙齿较粗大时，就须特别注意小孩的饮食及其他种种因素，以防小孩内的酸毒剧增，能提早防患，才能确保小孩健康。

若想有效的防止骨髓流失，请参阅《不生病之真法》，参阅此书时最好能多看三五次，您将发现每看一次的心得都不一样，若能融会贯通时，您将受益匪浅，希望您能用点心并好好珍惜之。

（三十四）请问小孩发胖的原因？是福是祸？是否该减肥？

答：古时候说的"中年发福"，是表示通常人到中年多少都有一些积蓄，不再像年轻时代那么劳累，有了钱后就会注重美食，再加上到了中年时人体新陈代谢也将渐渐失调，基于以上几个因素，使人体渐渐的囤积一些多余的脂肪、糖类或种种人体内不该滞留的物质，所以人体就会发胖，也因有钱才发胖，所以称之为发福。其实肥胖不是福，而是人体细胞已开始老化、五脏六腑已渐失调，以致人体新陈代谢已较迟钝的现象，使人体内逐渐囤积一些不该有的物质或老废物，而使人体渐渐肥胖。就好比您的家每天都制造两袋垃圾，而您每天也都能把这两袋的垃圾清除出去，当您的身体逐渐老化后，愈来愈无体力打扫屋内环境时，到最后每天只能清出一袋的垃圾时，使您家里每天都留下一袋的垃圾，使屋内的垃圾愈囤积愈多，人体在这种情况下当然也就愈来愈发胖了。

肥胖简单地说，就是新陈代谢失调，尤其小孩子就已代谢失调，即表示这小孩已步入未老先衰的现象，这有什么值得高兴的，当然不是福，更不是福相。不过，

现代父母喜欢把小孩养得肥肥胖胖的，说是比较有福相，当小孩太过于肥胖时，又得送到减肥中心去减肥，这到底是属于什么心态？也可能如此人生才不会太乏味，才不会太无聊吧！因为这样才有忙不完的事。肥胖的另一个原因是人体内酸毒偏高，骨髓大量流失而导致骨质疏松，当骨质疏松后，人体就会虚胖，就像一般妇女生了几个小孩后，由于盆骨的骨髓被胎儿大量摄取，而使盆骨的骨质疏松，方使臀部肥大，人体惟有骨美时肌肉才能美，肌肉美时皮肤才会美。

我曾强调："瘦的人不一定健康，胖的人一定不健康。"既然肥胖是人体不健康、骨质疏松、新陈代谢失调而引起，因此只要人体恢复健康后，自然才可恢复正常、标准的身材，而且减肥的第一要件，就是减肥后必须比原来更健康，若减肥后反而更不健康，这种减肥方法就有待商榷，而且人体逐渐发胖的过程都不是两三天的事，假如于短时间内可令人减肥、瘦身的话，这种方法是否也有问题呢？

(三十五)一般医生都说："近视是属于遗传。"既然是遗传，是否无法治愈？

答：根据中医学理论："肝开窍于目。"指肝功能低落的人，其视力也将开始衰退，譬如肝火较旺时，眼睛就较模糊或有酸涩之感，甚至引起各种眼睛方面的毛病，现代国内的小孩几乎不吃青菜，致使肝功能于小小年纪

就已开始低落。肝脏是人体的化学工厂，当肝脏的解毒功能低落后，无形中将使肾脏滤血，滤除血液毒素的负荷增高，肾脏长期在这种超负荷下，也将由于在过度疲惫的情况下使肾功能衰退后，人体的血液也就愈来愈污浊了。

当肝功能低落时，人体血液中的酸毒必将增高，我们的眼球细胞也将和人体全身的细胞一样，得不到正常血液来滋润，尤其眼球的组织非常细腻，人体内的酸毒稍微偏高时，眼球的细胞很快就会受伤害，因此只要肝脏稍有异常时，眼睛即马上反射出来，譬如昨晚没睡好觉，使肝火过旺，眼睛就会酸涩或眼内充满血丝，因此中医学谓之："肝开窍于目。"

我们眼球的血管是全人体中属于最细小的血管，大约只有毛发的万分之一左右。当肾功能低落后，人体的血液就会愈来愈污浊。当血液污浊后，眼球内这些细小的血管极易受阻，而使眼球细胞无法得到所需的氧气、水分和营养。当眼球细胞得不到所需的养分来滋润时，眼球细胞也必将步入急速老化，而使眼睛产生种种异常现象，如近视、远视、乱视、弱视等或其他眼疾。因此经常听到老一辈的人说："肾亏眼睛就糟。"或"败肾流目油。"等这一类的话，表示肾与眼睛仍然息息相关。

现代国内的小孩由于饮食、环境因素，肝、肾功能都于孩童阶段就开始步入老化，尤其现代小孩与电视、电脑相当投缘，几乎形影不离，因此以目前国内的小孩情况，似乎不近视者很困难。

一般医生都把近视的原因推给"遗传"两字，是因现代医学到目前还未研究出近视的主因，当然遗传因素也是近视的主因之一，不过它所占的比率却小之又小。从前面的引述，我们不难了解，由于肝、肾功能低落，极易导致近视。若勉强把近视推给遗传的话，就是为人父母者的肝、肾功能欠佳，当然所生育的小孩也将有这方面的毛病，小孩也将因肝、肾问题而导致近视，其实每个小孩的近视是否都因遗传所引起？医生们也都心里有数。

近视的主因也是血浊、血酸而引起，因此欲使近视的现象消除，主要的工作也是在于净血、净化人体而已，不过电视、电脑的辐射和银幕影像的高速变化都对眼睛伤害甚大，因此若欲使近视完全痊愈实有困难，而欲防止眼睛的度数急速恶化则简单一些，不过年纪愈小能愈早接触中华自然医学时，其痊愈的机会愈大。

(三十六) **小孩经常尿床，找遍中西医都无效，这是什么原因引起？是否可治愈？**

答：小孩会尿床是因肾、膀胱功能较低落之故，俗称为膀胱无力；肾、膀胱功能低落亦可分成先天和后天因素，先天因素系指为人父母者有一人的肾、膀胱功能十分低落时，其生下的小孩的肾、膀胱功能亦将欠佳。于中医学理的肾、膀胱亦包括男女的生殖系统，譬如女性则包括子宫、卵巢，尤其女性的子宫、卵巢有了异常或有痛经现象时，往往第一胎的小孩则极易有尿床的现象。后天性大多因饮食错误或药物伤害而引起。

有些医生说："小孩尿床，长大后就好了。"因为小孩长大后，晚上睡觉时觉得尿急，他会知道起来尿尿，所以就不会再有尿床的现象，可是就像老年人因膀胱无力一个晚上必须起来尿尿好几次。不过，纵然小孩长大而使尿床现象消失，可是小孩的肾、膀胱功能并未因而恢复正常或增强，将经常腰酸背疼或影响到生育问题。

欲解除小孩尿床的现象，惟有增强肾、膀胱功能，也就是恢复肾、膀胱的正常功能。中华自然医学主张："万病一元论。"系指万病皆出自于一种原因，就是人体的疾病皆因体内的酸毒偏高，而使人体细胞无法生存引起，当五脏六腑的细胞因酸毒偏高而渐渐无法生存时，细胞就愈来愈无活力，五脏六腑的细胞愈来愈无活力时，其功能必将随之低落。而当细胞完全不能生存而开始大量死亡时，人体就会引发种种的病变。

欲净化人体、排除体内偏高的酸毒，请参阅《不生病之真法》。

(三十七) 一般人的气喘有季节性，我的小孩几乎一年 365 天都在气喘，这是什么原因？能治愈吗？

答：有关气喘的主因，大多是因长年累月的"止咳化痰"而引起，纵然小孩一出生就有先天性肺功能低落时，也不至于就演变成气喘，有关"止咳化痰"之一事

（右侧竖排）不生病之真法（续）

在第二十七条的"咳嗽不止"中就已有详细陈述，所谓的止咳化痰，都是只在止咳却化不了痰，使肺部的肺泡膜所卡住的灰尘、污物无法排除，而演变成各种呼吸道的病变。

譬如我们家里的纱窗，由于空气污染严重而极易卡了许多灰尘或污物，假如我们每两三天就用刷子稍微刷一下，纱窗就可永远保持干净，使空气流通顺畅。我们的肺泡膜就像纱窗，当肺泡膜卡住了许多灰尘、污物时，人体就会主动的发动咳嗽，将这些灰尘、污物震落，然后和体液结合成为痰，才能排出体外。可是每当人体欲利用咳嗽来清除肺部的污物时，由于咳嗽会使人体觉得痛苦，因此就利用药物来加以抑制；这就好比我们每次欲清除卡在纱窗上的污物时，都有人阻止，久而久之使纱窗不仅卡满了污物，而且卡得很牢固，想随便用普通刷子刷一刷已刷不干净了，必须使用钢刷而且还要用点力才能把纱窗的污物清除，当您用钢刷而且很用力的清刷纱窗时，纱窗会发出一种啾啾的声音，而我们肺泡膜卡满了污物而且卡得很牢固时，使人体必须用力咳才能把这些污物咳出，人体非常用力地想把肺部的污物咳出时，亦将发出啾啾的声音，这就是所谓的气喘。

我经常强调："病怎么来？就必须怎么回去。"气喘是因止咳化痰而使肺部的灰尘、污物无法排除而引起，欲消除气喘的这种现象，也只有帮助人体把肺部的污物排除，欲使人体肺部的污物排除，也就是再让人体发动咳嗽，而且不是平常的咳嗽而已，因为长年的止咳化痰使肺部所卡住的污物已很多，欲使这些污物于短时间内排除则必须加点劲，也就是会咳得比平常的咳嗽更剧烈，当肺部的污物彻底清除后，气喘的现象也就会自动消失了。

(三十八) 请问现代人还需进补吗？该补些什么？

答：一谈到进补，首先必须了解"补"这个字的字面意思，补即补给、补充、填补不足。譬如我们平常吃橘子都只吃橘肉，不吃橘皮而使人体营养失衡，人体营养失衡时就会发生种种病变，当您有了风邪而找中医师时，他就会在中药配方里添加了橘皮，也就是补充您平时摄取不到的营养，以酸碱理论而言，橘肉属酸橘皮属碱，平时我们只吃橘肉，有病时补充橘皮以平衡人体的酸碱，当人体酸碱平衡、阴阳调和时，人体的疾病自然就会痊愈了。

古时候的人，饮食方面通常以糙米、蔬菜、野菜、地瓜叶为主，很难得吃到一块鱼或肉，尤其是妇女们有人一生中吃不到一小块的鱼或肉，因此古时候人的体质偏碱，而人体于弱碱性时最适合细胞的生存。当人体的体质太偏碱性时，自然会出现种种不舒服的自觉症状，或因太碱性体质使细胞较无法生存而较无活力、较不活泼。当细胞较无活力时，人体即将觉得较无精打采，体力、精力都觉得较差。这时若能适时补充一些鱼或肉等酸性食物，以平衡人体的酸碱后，人体细胞就很快恢复

原来的活力，使人的体力、精力又很旺盛，这就是进补。有时在鸡、鸭、鱼、肉里加些中药，用细火慢炖，炖得更偏酸后才来食用，以增强平衡人体酸碱的效果，而使人体健康无病。

基于上述因素，使现代人一谈到进补都还认为是用一些中药的补药类和鸡、鸭、鱼、肉等一起炖熟后食用，谓之进补。我在《不生病之真法》中已强调过，由于时代背景的不同，使人的体质已有180度的转变，欲使人体健康无病，其方法当然也必须随之改变，不论治病或进补都一样，否则愈补愈糟糕。譬如现代人自小就已大鱼大肉，使人体最缺乏的营养就是蔬菜类，在这种情况下，您还食古不化，如法炮制，一看小孩体弱多病，仍承袭古人的进补方式，一再给小孩补充大鱼大肉或所谓的补药、补品吗？目前台湾每年一到秋冬时，老年人的死亡率都普遍增高，主要原因都因儿女太孝顺，认为秋冬一到，必须为老人家们进一点补，可是现代人已不适合进补，譬如现代人因青菜吃得太少，导致肝火经常都很旺盛，依照古法的进补方式，只有让人体肝火更旺，因此进补对现代人反而有害，尤其对老年人有时会有生命危险的状况发生。

以现代人的酸性体质而言，只有大量的补充青菜就是进补。好比您的小孩，英文、数学每次考试都考满分，可是您一直认定英文、数学是主要课程，虽然都考满分，但仍须再补习，其实小孩的英文、数学不补习却能考满分时，我们只须加强小孩的物理、化学或其他课程即可。

现代人自小就天天大鱼大肉，在这种情况下，若想为小孩进补，或许应该补充大量的青菜对人体才较有益吧！

（三十九）请问鸡精可增强人体的抗体吗？

答：某名牌鸡精宣称在百年前经某大学临床证实可增强人体的抗体。不错，百年前的人类体质偏碱，鸡肉系属酸性，又经过细火慢炖熬成更酸性的鸡精，以用来平衡人体的酸碱，使人体细胞能于弱碱性的环境下可活得很自在、很活泼、强壮，当细胞非常活泼、强壮时，人体的抗体当然随之增强，因此古时候的人喝鸡精可增强抗体。

现代人喝鸡精仍然会觉得体力、精力较旺盛些，不过现代人喝鸡精会增强体力、精力，已不是平衡人体酸碱的作用，而是一种借支作用，此种借支作用在《不生病之真法》中已有详述，在此只稍作叙述。由于现代人体已偏向酸性体质，当您喝进鸡精时，使人体突然间又更酸性化，人体细胞于太酸性的体质下必将无法生存。在这种情况下，人体为了挽救细胞，使细胞能尽快恢复正常的生存环境，即将发动人体的自然治愈本能，也就是让人体的骨髓大量释出来平衡人体的酸碱，使人体细胞于弱碱性的环境下，方能生存得很活泼、强壮，以达到增强体力、精力的效果。可是这种借支方式绝非长久之计，因为骨髓是人体的生命之源，当骨髓耗光时，人的生命亦将宣告结束。不过这种借支方式也不是人人都

有效果，由于现代人大多偏向于酸性体质，使人体骨髓于平时都已较大量的释出，使有些人的骨髓已接近耗光的程度，使人体借不到骨髓，所以喝了也是白喝，起不了作用。我这种论点，是否正确，还是让读者诸君自己去尝试后再下结论吧！

(四十) 为什么吃了愈多的高营养品，人体反而愈不健康？

答：这问题的因素有二：

1. 人类认为最营养的物质并不表示是人体细胞最需要的营养，甚至反而有害人体。现代人迷信权威，认为营养权威人士所倡导的营养必然有益人体，譬如现代营养学家强调："蛋白质是人体生命之源"。可是事实证明："蛋白质却是人体致病之源"。以致吃愈多反而愈不健康。

2. 一般所谓的高营养品，若不是合成的就是已经过多次加工而远离自然。合成的高营养品纵使其成分与天然食物只相差 0.01，甚至仅差 0.0001，而且有了许多科学数据加以印证，可是与天然食物的营养却仍是天壤之别，于 1994 年 10 月前后，台湾的中华日报曾报道一则新闻"孕妇大量摄取合成的维他命 A，结果所生下的小孩却缺乏维他命 A"。在《不生病之真法》中亦曾提起"英国船员大量摄取合成的维他命 C 而引起集体中毒"之事，目前市面上有许多强调"天然的"高营养品，这些天然的高营养品往往都已经过多次的加工，其营养在多次地加工中早已流失得近乎于零，就像稻米经过多次加工后成糙米，再经过多次加工后才成胚芽米，又经过多次加工后才能成为白米，白米两字合并起来就是"粕"字，即糟粕、垃圾、废弃物之意。而且现代人偏好熟食，米经过煮熟后称之为"饭"，饭即由食与反两字所组成，这乃古代圣贤用来训示大家："未煮熟的米还是米，当您把米煮熟后已变成饭，饭字就是表示您已'食反'了，也就是吃错了。"因此所有食物经过愈多次的加工，其营养流失愈多，也就是愈远离自然，吃愈多反而愈有害人体。

我经常强调："造物者创造地球万物，也势必照顾这些万物。"欲照顾天下万物实在不是一件容易的事，因此造物者必然会运用最简单的方法，譬如为了维持人类的生存则遍地野菜，而且取之不尽用之不竭，让人们非常轻易取得。因此我又强调："愈容易取得，也表示生命力愈旺盛的植物、野菜等愈有益人体。"假如愈昂贵、愈难取得的物质才能使人体健康的话，或许我们现在仍随时可邀请朱元璋、武则天或慈禧太后一起泡茶聊天，因为他们花的钱可直通国库，要什么有什么，包括想取得长生不老的仙丹都不成问题，所以这些大人物应该可以长生不老。其实不然，假如愈昂贵的物质才能使人体愈健康，活得愈长久的话，我们可大声指责造物者不公，因为它只在照顾有钱人而已。

由此可见，愈粗贱、愈容易取得、生命力愈旺盛的食物，又能吻合自然、新鲜、完整的原则下才最有益人体，所谓的高营品也必然是高价位，愈高价位的物质反而须特别留意了。

（四十一）请问完全只吃蔬菜类，人体的营养可获得均衡吗？

答：现代人认为"蛋白质是人体生命之源"，也就是认为鸡、鸭、鱼、肉是最有益人体的物质，这种观念在现代人的心目中已根深蒂固，因此一听到只吃青菜，不吃点鸡、鸭、鱼、肉等食物时，就马上联想到人体必然会有营养不足之处。

经常有人请教这方面的问题，通常我都先反问他："您希望的是属于理论上的营养，还是人体实际上需要的营养？"假如他仍只相信权威，仍处于理论上的营养的心态时，我就会告诉他，鸡、鸭、鱼、肉等高蛋白的食物最营养。这样的回答，完全吻合他的心意，才不会有所争论，假如他想知道的是人体实际需要的营养时，我就会告诉他，甘薯叶最营养，"薯"字即草字头底下一个"诸"字，系指诸草之意，表示所有植物、草等的营养在甘薯、甘薯叶里都有，由于现代人的体质偏酸，所以我才强调甘薯叶，较不推荐甘薯。

或许读者诸君们仍有人觉得奇怪，为什么甘薯叶最有营养？较老一辈的人都还有印象，古时候的妇人一辈子吃不到一块鱼或肉，只吃甘薯、甘薯叶而已，儿女成群，奶水滚滚而来，假如大鱼大肉才是人体所需的营养时，那么古代妇人的营养从哪里来？现代人自小就是大鱼大肉，一到结婚生子时，却连一个卵都产不出来，谓之不孕症，勉强受胎，却是瓜不熟就已蒂落，谓之早产或流产，当小孩生下时，医生说："母奶最营养。"想亲自为婴儿哺乳，可是奶水却跑不出来，既然鸡、鸭、鱼、肉最营养，那么请问现代人的营养如何流失呢？不然怎么连奶水都流不出来呢？因此，到底什么才是人体最需要的营养？有时连我自己都搞糊涂，不知您是否也搞糊涂了呢？

其实人体实际需要的营养就是植物类、蔬菜类而已，所以人体血液中的血红素和植物的叶绿素，其成分非常接近，因此我也经常提醒大家，我们人想健康无病时，只有多吃青菜、多喝水而已，于日常的饮食中，您吃的青菜和喝水量占80%，您就可获得80%的健康，若您所吃的青菜和喝水量只占20%，那么您就只有20%的健康而已。

现代一般的营养学家已开始注重人体营养的均衡，可是在旧有的观念下无法改变，仍然摆脱不了吃鱼吃肉的观念，只是已较鼓励人们要多吃青菜，谓之均衡的营养。由于过去人们认定只有大鱼大肉才是人体最需要的营养，在这种情况下，您告诉他大鱼大肉不营养，而蔬菜才最营养，或许一般人会很难接受吧！所以至今营养学家或现代的营养师们鼓励现代人吃鱼吃肉外，还需多吃青菜，以确保人体营养之均衡，也可能以这种渐进的方式，现代人会较容易接受吧！不然的话，吃鱼吃肉多

（右侧竖排）不生病之真法（续）

吃青菜就可确保人体营养之均衡，仍然有待印证。

(四十二) 蔬菜性凉，是否吃多后人体会较虚弱？

答：现在台湾有许多素食者，只因一句"蔬菜性凉，不宜多吃"的误导下，而完全不吃青菜，一日三餐中都是素鸡、素肉、素火腿、素罐头之类的素食垃圾，导致愈吃愈不健康，可说是比吃荤的人更糟糕，因为吃荤的人每餐至少也有一两道的蔬菜，因此这种不吃蔬菜的素食者反而比吃荤的人不健康，甚至因而吃得浑身是病仍不知觉醒，仍然执著于这个观念，对于如此执著的人，有时我也只好苦笑而已，因实在是爱莫能助。有关这个问题可分成两个因素来探讨：

1. 观念问题：因为现代还有很多人仍承袭着古时进补的观念，古时由于人们的饮食是以蔬菜为主，因此偶尔炖只鸡来补补身子，一直沿袭至今，以致现代人的心目中仍认为鸡、鸭、鱼、肉类才属于补品。反之，青菜是凉性食物，不是补品，所以不能吃多，否则身体会因营养不足而愈来愈虚弱。

2. 价值问题：或许您会听过有此一说，萝卜刚上市，量少价位高时，人们都说萝卜可以降火，吃多有益人体。一到盛产期，量多价格十分便宜时，人们就说萝卜性凉不宜多吃，同样是萝卜，由于价位的不同，人们的看法也随之不同。

基于以上这两种心态，使现代有些人一直认为蔬菜

属凉性食物，而不敢多吃，因此有时我常以开玩笑的口吻说："假如有一天，蔬菜比鱼、肉类贵 10 倍时，人们就会认为鱼肉类较凉性，不能多吃了。"

古代人以蔬菜为主，偶尔吃点鱼肉类，谓之补。现代人自小大鱼大肉，应大量摄取蔬菜才对人体有所补益。时代背景已完全不同，人们的饮食习惯已有 180 度的转变了，当然种种观念也必须随之改变！

（四十三）既然蔬菜是人体最需要的营养，那为何有许多素食者反而不健康呢？

答：吃素在古时称为吃斋、持斋，闽南语则称为吃菜，顾名思义就是只吃青菜，因为只有多吃青菜，人体才可健康。可是人们误解古代圣贤或佛陀的美意，使素食的吃法有所偏差，此事在《不生病之真法》中已有详述，其中最主要的错误，是国内目前有大多数的素食者几乎很少吃青菜，甚至所吃的青菜量反而比一般吃荤的人还少，都只吃一些素罐头、素鸡、素肉、素火腿、素鱼、素贡丸等素食加工品，这些经过多次加工的食品，早已远离自然，其营养所剩无几，甚至还添加人工色素、防腐剂，也就是一般所谓的垃圾食物。1996 年 7 月中旬，台湾电视报道指称：所有素食加工食品中的添加物比一般食品添加得更离谱，不仅添加量多，而且大多数的添加物都有毒性。请问在这种吃法下能吃出健康吗？

欲求健康只有多吃青菜，也只有多吃青菜才不会辜

负先圣先贤或佛陀鼓励大家吃素、吃斋的美意，可是一般人不了解吃素的意义和目的，以至于吃的食物或吃的方式越来越错误，当然会越吃越不健康。因此我经常向一些素食者开玩笑地说："当我们有一天回到老家拜见我们的列祖列宗，我们的祖先看到我们这些子孙们不健康时，吃荤的人或许只被敲一下脑袋，而吃素的人反而会被多敲几下。"您的老祖宗们会跟您说："傻孩子，您既然已知道吃素，为什么还吃不出健康？"

(四十四)《不生病之真法》中提到蔬菜水果汁之一事，请问是使用果汁机或果菜机？

答：中华自然医学主张：自然、新鲜、完整，何谓完整？就好比牛吃草，连纤维质和根部都全部吃进去，而且不经加工，营养不被流失，这就是完整。一般所谓的果菜机所打出来的果菜汁，是把汁和渣分离，其实渣不一定是渣，它里面不仅有纤维质而已，而且还有残留其他的营养，而我们却把渣扔掉，只喝汁，这也就是不完整，没有完完全全的摄取蔬菜或水果中的所有营养，因此打蔬菜水果汁时，通常我都建议大家使用果汁机。做法如下：甘薯叶四五叶或蔬菜叶几片，水果是用来调味用，如凤梨、哈密瓜、熟芭乐、苹果、西瓜或香蕉等，然后加上白开水，尤其是以钙离子水为佳，因钙离子水可中和农药残毒，并可促进人体蔬菜水果营养地吸收。最后把这些蔬菜、水果和水一起打汁后不要太稠，稍微稀一点才好喝。若太稠的话，则需再加些水，这种蔬菜水果汁对人体健康、养颜美容的效果相当不错。

(四十五) 请问水耕蔬菜和一般农田种植的蔬菜，其营养与利弊？

答：一般人都有一种错觉，认为水耕蔬菜不使用农药，其实有些菜农早已把农药放在水中，不像土耕方式用喷洒的而已。水耕蔬菜的培育过程中，就是把种种的化学肥料加入水中，其中也包括农药，然后利用帮浦输送到菜园的每一角落，提供给蔬菜生长过程中所需的营养，虽然菜农已把种种化学肥料都添加在水中了，但却也同时把蔬菜所需要的养分都已设定了。换句话说就是这些水耕蔬菜只能摄取到水中的这些养分而已，不像土耕蔬菜还可以摄取到土壤中其他的养分，因此水耕蔬菜的营养价值与土耕蔬菜就有很大的差异了。

目前台湾正在流行"有机蔬菜"，是利用天然的有机肥料，如猪粪、鸡屎等天然肥料来培植蔬菜，这是可喜之事，表示人类已开始觉醒了，不再认定科学万能，不再肯定科技产品的化学肥料，而又复古、回归自然了，这种有机蔬菜亦强调不使用农药。若真如此，当然很值得大量栽培与推广了。

（四十六）现代土耕的蔬菜也都是利用化肥、农药栽培，请问其营养价值如何？

答：现代蔬菜的营养当然不比往昔，其因素有二：

1. 农地的土质已酸性化：记得在我小时候，每当身体擦伤时，就顺手抓了一把泥沙往擦伤处一敷，可消炎又止血，过不了几天伤口就自然愈合了，因为古时候的土壤是碱性的。可是至今甫说一般的农地，包括山上的土壤都已饱受农药、化肥的污染，其土质都早已偏酸性了，假如现在人体有了擦伤而随便抓一把泥沙来止血，恐怕已止不了血或许还会有破伤风之虑。由于农药、化肥的使用量愈来愈大，而使土质愈来愈酸性，当土质愈酸性时农作物的抗体也将愈来愈弱，致使农药的使用量又需增高。渐渐地变成一种恶性的循环，演变至今蔬菜只几天不喷洒农药，蔬菜叶就有虫咬的痕迹。蔬菜本属碱性，在这种酸性的土质中不知如何培育出碱性的蔬菜呢？因此现代的蔬菜，其营养当然应大打折扣了。

2. 大量使用农药、化肥：农药、化肥都属于强酸，为了刺激蔬菜快速生长，又添加了促进植物生长的激素，如此才能使蔬菜生长时间缩短而降低成本，可是用这种方式所培育的蔬菜，在未充分摄取土壤中的矿物质或其他养分时，已长得很高或已成熟，这时菜农就把它采收送菜市场去卖了，因此使现代的蔬菜和古时候的蔬菜，其营养就有了很大的差异。所以我才强调多吃野菜，虽然现代蔬菜的营养不如往昔，可是多吃蔬菜总比大鱼大肉好，而且现代的鸡、鸭、鱼、肉也好不到哪里去，因为现代的鸡、鸭、鱼、肉里仍然残留着大量的抗生素、荷尔蒙或种种化学毒素。

不生病之真法（续）

（四十七）请问有哪些蔬菜的营养较高？

答：由于人体血液中的血红素与植物的叶绿素，其化学方程式很接近，也就是成分很接近，因此愈绿色的蔬菜则愈有益人体，也就是说气血不足的人，必须多吃愈绿色的蔬菜。此外，就是生命力愈旺盛的植物或蔬菜愈有益人体，所谓生命力旺盛的植物或蔬菜，就是随便栽培甚至不必去栽培它，它都可以生存得很好。反之，若必须苦心栽培才有收获的植物，而且只稍一疏忽就会枯死，这种生命力这么脆弱的植物，请问读者诸君您吃下它会有益吗？

《不生病之真法》中已强调，造物者既能创造地球万物，则必然也将照顾这些万物，欲照顾这些万物当然只能利用最简单的方法，譬如为了维持所有草食动物的生命，则遍地野菜，因此我经常告诉大家，愈容易取得的食物也愈有益人体。愈容易取得的食物，其价格也必将较便宜甚至不必花钱，譬如台湾目前于野外或山区仍然到处都长满野菜或甘薯叶，这些野菜或甘薯叶的营养价值都很高，所谓的"薯"字即表示诸草之意，就是指所有草的成分于甘薯、甘薯菜里都有。以上简单陈述，若

读者诸君能掌握上述的原则时，欲吃出健康应该毫无问题吧！

（四八） 目前台湾正流行吃生的苜蓿芽，可是却有医学专家报道说："苜蓿芽吃多会致癌。"请问，是否如此？

答：无论任何非常有益人体的食物，吃过量当然不好，譬如话说多了也会出毛病，因为话说多了会伤神、伤气，因此苜蓿芽吃过量或许无益，不过吃多会致癌，这就有待商榷。

曾经有一则笑话：有某气象专家刚要走出家门之际，背后却传来女儿的声音"爸爸，您忘了带雨伞！"此专家回答说："何必带伞，又没下雨！"他的女儿说："爸爸，您在昨天的气象报告说今天有暴雨。"或许专家所说的应该都是正确的吧！

现代全世界所有的医学专家，从 18 世纪初研究到现在的 20 世纪末，"癌症是怎样形成的？"仍一直找不到答案，只说是癌症是由癌因子、癌细胞演变而来。如今已较进步，知道癌细胞是由正常细胞突变而来，既然不了解癌症是怎么形成的，那怎能确定吃苜蓿芽或吃任何食物就会致癌呢？而且现代医学很注重临床实验数据，而癌症从人体有了一个细胞开始病变后，发展到一公分大时，X 光或超音波扫描才可发现，这一公分大则需 20 年左右，凡事或许都需长时间才能证实吧！既然癌症的形成需 20 年左右才能检查出结果，而流行吃苜蓿芽才两三

年而已，就有医学专家在报章报道吃多会致癌？或许这位医学专家有先见之明吧！

现代人的心里有时我真的搞不懂，就像电视上经常广告着一种女性的用品，其广告词强调着："几乎忘了它的存在。"既然几乎忘了它的存在，又何必天天打广告呢？我真搞不懂。现代医学专家们，经常在报章杂志上报道一些健康、医学常识或理论，可是这些理论往往过不了多久就会被推翻，这到底是什么原因？是这些所谓的医学专家们未彻底了解事实真相就把这些不成熟或不实际的理论公开？或是存着作秀的心理，打打知名度，或是惟恐大家几乎忘了他的存在呢？

(四十九) 吃是一种学问，既然蔬菜较有益人体，那么请问该怎么吃？

答：我们都知道，蔬菜中的叶绿素、维生素和矿物质等，在愈高温的情况下愈会遭受破坏，因此在这个原则下我们不难了解，生吃比煮过的较有益人体，如果是现采现吃也就完全吻合本中华自然医学所倡导的"自然、新鲜、完整"。其次就是水煮的比蒸过的好，因为水的沸点只有摄氏一百度，若利用蒸气来蒸煮时，蒸气的压力愈大则温度也相对提高，再来是蒸煮的比炒过的好，因为炒菜时锅底的温度高达摄氏数百度，温度愈高愈容易破坏蔬菜中的营养素，最糟的就是油炸过的食物，油炸的温度高，不仅将食物中的营养破坏无遗，而且又残留大量的油渍，若想短时间得中风的话，只要天天吃油炸物，其他食物和水尽量少接触，如此一来，大概不出几个月，中风就会降临在此人的身上了。

有关生吃，几乎所有的蔬菜都可生吃，只是各人口味不同而已，别人认为好吃的您不一定觉得好吃，但您认为好吃的别人也不一定认同，读者诸君们不妨多方面尝试，另外就是调味料之调配，如生姜磨细后加些酱油、沙拉酱、番茄酱、味精，加些开水稀释或直接蘸一般的辣椒酱或沙拉酱均可，或是各位可随自己的喜好调味，反正就是如何使生蔬菜吃起来美味、营养。

（五十）现代蔬菜的农药残留量过高，请问是否可多吃？

答：蔬菜的农药残毒的确是一大问题，可是现代人类的生存环境，已在所谓的高文明、高科技的迅速发展下，尤其是在人类的超高智慧——"无知"的情况下，已把整个自然生态环境破坏无余，不仅蔬果中的农药残毒过高，连鸡鸭鱼肉中亦残留大量的抗生素、荷尔蒙，而且空气、水质亦遭到十分严重的污染，请问读者，您是否还有更佳的选择。

我想目前还没有人因空气十分污染而不呼吸的吧！我们人体只要三两分钟不呼吸，生命就会结束。我们不能因空气污染而不呼吸，当然也不能因所有食物都遭受污染而绝食，既然所有的食物都遭受污染的情况下，我们更须选择对人体较有益的食物，也就是蔬菜，我们中国有句老话："来八去五必定受苦；来八去八必定得法。"来是八画，去是五画，去加上三点水而成法字也是八画，也就是说，凡事要有方法，而且是最好、最正确的方法。

目前若想使地球恢复原来的面貌，已不是短时间可奏效，破坏容易建设难，欲求净化地球至少须花上300万年的功夫，这浩大的工程不是某一国家政府或联合国所能达成；若有来生我们欲再转世为人时，我们或许会等待整个地球已完全净化了再下来，可是我们这一辈子总须度过，我们既然无法改变我们生存的外环境，那么我们只好改善人体的内环境，欲改善人体内环境则必须要有方法，而且必须最好、最正确的方法，当您人体的内环境获得改善，使人体的抗体增强时，这些农药的残毒也就伤害不了人体了。

（五十一）完全不吃鱼肉类，心里总觉得怪怪的，请问该如何克服？

答：这个问题可分成几种因素来探讨：

1. 心理因素：现代人于现代营养学家的误导下，认为高蛋白的食物才是人体最需要的营养，这观念在人们的心目中已根深蒂固，因此只要一两天不吃鱼或肉，心里就会觉得不舒服，似乎很对不起人体，甚至觉得浑身乏劲。

2. 习惯性：现代人自小已吃惯了大鱼大肉，若转变

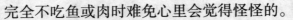

完全不吃鱼或肉时难免心里会觉得怪怪的。

3. 酸中毒：因鸡鸭鱼肉等均属酸性食物，酒、吗啡也都属于酸性，尤其吗啡是一种强酸，当一个人吃吗啡上瘾后，也就是一种酸中毒的现象，现代人从小天天鸡鸭鱼肉，吃多了这些酸性食物，也必将使人体内累积很多的酸毒，这也是属于酸中毒，人体酸中毒后就必须继续的吃下去，好像吃吗啡的人就一辈子离不开吗啡，虽然鱼肉类所引起的酸中毒现象不像吗啡那么强烈，可是现代已有很多人只要一两天不吃鱼或肉，就会像吗啡上瘾的人一天不吃吗啡就会觉得浑身无力、无精打采。

4. 体质因素：喜食大鱼大肉的人，其体质早已酸性化，而愈酸性体质的人则愈喜欢吃酸性食物，因此愈酸性体质的一天不吃鱼或肉时，心里就会觉得不舒服；反之，人体若呈碱性体质时，自然而然就较不喜欢吃鱼、肉类等酸性食物了。

读者若赞同人体只有多吃青菜才能健康的这种理论时，刚开始只要稍微勉强自己多吃青菜，然后逐步的增加蔬菜量，等到您的体质愈来愈偏向弱碱性时，您的健康不仅渐渐获得改善，而且您将会觉得蔬菜也愈吃愈美味了，甚至有一天您将完全不想吃鱼、肉类，这时您已相当健康了。

（五十二）医生说："水喝多会增加肾脏的负荷，而引起水肿现象。"请问这种理论是否正确？

　　答：我们都知道，空气和水是人体新陈代谢的主要元素，中国人有一句俗话："民以食为天。"这句话即表示吃的重要性，可是空气和水却比食物重要，人可以一个月不进食，但不能三两分钟不呼吸、一个星期不喝水，人体细胞于分分秒秒的新陈代谢过程中需要大量的氧气和水分，人体一天所呼吸的空气量高达 13.6 公斤，一天的喝水量应达 7 公升以上，7 公升也相当于 7 公斤重，而且人体内的水分就占有 70% 左右，血液中的水分却高达 92%，人体本来就需要这么多的水分，请问，读者诸君们，我们是否应该多喝水还是不能多喝呢？

　　人体就好比一家工厂，每个员工都很认真工作，其工作效率、生产力一定很高，所需要的原料、零件的数量必然很多，这家工厂当然很赚钱。我们人体的每一个细胞就好像工厂里的员工，当人体的每一个细胞都很活泼、强壮，很卖力的为人体工作，人体新陈代谢的能力就会很强，人体新陈代谢的能力很强时，所需要的空气和水分的量必然很多。可是有一天外销量突然减少，老板为了不使产品囤积太多，因此每天只供应 1/10 的原料、零件，员工们为了度过 8 小时的上班时间，只好放慢动作，半做半玩，时间一久，员工们已习惯了，当外销又恢复正常时，老板又供应正常数量的原料、零件时，

员工们已无法完成这种原有的工作量了。现代人懒得喝水，尤其女性的喝水量少得可怜，由于人体的水分不足，使新陈代谢随之缓慢，人体和我们人一样也都有一种惰性，当人体新陈代谢缓慢后所需要的空气和水分也相对减少，这时您再供应给人体大量的水分时，人体已无福消受了，而使人体出现了水肿现象。每当有读者来电话询问健康问题，我只要一听到她很少喝水，我就可以很肯定地告诉她："你的身体一定不好、不健康。"人体的新陈代谢一旦缓慢下来，人的体力、精力都将随之减弱，血液循环也必然较缓慢，也就是所谓的气血不足，人体气血不足时，拉拉杂杂的毛病就一大堆，如头晕、目眩、脑神经衰弱、记忆力减退、较严重者会有头疼现象、手脚冰冷或麻木、腰酸背疼或其他小毛病都会出现。

根据中医学理："肾、膀胱于阴阳五行中属水。"因此水质的好坏或喝水量的多与少，都直接影响到肾、膀胱的功能，现代水质严重污染，又加上现代人的喝水量不足，导致现代人的肾、膀胱功能从小就有低落的现象，当肾、膀胱功能低落时，就会出现尿频、腰酸背疼等自觉症状，这时到医院仍检查不出病来，因为这只是功能低落而已，还未形成病，医院必须等到肾衰竭或病已成形后才检查得出来，因此希望大家不要老是拿医院的检查来安慰自己，更不必拿它来反驳我："您说我肾功能低落，我前几天才到医院检查，肾、膀胱一切正常。"检查结果正常是很值得高兴，也值得恭喜，可是经常腰酸背疼或许也高兴不起来，待肾、膀胱功能继续低落时，关节炎、痛风、水肿、肾结石、摄护腺肥大、腰部剧痛都将接踵而至，甚至演变成尿毒症，所以检查不出毛病反而不要高兴，因为这样让您没有危机意识而不知防患未然。

总而言之，人体欲求健康必须多喝水，尤其能天天喝到有益人体的好水，而且又能天天吸到好空气，再配合多吃青菜，人体就可活得很健康。医生说："水喝多会引起水肿现象。"这只是"果"，平时少喝水而导致肾功能低落这才是"因"。以上的一番陈述，读者是否满意？论点是否正确？有待大家评估吧！

（五十三）我赞同多喝水人体才会健康，请问喝什么水较好？

答：我们已知道，人体于每天新陈代谢的过程中需要大量的空气、水分和营养，然而人体摄取大量的水分中，所需要的不仅仅是纯粹的水分，而且还需要水中的种种矿物质和微量元素，尤其是钙离子的需求量最多。在《不生病之真法》中曾提到泰国清迈人所饮用的水，是来自云南青藏高原的石灰岩水，也就是钙离子水，其钙离子的含量很高，因此清迈人不仅健康而且又出美女，人美貌美，连皮肤都很美。以前的日本人个子较矮，主要原因是日本地区的水质含钙量太少之故，所以可以这么来下定论，钙离子含量愈高的水则愈有益人体。

其次，就是生水比煮过的水较有益人体，因为生水

属于活水、活性的水，煮过的水则是死水、也就是死性的水，已无生命力，这种煮过的水放凉后，用它来浇花、养鱼，这些花木、鱼虾必定活不了。说实在的，我们人类的生命力是相当的强，不然的话，从小就一直吃煮过的食物、喝烧过的水，而还能活到 70 岁以上，实在不简单，因此我们想活得更健康无病，不仅多吃青菜、多喝水，而且还须多吃生菜、多喝生水。

（五十四）现代水质严重污染，目前市面上正流行一种逆渗透纯水机，可提供大家最干净的水，请问这种水质对人体有益吗？

答：逆渗透纯水机的水质已接近蒸馏水。所以说是纯水，水中的矿物质已近乎零，这种纯水机原来是在太空梭上使用，万一用水不足时，可将太空人的尿液经过纯水机，把所有的杂质滤除而成为非常干净的纯水，使太空人不至于缺水用。

逆渗透纯水机的水，的确是很干净的水。但我经常提醒大家，有许多事或物不要随便画上等号，譬如我经常强调的"人类认为最营养的物质并不表示是人体最需要的营养"，同样的道理，"最干净的水并不表示是最有益人体的水"，不一定有益但是否有害人体呢？

时常有读者来电话说："这几天我到医院检查，医生告诉我，骨质已有疏松现象，请问为什么会骨质疏松，该怎么办？"每次听到这问题时，我第一句话就是："请问您喝什么水?""逆渗透的水"。又问:"已喝了多久?"答案也都很一致:"大约三年吧!"当台湾正开始流行逆渗透纯水机时,我们一群热衷自然医学的志同道合者,就以开玩笑的口吻说:"喝纯水,不错,大约两三年后关节炎、骨质疏松的人就会很多。"最近又有读者告诉我,婴儿出生后就完全用这种纯水来泡牛奶或当开水喝,大约半年左右,就可很明显的看出这婴儿的成长十分缓慢;为什么会如此呢?

或许老一辈的妇女都还知道,用雨水洗衣服很省事,又快又干净。因为雨水就是一种纯水,也就是一种不完整的水,雨水必须在土壤、岩石中摄取大量的矿物质、微量元素后,才能成为完整的水。当我们把脏的衣物浸泡在雨水里,雨水为了要摄取衣物中人体流汗所夹带的微量矿物质时,会一并将衣物的污垢摄走,因此用雨水洗衣服干净又省事。这种纯水喝进人体也是如此,它为了变成完整的水时,也必须大量摄取人体中的矿物质和微量元素,当它摄足了后人体需要时才又回馈给人体,它每次摄取了十成的矿物质却只回馈给人体八成,其余的将随着尿液、汗水的排泄大量的流失中,尤其是钙离子流失最多,而骨骼是钙离子的银行,当骨骼中的钙离子大量流失时,我们的骨质当然也就很快疏松了。

还有人认为纯水是很干净的水,完全没有氯、杂质和细菌,其实纯水系属酸性的水,而酸性的水质最容易成为细菌的温床。细菌并不可怕,现代病几乎都与细菌无关,譬如癌症、尿毒症、糖尿病、高血压、中风……

等，完全不是因细菌而引起，所以细菌只是现代医学用来创造万病万元、创造万种病名的主要借口而已。早在几千年前佛陀就已告诉人们："一杯水中就有千千万万的众生。"所谓千千万万的众生指的就是细菌。换句话说，几千年前细菌就一直和我们人类生存在一起，只是您的肉眼看不到而已，若诚如现代医学所说："细菌是人体致病的主因。"那么现代医学兴起至今才两百年左右，而细菌和人类相处已几千年，人类应该早已绝种了吧！话又扯远了，抱歉！主要目的也是希望读者能有正确的健康理念罢了。

仍有人问起纯水会导致骨质疏松症，是否因纯水是属于酸性水，喝这种酸性水而使人体酸性化，以致人体骨钙大量释出来中和人体的酸碱反应而引起。如此解释或许也算对，不过以现代人的饮食习惯，几乎天天大鱼大肉，这些大鱼大肉都比纯水更酸性，可是还不曾听说过有人吃了三年的大鱼大肉而得骨质疏松症的吧！

欲使骨质恢复正常，甚至恢复年轻时代的骨质，以目前的中西医恐怕有困难，您不妨参阅《不生病之真法》，或许可找到答案吧！

(五十五) **目前市面上还有一种碱性钙离子水机，请问这种水质如何？**

答：这种碱性钙离子水机于日本大约有 20 年的历史，进到台湾已大概有十五六年了，这可说是一台很不错的水处理机。这台机器是利用正负电极的作用和磁场异性相吸的原理制造而成，当自来水进入这台机器后，正极吸酸，由于水中的氯、农药、杂质或重金属都属于酸性，因此这些对人体有害的物质在正极吸酸的过程中，将一起被吸走，然后把这种偏酸的水排除，而负极则是吸碱，偏碱这边的水就是来供人体饮用，所以这种水质可说已相当不错。

可是，由于台湾的山势很陡，一下雨后不到二小时，这些雨水又回到大海去了，而雨水只有在岩石中酝酿的时间愈久，其钙离子、矿物质的含量才能愈高。台湾人以前喝的是井水，这种井水在土壤中也酝酿了一段时间，因此钙离子的含量也不少，现代的自来水大多来自于水库，而水库的水源大多靠山区下大雨时所贮存，这种水质的含钙量本来就很少，若把这种水质导入碱性钙离子水机后，纵然把它分成碱性水和酸性水，其碱性水中的含钙量仍然少之又少。我们又把蒸馏水或纯水导入这台机器后，它仍然会分成一边酸性水，一边碱性水，其实蒸馏水本来就属于酸性水，这表示这台机器只是在例行公事而已，譬如您设定碱性水这边的 pH 是 8，照理说，若水的碱性度不到 pH 值 8 时应该不会从碱性水这边流出来才对，可是它不管您酸性或碱性，只是负责把您送进去的水分成两边而已，这是美中不足之处。不过，假如您的经济许可的话，此机可考虑。

（五十六） 目前市面上还出现一种碱性钙离子水，另外还有称之原汁的钙离子水，一瓶高达新台币 1000 多元，请问这种水质如何？

答：市面上会出现瓶装的碱性钙离子水，这是令人高兴的一件事，"钙离子"这三个字是化学名词，也是一种学名，如人参、当归等，又可以代表一种产品的品名。为了钙离子这三个字在台湾已教育、推广 20 年了，可是至今知道钙离子的人还不多，真正了解钙离子的人更少，现在市面上出现了瓶装的钙离子水，这表示现代人对于钙离子已有进一步的认识了，所以是可喜之事。

有关碱性钙离子水是否呈碱性反应，只要用石蕊酸碱试纸一测就马上分晓，若酸性时试纸则一样是黄色，若呈碱性时试纸就会变蓝，愈碱性则愈蓝色。所谓的原汁碱性钙离子，应该是指较高浓度的钙离子水，这种高浓度的钙离子水若看起来很清澈透明时，其制造方法有两种。一种是钙离子粉对水后，使其自然沉淀，然后取清澈的部分装瓶。另外一种是用钙离子粉对水后再经电解而成。不过无论用任何方式所制造出来的高浓度钙离子水，其浓度仍有极限，换句话说，就是钙离子溶于水中仍有它的饱和点，因此这种高浓度的碱性钙离子水，其售价是否合理，则由读者诸君们自己去评估了。

此外，此产品是否就是钙离子水，诸位只要喝过真正的钙离子水就很容易求证，只要以最简单的口感就可轻易来辨别了。

(五十七) 请问我们日常的食用油有动物性与植物性的不知哪一种较好？

答：古时候于炒菜前，通常是用一小块的布料蘸一点点油在锅上一擦，让锅底有了薄薄的一层油而已，就可炒出一大盘的青菜，因此古代的一个大家族，一年用不到 1000 毫升的食用油。而现代的小家庭里，1000 毫升的食用油恐怕用不到一礼拜，尤其现代餐厅的用油量更是惊人。现代人的食油量已超过人体需求量的数百倍了，家家户户的排油烟机都卡了一层厚厚的油垢。同样道理，人体的血管壁也都卡了一层愈来愈厚的油垢，而且油的黏性高，极易使血液污浊，使血液循环缓慢，因此现代气血不足的人越来越多，最后将演变成脑部血管阻塞，谓之脑血栓、脑栓塞，也就是俗称的中风。

到底哪一种油较好？目前市面上又增加了不少种类有葵花子油、蔬菜油、玉米油、尤其现在正流行橄榄油……种类实在太多，每一种产品都说得不错，每当有人问我哪一种比较好时，我会笑一笑的向他说："不论什么油，只要吃多都不好。"食用油之外，还有鱼肝油，以前一直在宣导，多吃鱼肝油可防止近视，现代小孩个个近视，应该都是没吃鱼肝油吧！

中国人很会吃、很懂得吃，吃在中国，色、香、味俱全外，还需吃尽奇珍异兽，在这过程中当然都少不了油。我告诉大家少用一点，或许吃起来的口感就不一样，因为炒菜时油用得越多，温度才能越高，炒出来的菜才越香脆，可是温度越高越容易破坏蔬菜的营养，因此健康与美味任君自行选择吧！

（五十八）现代主妇上菜市场买一次菜，至少都有两三天份或一个礼拜的量，这段时间也都利用冰箱来保鲜，请问冰箱的保鲜效果如何？

答：冰箱的确可以使食物贮存的时间延长，也表示它确实有保鲜的作用。但蔬菜一旦从农田里采收后，其营养就开始流失，包括贮存在冰箱里也一样在流失。譬如有一种白色的玉米，当您从农田里现采回来就煮来吃，您会觉得甘甜味美，如果您把它存放在冰箱内半天或一天，再取出来煮，其味道已差很多，味道有了差异也就表示新鲜度与营养都有了变化。因此有许多食物存放在冰箱里三五天，甚至一个礼拜以上，外表看起来还很新鲜，可是其营养或许已流失大半而所剩无几了，这时我们又煮来吃，那么人体能摄取的营养又有多少呢？现代人很重视营养可是却吃不到营养，古时候的人不懂得营养，他们的食物都是现采、现煮、现吃，因此吃的都很营养。**注**：因黄色的甜玉米的甜度很高，于短时间内的甜度流失较无明显的差异，所以未拿它来做比较。

现代人想吃到现采的蔬菜已经不容易了，现采现煮的蔬菜不必添加味精，吃起来就相当美味，尤其现采的甘薯菜比任何蔬菜好吃，又甜又香又嫩。现代人所吃的蔬菜都已存放了好几天，存放的时间越久，营养越流失而味精也必须加得越多才觉得美味。当然也越吃越不健康。冰箱用来保鲜，贮存食物十分方便，但必须懂得用它，否则将使人体吃进更多的垃圾食物而已。文明愈进步、科技愈发达，人体当然也愈享受，可是无形的陷阱、无形的伤害也愈多，祈愿大家自求多福吧！

(五十九) **时下又在流行断食健康法，请问实施断食真的可健康吗？又有人主张断食需配合喝糖水可以减肥，此法是否正确？**

答：断食的确可使人健康，但方法和道理必须知道，否则亦将损及人体。断食健康法其理由有二：

1. 现代人的饮食错误，每天吃进很多不是人体实际需要的食物，以致增添人体不少困扰，人体不把这些垃圾食物消化掉也不行，人体为了处理这些垃圾食物却经常搞得精疲力竭，而使人体在这种不必要的超负荷下愈来愈失去健康；断食等于给人体休假，让人体五脏六腑有休息的时间，尤其是让消化器官能借这个机会轻松一下，不至于因长期的超负荷下疲劳过度而使消化功能急速衰退。

2. 现代人由于生活起居、饮食不当及种种因素，导致大多数人都有便秘的现象，大便于 24 小时内不排出人体外，其毒素将随着大肠吸收水分的过程中一并回笼，

而且长期的便秘将使大肠壁卡了一层厚厚的宿便，这些宿便的毒素很高，严重影响人体健康。当人体实施断食的过程中，等于阻止人体消化过的老废物又进入大肠，而很直接的减轻大肠的负荷，大肠内的老废物愈少时它的蠕动力也就愈来愈强，这时又配合大量的水分时，极易使长期卡在大肠壁的宿便脱落，当这些又黑、又臭、又毒的宿便排出人体后，人体健康也就进了一大步了。

断食中最重要的是必须大量喝水，尤其能大量饮用蔬菜汁更佳，只要大量饮食蔬菜汁时任何虚弱的体质也可实施断食。另外一点要注意的是，断食一段时间后欲开始进食时，须从流体食物开始而且不要吃太饱，然后再慢慢恢复正常食量或转变为正常食物。

另外有关断食配合喝糖水的减肥方法是否正确？喝糖水主要目的是为了欺骗人体，让人体的血糖值偏高，使人体不知道饥饿而不会想吃东西，以达到减肥的效果。人体的饥饿感是受控于脑下垂体，脑下垂体是人体的内分泌中枢和自律神经中枢，内分泌中枢是负责监测与指挥人体内的所有内分泌，当脑下垂体监测出血液中的血糖偏低时，脑下垂体就会指挥消化系统，让人体感到饥饿而进食。因此小孩于饭前吃甜食就不想吃饭，就是因为小孩吃甜食后他的血糖值又增高了，饥饿感已消失了。这种断食配合喝糖水的减肥方法应该也会有它的效果，不过肥胖是因人体酸毒偏高，使人体五脏六腑的细胞难于生存而渐渐失去活力，而使人体新陈代谢的能力低落，无法将人体多余的脂肪或不必要的物质排除，这些多余

的脂肪或人体不必要的物质在人体内逐渐积累时，人体也就愈来愈肥胖了。简单地说："肥胖就是人体垃圾的囤积而形成。"既然肥胖是因人体内的酸毒偏高而引起，而糖水又是属于强酸，无形中又会使人体内酸毒增多，而将使人体更不健康，这种减肥方法应该不很理想吧！我经常强调，肥胖就是因为人体不健康而引起，只要人体恢复健康后就不会肥胖，也就是减肥后人体必须比未减肥前更健康才对，若减肥后人体反而不健康时，这种减肥方式就必须慎重考虑了。

（六十）**目前正流行一种尿疗法，请问此法可使人健康吗？**

答：简单地说，尿疗法就是人体营养的二次回收。通常食物进到人体后，必须经消化系统的一番处理，使这些食物的营养转换成离子化，由于离子的体积十分微小，才能透过小肠壁而进入血液，再经由动脉血管、微血管、末梢血管把这些离子化的养分分送给人体全身的细胞，以供细胞生存与新陈代谢之需。而人体细胞于新陈代谢过程中所排出的废物则转入静脉血管，以及没有被细胞吸收利用的营养也都将随着血液的循环一并进入静脉血管，这些静脉中的血液必须经由肾脏的肾小球将人体新陈代谢所制造出来的废物滤除，再经输尿管、膀胱、尿道排出人体外，这种夹带着人体老废物的水，就是尿。于肾小球滤除老废物的过程中也会将部分未被细

胞吸收的营养滤除而混合于尿液中。

人体血液中的养分或废物，欲透过肾小球膜也必须都已离子化，否则无法通过。尿疗法就是在于回收混入尿液中的这些养分，由于这些养分已都完全离子化，只要一进入人体，就很容易被人体吸收利用，因此刚实施尿疗法的人会觉得相当不错。可是尿液中的养分于不断的回收中必将愈来愈少，我们都知道排尿也就是在排除人体新陈代谢后的老废物，也就是排除人体的酸毒，当尿液中的养分愈来愈少时，也表示尿液中的酸毒则愈来愈多，到最后人体所排出的尿液里几乎已都是酸毒了，这时还不知暂停仍然继续实施尿疗法，对人体反而无益，因此有读者来电话询问此事，我特地问他们实施尿疗法有多久，有的说是三年，还有一年、二年者不等，继续请教这些长时间实施尿疗法的人："那么您已实施这么久的尿疗法，您的身体是否较健康呢？"通常所回答的是："不觉得有进步。"也有人听了我的一番陈述后，恍然大悟的说："难怪，最近愈喝身体愈觉得不对劲。"

若真需要实施尿疗法来帮助人体健康时，最好能采取间断方式，譬如实施三天停三天，或实施一天停一天，由各位自己去设定与观察，就很容易了解实施多久停多久对自己的身体帮助最大。不过有一点应强调的，就是已接受中华自然医学的朋友们，当人体正在进行对全身细胞大清除时，人体的每一个细胞都只清出一点点的废物时，那么全人体百兆亿的细胞所清理出来的废物就相当大量，这些老废物当然也都经由尿液一并排出人体，

这时的尿液将比平时的尿液较为混浊，尿液里的酸毒也较高，千万不要认为是中医师所谓的"小便白浊"，说是人体的养分流失的一种现象。若把这种酸毒较高的尿液再喝入人体，将对人体造成伤害，所以须稍加留意。

（六十一）请问人体为什么会有脚臭、狐臭、体臭呢？

答：脚臭、狐臭、体臭都是人体排除体内毒素的一种自然现象。

脚臭几乎已成为现代青少年的专利，因为现代小孩从小就大鱼大肉，使人体内的酸毒自小就已大量的囤积。一直到青少年时，酸毒已积累到某一程度而且人体的抗体已较强，已有能力排除这些酸毒时，人体就会开始排毒。由于人体的脚踝是人体的最底部，因此酸毒最容易囤积于此，当人体开始排除囤积于脚踝的这些酸毒，就会出现脚臭或香港脚的现象，尤其是有些完全不吃青菜的小孩，其脚臭已近乎尸臭，奇臭无比。这种脚臭只要一段时间不吃鸡、鸭、鱼、肉、豆类或其他酸性食物，待人体把囤积在体内或脚踝的酸毒排除后，脚臭就自然会消失了。

狐臭是人体在排除某一部位的酸毒，通常都经由腋下排出。狐臭对有些人来说是源自于先天，也就是遗传，这表示他的父母之中有一人本来就有狐臭。狐臭只要能让人体的这些酸毒于短时间内排除，待这些酸毒清除后狐臭也自然会消失，因为现代医学无法帮助人体排毒，

所以只能利用开刀方式把人体排毒的管道阻死，让这些狐臭的酸毒无法排出人体，就认为已把狐臭治好了，可是这些狐臭的酸毒在人体内慢慢演变成重大疾病或癌症时，医生会说这与他无关，因为他只治疗病人的狐臭而已。在《不生病之真法》中已详加叙述，古时大禹治水只采取围阻和疏导两种方法，而医治人体疾病，也只有抑制和疏导而已，抑制方式可立竿见影，让人觉得病马上好非常神速，疏导方式则须待人体内的酸毒清除后，病才能痊愈，这两者之中，那一种方法才正确呢？诸位只须小心求证和经过一段时间，应该可找出正确的答案。

　　体臭通常以老年人较多也较严重，因为老年人的体内自小开始积累酸毒，到了老年体内酸毒已达饱和点，不论人体的抗体强与弱，人体内的酸毒也都将自动排出，而产生体臭现象，尤其每天大鱼大肉的人，其体臭会更严重。清除体臭的惟一方法就是净化人体而已，等人体有了一番的净化后，体臭也自然就会消失，欲净化人体可参阅《不生病之真法》。

(六十二) 请问为什么会有头皮屑或头皮痒呢？

　　答：头皮屑、头皮痒是人体经由头部的毛细管排除体内酸毒的过程中所引起的一种现象；俗语说："酸能蚀骨腐肉。"譬如我们的皮肤一沾到硫酸或盐酸时就会开始溃烂，牙齿或骨骼放入硫酸、盐酸里就会被蚀化掉。当人体从头皮的毛细管排除酸毒时，这些酸毒仍然会腐蚀头皮的细胞，使头皮细胞于大量的死亡之下而形成头皮屑。由于细胞大量死亡的过程中会引起发炎、肿胀的现象，细胞于发炎、肿胀时将压迫到人体神经，较严重的压迫时会使人体觉得疼痛，就像您用手指紧捏着某处肌肉时，您就会有疼痛感。因头皮的排除酸毒通常都比较少量，不至于使头皮细胞大量死亡而出现疼痛现象，但于这种较少量的排除酸毒将使头皮发痒，痒与痛只是程度上的不同而已，轻微的疼就是痒，譬如伤口于愈合前都会觉得痒痒的，严重的痒就是痛。

欲消除头皮屑、头皮痒十分简单，只要用钙离子水洗头，把人体排出的酸毒洗净，而且钙离子系属碱性亦可直接中和人体所排出的酸毒，使这些酸毒不至于腐蚀头皮细胞，那么头皮屑、头皮痒就不会发生了，不过根本的方法还是净化人体，使人体内的酸毒清除时，头皮屑、头皮痒也将彻底消失了。

(六十三) 请问为什么现代女性极易罹患乳腺癌?

答：地球上的所有哺乳动物，包括人类，当母体产下幼儿后仍须继续完成天职，就是给幼儿哺乳。这时母体就会自动分泌出奶水，来供给幼儿的营养，这也就是动物或人体的一种自然现象，给幼儿喂奶，就是顺乎自然，反之就是违反自然。俗语说："顺天者昌，逆天者亡。"天就是指自然。

奶水是一种非常高营养的物质，因此它能充分供给

幼儿成长阶段所需的营养。现代女性有的是爱美怕为小孩哺乳而影响到身体的美感，因此不给小孩喂奶，使已储存于乳房内的奶水完全不被利用，而滞留于乳房中。之前我已强调，愈高营养的物质变质、变坏、变毒后，其毒性也愈高，当这些高营养的奶水不被利用时，渐渐的就会转变成毒性很高的酸毒，这些高毒性的酸毒即将严重侵害乳房细胞的生存，而最后演变成癌症，这就是乳腺癌。

另外还有一种乳腺癌形成的原因是，譬如乳房曾经受到严重的撞击，使淤血滞留在乳房中仍然有机会演变成乳腺癌。因为人体的血液也是非常高营养的物质，这种高营养的血液形成淤血而滞留于人体，也将开始变质、变坏，而成为一种高毒性的酸毒，不过以现代女性因乳房受严重撞击而形成乳腺癌的几率较少。在 1997 年 4 月 3 日电视报道，美国医学界已发现乳腺癌是因人体内 MAP 蛋白霉偏高而引起，宣称以后不再谈癌色变，若真如此，实乃人类的一大福音，让我们拭目以待吧！

欲防止乳腺癌发生，最主要就是避免人体酸毒的增加，其次就是增强人体的抗体，使人体有能力自动排除体内的酸毒，使人体细胞拥有良好的生存环境，细胞才能十分活泼、强壮。细胞非常活泼、强壮时，人体的免疫力，治愈力自然也随之增强，如此之下人体才能健康无病，长命百岁。

不生病之真法（续）

(六十四) 请问为什么现代人较易罹患大肠癌、直肠癌？

答：现代人由于饮食、生活起居不正常，以及饮水量的不足等种种因素，导致大多数人都有便秘现象。我们都知道尿、汗、大便都是人体排除老废物的一种自然现象，我小时候经常听老一辈的人说："人只要能吃、能拉、能睡，也就健康无病。"能吃系指吃得下，一般人年纪愈大食欲就愈少这不是好现象，能拉能尿、大便能正常排泄，一躺下很快能睡着，而且能进入熟睡状态，我们人的正常睡眠时间应该是 6 至 8 小时，年纪大的人其睡眠时间短，是因为脑神经衰弱，睡不着觉之故也就是睡不好。由此可见，排便也就是人体健康中相当重要的一环。

排便是在于排除人体的老废物，大便 24 小时不排除时，大便的毒素返回人体后通常较易囤积于大肠或直肠，当大肠、直肠累积的毒素到达某一程度时，人体认为不把这些毒素排除，将会严重影响人体健康，在这种情况下抗体较强、有能力排除这些毒素的人，就会出现内痔或外痔的排毒现象，因此痔疮不是病，只是人体排除酸毒的一种自然现象，只是一种假象，也就是假病，当大肠、直肠内的毒素消除后痔疮现象就会自然消失。可是，这时人们还不知改善饮食以减少人体内的毒素，以及调整生活起居使排便正常以防止大便毒素的回笼，反而利用各种手段如药物、开刀等来阻止人体的排毒，使这些

酸毒滞留在大肠、直肠里无法排除，而且现代的人体内酸毒几乎与日俱增，当人体内的酸毒累积到足以形成癌的条件时，癌症就毫不客气的不请自来了，因此有许多人两个月前到医院检查没病，两个月后再到医院检查却已癌症末期。世间本无事，庸人自扰之，人体内的毒素消除后自然就没事了，何必去横加阻止而演变成癌症呢？

抑制、阻止人体排毒虽可立竿见影，可使病人的痛苦很快消失，不过这种阻止人体排毒的方式也就是逆天、违反自然的行为，俗语说："顺天者昌。"那么逆天又会如何呢？或许就是自作孽不可活吧！如想活命，《不生病之真法》不妨认真的多看几次。

(六十五) 为什么现代人易罹患膀胱癌，而女性则较易有子宫癌？

答：根据中医学理论：肾、膀胱在阴阳五行中属水，肾、膀胱亦包括生殖系统，女性即子宫、卵巢。由于肾、膀胱属水，因此不良的水质或喝水量不足，都极易引起肾、膀胱方面的病变，如肾、膀胱功能低落、肾衰竭、膀胱癌、子宫癌、卵巢癌等。

目前台湾的水源十分污染，以至于自来水中的加氯量远超世界标准，氯加热后将转变为三卤甲烷，是一种致癌物质。此外，人体内的酸毒或老废物欲排出人体，必须借助于大量的水分，譬如大便的水分太少就很难排出而引起便秘，青春痘的水分不足就会滞留于毛细孔内，尤其人体全身细胞于新陈代谢过程中所排出的毒素、废物都将进入人体静脉，然后经由肾脏的肾小球滤除才能排出体外，在肾小球滤除这些毒素与废物时，仍须借助大量的水分，就好比洗衣服，不论您是采用全世界最名贵的洗衣机和洗衣剂，假如没有大量的清水亦无法把衣服洗干净。由于现代人的饮水量都不足，使人体内的酸毒很难排除。而且水分愈少尿液中的酸毒比率也必将愈高，酸毒愈高愈容易腐蚀人体细胞，首当其冲当然就是肾、膀胱等泌尿系统了，当酸毒在泌尿系统中积累到癌症的标准时，膀胱癌、尿道癌、子宫癌或卵巢癌也就在人体内形成了。

现代人心存侥幸，认为疾病甚至绝症没那么倒霉会发生在自己的身上，其实疾病的形成绝不是三两天，而癌症的发生更非偶然，因此不要心存侥幸，也不可相信科学万能，更不能认为现代医学非常进步，而平时忽略了健康，否则有一天您就会后悔莫及吧！

（六十六）请问为什么现代人极易罹患种种癌症？

答：人体的各种癌症都是人体内的酸毒累积而成，造成人体酸毒的七大主因已在《不生病之真法》中详加叙述了，在此不再重复，由于现代人体内的酸毒与日俱增，又加上人类想尽所有的方法来抑制人体排毒，使人体内的酸毒在这种只进不出的情况下，很快的累积到形成癌症的标准，人体内的酸毒高到形成癌症的条件时，

任何的癌症都有机会降临在人的身上了。

此外，人体由于外来的伤害、撞击使人体内有了淤血现象，人体的血液在血管内很乖，一旦脱离了血管的正常循环下，就像火车出轨一样就会出大问题。人体血液脱离血管的正常循环下而形成淤血时，这些淤积的血液，即将开始变质、变坏，血液是一种非常高营养的物质，我经常强调，愈高营养的物质变质后其毒性也愈高，当这些淤积的血液变质后亦将转变成高毒性的酸毒，人体细胞在这种高酸毒的侵蚀下而渐渐形成癌症。

现代人由于迷信"止痛就是治病，不痛就是没病。"其实这是一种非常恐怖的观念，本来车祸、撞击、跌打损伤使人体内所形成的淤血，若以正确的方法极易把这些淤血排除，可是现代人认为打针、吃药的止痛方式就是治病，只要撞伤的部位不痛了就以为没事了，可是人体内的淤血在您接受打针、吃药的医治过程中，已开始在变质、变坏、变毒了。换句话说，就是在您错误的、恐怖的观念下使癌症有机会在您的人体内开始酝酿了。

有一次，表嫂来到我家，在闲聊之际无意中提到了上述的这问题，表嫂听了这一段话后，非常激动的说："这就对了！您的表哥就是这样过世的，您的表哥在十多年前，腹部受到严重的撞击，当时工作十分繁忙，因此就到医院打针、吃药，几天后受撞击处不痛了也就认为没事了，没想到十多年后发现不对劲，到医院检查后发现原来受撞击的部位却已经演变成癌症末期了，没过多久就走了。"尤其骨骼受到严重撞击时，若仅以止痛方式

使受创的部位不再疼痛就认为没事的话，很可能不出一年，极可能演变成骨癌，因为人体的骨骼也是细胞所构成，尤其骨骼的细胞组织非常细腻，细胞组织愈细腻则愈不易受伤害，可是一旦受到伤害后其严重性也愈高，因此人体骨骼受到严重伤害后会较易形成癌症的道理在此。

谨记癌症是因人体内的酸毒较多而引起，因此开刀、化疗、电疗、放疗对癌症无效；当人体内的酸素已高到可以形成癌症时，纵然以手术割除，酸毒又将很快在其他部位形成癌症。化疗所使用的化学酸毒，只要一沾到肌肤就马上溃烂，癌症本来就是因酸毒而引起的，又不是细菌根本不怕这些化学酸毒，电疗、放疗只是把受酸毒侵蚀的细胞外的正常细胞杀死，而徒增许多正常细胞的死亡而已。此法就好比森林发生火灾时，若能尽快的将火灾四周的树木砍掉后并把这些砍掉的树木移开，使火灾没有机会蔓延而很快熄灭，但这种方法应用在人体似乎不太恰当，您把癌症外围的正常细胞杀死，可是癌的酸毒并没有消失，而被杀死的细胞也没把它清除，这些被杀死的细胞在人体仍然转变为酸毒，而使人体愈治疗反而愈严重，也诚如美国亨利·毕勒医生在《食物是最好的医药》一书中所强调："治疗反而比疾病本身更糟糕。"事实是否如此，尚有待读者诸君们去求证吧！

（六十七）**现代医学认为癌症是由癌细胞所形成，为什么中华自然医学一再强调是人体内的酸毒偏高而引起？**

答：现代医学认为癌症是由癌细胞所形成，那么癌细胞又如何形成呢？现代医学专家好像说是由癌因子所形成，那么癌因子从何而来呢？医学专家们又说，我们人体内都有癌的基因存在，也就是我们每个人都有癌症的遗传基因，既然是遗传基因，也就无可稽考了，而且是现代医学专家所言，说遗传就应该是遗传因素吧！

根据日本医学博士系川先生的实验报告指出，癌症患者的唾液，基 pH 值只有 5.2 左右，是属于非常酸性的体质。肿瘤和癌症的差异，只在于酸毒的高低而已，一般的肿瘤内的酸毒较少而已，当人体有了肿瘤后尚不知改善饮食，甚至反而大鱼大肉又加上打针、吃药，徒增人体内的酸毒，使良性肿瘤迅速的转变为癌症，所以有很多病患者第一次检查是属于良性肿瘤，可是过不了多久再检查却已转为癌症了。

我经常说一句话："我们的人体非常可爱，它为了维护自己体内的健康，随时随地都在想尽办法，而且有不使人体健康绝誓不罢休的傻劲。"譬如肿瘤或癌症在人体形成后，人体为了怕再污染其他部位，它就会把人体内的酸毒尽量送往肿瘤或癌症之处，因此使肿瘤极易转变为癌症，当癌症形成后，由于现代医学专家认为癌症会摄取人体营养，所以医生们就告诉癌症病患多吃大鱼大肉等高蛋白、高营养的食物，说是所吃的营养必须让癌症优先摄取后才能让人体吸收。其实，我们人体除了幼儿成长阶段需要补充蛋白质以外，一旦幼儿期成长过后所吃进的蛋白质很难被人体吸收利用，使这些蛋白质大部分都将转机为酸毒，癌症患者在医生的指示下当然也就会更偏重于鸡鸭鱼肉等高蛋白食物了，这时人体又须把这些高蛋白食物所转机的酸毒送往癌症之处，以避免污染人体的其他部位，所以大鱼大肉等高蛋白食物吃得愈多，将使癌症扩散愈快，这也就是现代医学专家会认为"癌症会摄取人体营养"的道理。

从种种迹象的观察，癌症确实是酸毒所引起。因此所有癌症患者接受本自然医学的改善过程中，当人体欲将这些癌症的酸毒排出人体时，必须摄取大量的水分，来稀释这些酸毒后才会将这些癌症的酸毒排出人体。若不加以稀释时这些酸毒于排出人体的过程中，将腐蚀或破坏人体的其他正常细胞或组织。所以不论何种癌症接受本自然医学后于排毒过程中，人体都会自动将癌症化成血水后才排出，在化成血水的阶段时癌变的部位因增加了许多水分，因此会胀大许多，这时若因害怕而到医院检查，医生将告诉您："您的癌症已非常末期，而且很快会爆裂了。"若不懂上述这个道理时不吓坏才怪。

从以上之分析，癌症到底是由癌细胞或酸毒所形成，我想读者已不难分辨。或许现代医学的癌细胞说法是正确的，可是事实是否如此则须有待于实际的印证吧！譬如中华自然医学强调："癌症是酸毒所形成，而且只要把癌症酸毒排除，癌症自然消失。"这句话不是理论，而是20多年来已帮助无数的癌症患者重获新生，因此本自然医学的"酸毒论"应该也有其参考价值吧。

(六十八) 请问黑眼圈是因睡眠不足而引起吗？

答：应该是吧！不过睡眠不足只是其中的一个因素而已，而且若是因睡眠不足而使眼圈发黑也只是短暂性现象而已。只要睡眠正常后黑眼圈就会消失，不可能一年365天都是黑眼圈，而且一年比一年严重。因此这种说法似乎不很正确。根据中医学理论解释，人体五脏六腑仍属五行，即木、火、土、金、水，五行之中有相生相克互相支援与互相制衡的作用。人体过度疲劳、睡眠不足或不吃青菜等都将导致肝火旺盛。当肝火过旺时，因肝于五行中属木，而肾属水，故肾水能滋润肝火。可是现代人不知珍惜身体，使肝火一直都非常旺盛，就像汽车引擎的温度过高一样，这时人体为维持肝脏的正常运作，则将调动肾水来支援，可是肾水在这种长期的支援肝火下，而将导致肾水不足，而引起肾本身功能的低落，由于肾于五行属水，水于五色中属黑色，（因为水一旦变质、变成臭水后就会呈黑色），当人体肾功能低落时人的脸色不晒太阳也会偏黑，包括黑眼圈就会出现。

简而言之，黑眼圈就是肾功能低落的一种现象，睡眠不足使肝火过旺导致肾功能低落而亦将引起黑眼圈。但肾功能低落尚有许多因素，譬如人体内酸毒偏高，喝水量不足，手淫或纵欲过度，吃太咸以及乱服用药物等都将使肾功能低落，甚至引起急性肾衰竭，造成人体内的酸毒偏高之七大主因在《不生病之真法》中已有详述，不再重述。由于肾功能低落才导致黑眼圈，因此为防止黑眼圈的发生，平时就须注重肾脏及人体健康的维护，欲消除黑眼圈时须待肾功能恢复正常后，黑眼圈自然就会消失。

（六十九）为什么会引起灰指甲、指甲变形、变硬？

答：人体手指、脚趾的指尖处乃人体血液循环的最末梢，尤其脚踝是人体的最底部，就好比一个水缸的缸底，水中的杂质、污物沉淀时就会囤积于缸底，人体也是一样，当血液有了酸毒或污浊时，也极易囤积在人体的末梢和脚踝处，这些酸毒、污物将影响人体末梢、脚踝细胞的正常生存，尤其是手指甲、脚趾甲，以脚趾甲影响最大，当指甲细胞因酸毒而无法生存时，就会开始变形、变硬、变厚，轻者就会出现灰指甲。现代人似乎很相信医院的健康检查，可是疾病和癌症未真正成型时，医院无法检查出来，因此使大家无法防患于未然，其实当您的脚趾甲变形、变硬、变厚时，您的健康已必须十分注意了，因为表示您体内的酸毒已偏高了。

（七十）请问为什么会引起秃头或白头发？可恢复正常吗？

答：根据中医学理论："肾开窍于耳，其华在发。"故头发方面的问题与肾、膀胱系统关系密切，换句话说，肾、膀胱功能低落的人极易引起秃头或白头发。

当人体肝、肾功能低落后，血液即将开始污浊、酸化，当人体血液酸毒高到某种程度，使头发细胞得不到充分的营养时，白头发就会出现了。当人体发现肾、膀胱所需要的营养素非常不足，而无法挪出部分的营养素来供给毛发的生长时，人体就会出现秃头的现象。亦可说是人体发现肾、膀胱所需的营养素不足时，人体将自动的把供给毛发的营养素调去支援肾、膀胱之需，使毛发因缺乏这些营养素而无法生长，以致出现了秃头。

目前市面上有几种毛发再生剂，其主要作用就是向肾、膀胱索回毛发所需的营养素来使毛发生长，这种方式对有些人有效。但仍有些人无效，因为有些人肾、膀胱所需的营养素已非常不足，不论您用什么方法来替毛发索回所需的营养素也都做不到时，或许您再把毛发再生剂的使用量加倍仍无法长出头发来。不过，使用毛发再生剂能长出头发的人也不必太高兴，因为肾、膀胱所需的营养素被毛发索回后，将导致肾、膀胱营养素的严重缺乏，而使肾、膀胱的功能更急速低落。

通常秃头的人较不易白头发，而白头发的人也较不易秃头，这也是人体的一种自然现象。这种现象似乎很像一个体质很弱的人小病绵绵不断，却可生存下去，另外有一种人身体很壮，平时几乎不曾有过病痛，但有一天一生病就十分严重，甚至很快就远离人寰。白头发虽然所需的营养素在不足下仍可生长，而秃头的人，其头发看起来很黑，可是当营养素非常不足时，则连头发都长不出来。以上仅供参酌，但不论是秃头或白头发，主因都是由于肾、膀胱功能低落而引起，因此欲求再长出头发或使白发转黑，都须等待肾、膀胱功能恢复正常后，自可迎刃而解了。

(七十一) 请问为什么会引起中耳炎或耳内流脓?

答：根据中医学理论："肾开窍于耳。"通常我们的住家都会有个后门，万一有了紧急情况时，就可多一个后门可逃生。人体这个小自然体也是一样，而且它本身的组织结构更是惟妙惟肖，譬如所谓的肾开窍于耳，简单地说就是人体早就为肾脏预留一条后路，就是耳，当肾脏本身积累了许多酸毒无法排出体外时，人体就会转从耳内来排除。

由于酸能蚀骨腐肉，当酸毒从耳内排除时，耳孔内的内皮肤因受到这些酸毒的侵蚀将引起溃烂或发炎，这就是一般医学所谓的中耳炎。若毒素太多时则会出现流脓的现象，这种人体肾功能低落而引起的排毒现象，其排毒时间长短因人体体内酸毒的多少而异，欲求中耳炎或耳流脓的现象尽快消失，惟一的方法就是帮助人体尽快的将体内酸毒排除而已，否则任何抑制方法只有使人体演变成更严重的疾病罢了。

彰化地区曾经有一位老太太接受本自然医学的调理，于调理过程中有一段时间出现流耳脓的现象，其实人体在流耳脓时不会很痛苦，只是会有点不舒服的感觉，会有痛苦现象就是在耳脓欲排出之前的一两天或数天。这位老太太一看耳内不断地在流耳脓，她就想起有一次在某游览地区买了一瓶蛇粉，听说对任何皮肤毛病非常有效，她把这种蛇粉倒入耳内少许，不多久流耳脓的现象竟然消失了，使这位老太太十分高兴，可是隔天早上一起床后才知叫苦，因为人体经由耳内排除的这些酸毒被抑制后而无法排出人体，而导致整个牙龈浮肿得非常厉害，痛得叫苦连天的说："早知如此，我就不会刻意去抑制它了。"

注：中耳炎即耳内皮肤发炎的一种现象，由于人体经由皮肤或内皮肤排除人体内的酸毒时，将导致皮肤细胞的大量死亡。细胞死亡的过程即发炎、肿胀、破裂、化脓等四个过程，耳内皮肤一直处于发炎阶段，则表示人体经由耳内所排除的酸毒量还不大，若大量排毒的话就会出现流耳脓或血水。

(七十二) 请问少晒太阳就可防止黑斑、雀斑的发生吗？

答：所谓的黑斑、雀斑、生理斑、老人斑等都是由于人体内的酸毒偏高、血液污浊而引起，简单地说也就是人体经由皮肤排除体内酸毒的一种自然现象。

阳光是宇宙万物于生命过程中不可缺乏的重要元素之一，宇宙间一旦失去阳光，万物即将很快灭绝。晒太阳可补充人体能量，如维他命 D 及种种科学尚未发现的元素，因此晒太阳无形中可促进人体新陈代谢和血液的循环。当人体新陈代谢加速与血液循环愈正常时，人体排除酸毒的能力也必然随之增强，这时仍将使黑斑、雀斑、生理斑、老人斑的排毒量增多，而这些斑点看起来较多、较黑或较严重，因此一般医生就会告诉您不可晒太阳，但至今由于地球的臭氧层破洞，使太阳的紫外线将直接照射人体，亦将造成伤害，因此如今晒太阳最好以间接方式，不要让太阳直接照为宜。

要消除黑斑、雀斑、生理斑、老人斑时，惟一的方法就是净化人体、净化血液。不论先天或遗传，只要人体内的酸毒低于某一种程度时，这些人们不喜欢的斑点自然就会从您的脸上或皮肤上消失了。

(七十三) 请问肾衰竭的病人于换肾后就可一劳永逸吗？

答：现代医学的开刀术几乎已达出神入化的地步，实在是病患者的一大福音，可是开刀或换肾也是属于头疼医头、脚疼医脚的所谓对症疗法的方法之一，没真正把人体致病的病因、病原消除，纵然换了肾脏或其他脏器，也无法很正常地运作，甚至换上的这肾脏或其他脏器也于不久后就无法发挥其功能。

而且人体本身对于不属于自身组织的一部分都会加以排斥，因此对这种从别人身上移植过来的肾脏，人体必将加以排斥，使这个新植入的肾脏很难发挥正常功能，甚至使这个新的肾脏本身觉得很难生存，终于导致这新的肾脏又步入衰竭的地步。此外，造物者的精心设计外，我们人体有两个肾脏，也表示人体必须有两个肾脏来负责滤血的工作才较适当，而通常会接受换肾手术的人，一般来说两个肾脏几乎都已报销了，正常的两个肾脏都会因超负荷而报销，而今只换上一个肾脏而已，请问只有一个肾脏来支撑着全身人体的滤血工作，不知又能支撑多久？另外那个人，给了他人一个肾脏后，自己只剩下一个肾脏而已，他日后全身人体的血液只靠剩下的这个肾脏来过滤，这个肾脏是否负荷得了，若不胜负荷而又演变成急性肾衰竭时，不就是又多了一个病人吗？所以换肾的这种对症疗法应该不很理想吧！而且根据中医学理论："左肾为肾门，右肾为命门，各司先后有阴阳调和作用。"缺一不可。

(七十四) 请问紫斑病之原因？

答：所谓的紫斑病也是因人体内的酸毒偏高、血液污浊为主因。当人体内的酸毒偏高，血液污浊时，人体全身的细胞都将很难生存，包括皮肤底下的末梢血管、微血管的细胞也都将面临死亡的边缘。本来人体血管的韧度相当强，当血管细胞无法生存而面临死亡的阶段时将变得非常脆弱。在这种情况下，人体的某部位只要受到轻轻的撞击都将使皮下的末梢血管、微血管引起破裂，而形成淤血现象，这就是一般医学所谓的紫斑病。

既然紫斑病是因人体内酸毒偏高、血液污浊而引起，欲消除这种症状，当然也只有从净化人体、净化血液着手。待人体经过一番的净化后，这种紫斑病自然就会消失，否则到目前为止中西医似乎还无特效药。欲净化人体，不妨参阅《不生病之真法》。

(七五) 我的脚拇趾经常流脓，至今已多年，找遍中西医无效，请问其主因？中华自然医学可否治愈？

答：脚拇趾流脓也是人体正在排除体内酸毒的一种自然现象。我经常在比喻，人的脚踝就好比一个水缸的缸底，水中的污物、杂质最容易囤积于此，而人体的酸毒也是一样易囤积于脚踝处，当脚踝处的酸毒囤积到某一程度，而且人体抗体稍微增强时，人体就会把囤积在脚踝的酸毒排除，这时就会出现香港脚或脚踝的某处流脓等人体的自然排毒现象。

您的脚拇趾流脓，找遍中西医无效，这表示您的抗体较强，中西医药抑制不了，也就是削弱不了人体的抗体，因此人体排除酸毒的工作仍然照常进行，您一看脚拇趾仍在流脓，您就认为无效。其实欲使脚拇趾流脓的这种现象消失，最正确的方法就是帮助人体把体内酸毒尽快排除，当人体内的酸毒减少后，这种流脓现象自然就会消失，绝不能刻意利用药物来加以抑制，纵然能被抑制住，可是这些酸毒无法排出人体，必将引发其他更严重的疾病。您的脚拇趾流脓则表示您经常会有头疼、头晕的现象，当流脓的现象若被抑制后，头疼、头晕的现象必然加剧，而且体内酸毒无法排除又将会影响到全身人体细胞和五脏六腑，所以人体也会较不舒服或较无精神。因此一般在接受中华自然医学的改善过程中，为了使人体内的酸毒于短时间内排除，必然会出现更大量排脓的现象，绝不能误解是流脓的现象更严重而惊慌，等到这些酸毒排除后，流脓现象才能消失，这就是疏导而不是抑制。

（七十六）我不论夏天或冬天，只要一沾到冷水，人就会晕倒，中西医无效，该怎么办?

答：这是气血相当不足的现象。一般气血不足的人，通常会有头晕、目眩、记忆力衰退、腰酸背疼、手脚冰冷或麻木、脑神经衰弱、失眠等许许多多的小毛病；稍再严重的人一喝冷开水，脚底就会发麻，而你的手指头只要一沾到冷水，整个人就会晕倒，这已相当严重了。一般较轻微的气血不足，中西医大多已束手无策，何况你已这么严重，当然找遍中西医仍无法让你健康。

气血不足的主要原因，仍然是因血浊、血酸而引起；譬如有一条水沟，水沟中的水愈清澈时流速就愈快，若水沟中的水非常混浊到如泥巴水时流速就很慢。当人体血液污浊、酸毒偏高时，血液的循环就会较缓慢，因人体和血液中都有离子，离子即分子、分子团带有电荷，健康的人其血液从心脏搏出绕人体一周通常只须 23 秒，在这种快速的循环下，人体的离子和血液中的离子就像发电机的定子和转子，于快速的交换下产生电场，也就是磁场，这种磁场在人体谓之气，血液循环愈快速人体的气就愈强，人体的气愈强时血液的循环也将愈快速。反之，血液循环愈缓慢时人体的气也将愈弱，而人体的气愈弱时则血液循环也将愈缓慢，在这种情况下而导致气血愈来愈不足。

人体的血液循环以末梢循环最易受阻，人体的血管通常会随着人体血液的需求量或气温的变化，使血管扩大或缩小。一个气血不足的人，平时末梢循环已不很畅通，因此才会手脚冰冷或麻木，当手指沾到冷水时使指尖的末梢血管又收缩得更小，使末梢循环更不畅通，甚至完全受阻，而使人体心脏的负荷突增及全身血液循环的异常，在这种情况下有时将会令人有晕倒的情形出现。

欲消除气血不足和种种拉拉杂杂的小毛病时，惟一的方法就是净化人体、净化血液着手，待人体和血液有了一番的净化后，气血不足的现象就会逐步减轻，一直到完全消失，否则任何仙丹妙药也将无济于事。

（七十七）一般人都说运动后人会特别舒畅，可是我每次爬山后，人体反而觉得非常不舒服，请问为什么会这样？

答：这表示你的汗腺的排汗作用不良，人体排汗就是在排酸、排毒，因此汗是酸的、臭的。当你运动或爬山时都将促进人体的血液循环和新陈代谢，血液循环加速后人的体温就会增高而使毛细孔张开，又加上新陈代谢加速后亦将促进人体的排酸、排汗，所以人一运动后通常都会满身大汗。

由于你的汗腺不畅通，而使你运动、爬山时所产生的汗水、汗酸无法顺利排出人体，这些汗水中的酸毒将危害皮下细胞的生存，这时你就会觉得浑身很不舒服。你的汗腺不畅通，亦表示你皮肤毛细孔的张开不自如，以中医学理论而言，肺主皮毛，因此表示你的肺部，也就是呼吸系统的功能已较低落，或是已有呼吸道的病变，如鼻病、鼻过敏、咳嗽、痰多等症状。且由于肺与大肠相表里，所以仍须注意大肠方面的毛病，如便秘或经常腹泻，甚至痔疮方面的毛病等。你的这种问题只要肺、大肠的功能恢复正常后，汗腺、毛细孔的排汗就会随之正常，当人体的排汗正常后，你的这个问题也就自然消失了。

不生病之真法（续）

(七十八) 我每逢生理期时，脸上的青春痘就会特别多，请问为什么会这样？

答：女性每28天排卵一次，所排出的卵未经受精时到某一时间，这个卵就会坏掉而化成血水以排出体外。而所有生物的卵都是用来传宗接代，孵育下一代的新生命，所以卵是一种非常高营养的物质，我经常强调："愈高营养的物质变质、变坏后，其毒性也愈高。"

青春痘也是人体排除酸毒的一种自然现象，当这卵子未经利用而变坏、变成血水时，将使人体内的酸毒突增，这些突增的酸毒有一部分亦将随着人体现有的排毒管道排除，当这些酸毒随着青春痘的管道排除时，青春痘也就会特别多了。

(七十九) 我的小孩的双手经常会脱皮，这是什么原因？

答：这也是人体排除酸毒而引起的一种现象，因为人体经由皮肤所排出的酸毒无形中会使皮肤细胞无法生存，脱皮就是皮肤细胞大量死亡的现象，而如果是较大量的排毒现象时，就是一般所谓的富贵手了。

小孩子照理说人体内的酸毒要比成人少得很多，既然小小年纪的双手就出现如此排毒现象，除了先天因素外，则表示你的家庭经济不错，有条件天天给小孩吃大鱼大肉或种种垃圾食物，不然就是太宠小孩，只要小孩

子想吃的都照给不误，以致这小孩体内酸毒已偏高，所以人体才会发动如此的排毒措施。这种情形只要饮食稍加节制，甚至帮助人体尽快把体内的酸毒排除后，双手的排毒现象，也就是脱皮现象自然就会消失了。但绝不可打针吃药来加以抑制，否则被药物所抑制而不再出现脱皮现象时，这时表示这小孩抗体已经很弱，平时较易感冒生病，若药物无法抑制时则表示这小孩的抗体较强，这种抗体较强的小孩若想强加抑制到人体完全不排毒时，所使用的药量必须较大量，如此之下将对小孩造成非常严重的伤害，甚至后果不堪设想，最后纵然能将人体的自然排毒现象阻止了，可是这些酸毒将在人体内日积月累而使人体形成更重大的疾病，不论以任何角度来说，抑制都不是好办法。

（八十）为什么罹患高血压的人最后都将演变成心脏肥大症？

答：在《不生病之真法》中已陈述过，譬如一个水泵在打清水时，水泵和水管的压力一定很正常，可是当这水泵若是打到一些污水、泥巴水时，水泵和水管的压力必然将突然升高。人体的血液污浊、酸毒偏高时，血液的流动性较差，而且人体的末梢血管、微血管极易因血液污浊而引起阻塞或循环不良，这无形中都将使心脏的负荷增高，使心脏、血管的压力也随之增高，这种情形一般医学就把它称为高血压。

由于一般医学不知高血压是因血浊、血酸而引起，更不知如何净化血液来使血压自然下降，一旦发现血压偏高，就给予服用降压剂，也就是血管扩张剂，用它来把人体的血管扩大，使人体的末梢血管、微血管比原来扩大，血液当然就会较容易通过，这种情况下血管内的压力当然也就会随之下降。这种对症疗法十分神速，可立即使血压下降，可是这总是头疼医头、脚疼医脚求得暂时性的舒缓而已，虽然可以使一个人于痛苦中马上得到缓解，但这些药物的酸毒无形中又使人体的血液更浊更酸，而使人体增添了更多的毛病。由于血管扩张剂可使人体血管扩大，当然也能将心脏扩大，因此高血压的患者若经常服用降压剂最后必将导致心脏肥大。

(八十一) 为什么罹患糖尿病的人极易导致皮肤溃烂、眼底出血及种种并发症?

答：糖尿病的病因在《不生病之真法》中已有一番的详述，于此不再重述。根据万病一元论而言，糖尿病也是人体内酸毒偏高所致，以一般医学的对症疗法，也就是头疼医头、脚疼医脚的方式下，认为糖尿病患者的胰岛素分泌不正常就对人体补充胰岛素，由于药物的胰岛素也都属于酸毒，因此糖尿病患者长期以胰岛素来代替人体的自然分泌下，将使人体内的酸毒与日俱增，又因人体的酸毒较易囤积在人体的脚踝处，时间愈久也将渐渐囤积到小腿，当人的脚踝、小腿处积存了很多酸毒

时，脚踝或小腿的皮肤、肌肉细胞在这些酸毒的侵蚀下，必将引起溃烂现象，由于骨骼也是细胞所构成，因此也将受波及，到最后医生无能力使脚部溃烂处愈合时，以对症疗法的方式，那当然就是脚烂锯脚了，一劳永逸，彻底解决，因为被锯掉的部分绝不可能再溃烂，再继续溃烂的是未被锯掉的部分，已与锯掉的部分无关，所以医生就认为大功告成、功德圆满了。

　　从以上的陈述，读者不难了解糖尿病患者极易导致皮肤溃烂的原因，至于又如何会引起眼底出血呢？前面我们已探讨过，糖尿病是因人体内的酸毒偏高而引起。我们也都知道酸能蚀骨腐肉，故酸能蚀化血管，使血管细胞无法生存，以致溃烂、脆弱或硬化而导致血管破裂。若血管破裂的情形发生在人体的某些肌肉组织时，因影响人体较小故较不易察觉，当发生在脑部时这些由于血管破裂而外流的血液，就会马上压迫脑细胞而引起中风现象。若血管破裂的现象发生在眼球时，也就是一般医学所谓的眼底出血。由于酸毒将使人体全身以及五脏六腑的细胞无法生存，当人体细胞大量死亡时即将使人体暴发出种种病变，因此糖尿病于药物的长期控制下，由于人体内自身的酸毒已偏高又加上不断的增添药物的酸毒下，不仅无法治愈糖尿病，反而将使人体暴发出更多或更严重的疾病。若懂得远离药物，而且又知道大量食用蔬菜，尤其是生的青菜时，或许尚可活得很长久，而且可能糖尿病将在人体的自然治愈本能下不知不觉中痊愈了。

福

不生病之真法（续）

（八十二）我近几天来的小便有白浊的现象，请问这是否就是中医所谓的下消症呢？

答：回答这问题之前，我们先来确定一个问题，排尿是否和排粪便、排汗一样是人体平时用来排除人体的老废物和酸毒的基本管道？假如排尿也是在排除人体的酸毒和老废物的话，那么尿液应该是清澈如水或将夹带着一些杂质、污物呢？假如尿液必将夹带着杂质、污物时，那么小便白浊现象应该属于正常现象。

小便会出现白浊的现象，通常有下列几种情形：

1. 人体吃下太多的高蛋白或其他种种酸性食物，使人体血液太过于酸浊而产生的排酸、排除一些危害人体的物质的一种现象。

2. 人体的抗体增强或人体内的酸毒过高时，人体就会发动大扫除将细胞内或血液中的酸毒大量排除，此时小便都将出现白浊现象。譬如接触中华自然医学后的某一个时段，也都会出现小便白浊的现象，这就是人体抗体增强的一种表现。

凡事都须真正了解其中的道理，才不至道听途说、以讹传讹，也不必太迷信权威或专家的言论，拿出自己的智慧，细心观察，判断与求证，如此之下，应该不会有很大的出入。当您了解小便白浊也是人体自然排毒的一种现象后，您自然不再为此事而忧郁，甚至您已有的心结亦将为此而开，否则由于不了解人体的这种自然法则以致忧郁成疾，这岂不是天大冤枉。因为人的无知，使许多小便白浊的人以为自己已经得了糖尿病，就接受西医治疗，吃胰岛素或注射胰岛素，当人体的胰脏知道有人代替它的工作——分泌胰岛素时，胰脏就会产生一种惰性，久而久之胰脏功能就会自然衰退，永远无法再分泌出胰岛素来，终于使一个正常人演变成现代医学所谓的依赖性糖尿病，谁之过？

因此当您发现小便白浊时，您必须先检讨一番，是否出生以来到现在已吃了太多的酸性物质，或是这几天大鱼大肉吃得太多。若是体质已太酸性化时就必须特别注意了，以后尽量多吃青菜、多喝水，少吃鸡、鸭、鱼、肉以及种种酸性食物了，否则让人体经常发动大扫除，并让人体有永远排不完的酸毒时，将使人体疲于奔命而过载的负荷，人体将演变成真病，不得不慎。

（八十三）请问为什么会引起甲状腺亢进？

答：现代医学的专家、学者们认为甲状腺亢进是因人体缺碘而引起。既然是缺碘而引起，那么我们只要补充碘后甲状腺亢进的现象应该就会消失了。

为什么会引起甲状腺亢进？当人体内的酸毒已高到可危害人体细胞的生存时，人体就会自动的启发人体的自然治愈本能，这时人体的脑下垂体将命令副甲状腺分泌荷尔蒙以刺激骨骼释放出骨髓（钙离子），来中和人体内偏高的酸毒，以维持细胞的正常生存。可是由于人类的无知仍然不断的摄取大量的酸性食物，又加上空气、水、西药和化学品等污物，使人体内的酸毒有增无减，人体的自然治愈本能为了维护人体的生命，也就是维持细胞和正常生存，不得不继续释放骨髓，甚至必须因人体内酸毒与日俱增。

在《不生病之真法》中已提过，骨髓是人体生命之源，当骨髓耗光时人的生命即将宣告结束。当人体由于酸毒过高使骨髓大量释放之际，甲状腺的这个组织系统发觉后，认为骨髓如此大量释放下即将很快耗光，人的生命必将提早结束，这时甲状腺就会加以干涉，阻止副甲状腺释出荷尔蒙来刺激骨髓释放，可是人体的酸毒已高到细胞很难生存的地步，若无骨髓不断的释放出来中和这些过高的酸毒时，人体细胞亦将无法生存，人的生命亦将很快终止，以致副甲状腺无法顾及甲状腺的干涉仍须继续释出荷尔蒙，而甲状腺因无法阻止副甲状腺不断的释出荷尔蒙，不但誓不罢休而且更全力以赴，导致超负荷而引起机能亢进的现象，这就是甲状腺亢进。

欲消除甲状腺亢进，惟一的方法就是使人体内的酸毒减少而已，否则利用开刀或种种的抑制方法恐怕都很难奏效。

(八十四) 我近来很容易疲劳，请问这是什么原因？

答：一般人都认为容易疲劳是属于肝功能低落而引起，这种说法也是对的。因为肝脏是人体的化学工厂，

可化解人体内的酸毒，当肝功能低落时解毒功能也必将减弱，相对的将使血液中的酸毒提高，当人体血液中的酸毒偏高时，人体的五脏六腑和全身的细胞在酸毒的侵蚀下，则较难生存而渐渐失去活力，当人体全身细胞较无活力时，人体相对的也就无活力，而会经常觉得疲劳倦怠，因此大家都知道肝功能低落的人较易疲劳。

　　简单地说，只要人体内的酸毒偏高时，人体就较易疲劳。譬如古时候的小孩整天蹦蹦跳跳，从早玩到晚不觉得累，因为古时候的小孩系属于碱性体质，而现代的小孩，他的父母亲早就属于酸性体质，而且于怀孕期间又刻意的补充大量的酸性食物，使小孩于胎儿阶段已培育成酸性体质，出生后又刻意的加重牛奶的浓度，因奶粉中含有高量的蛋白质，这些高量的蛋白质，尤其又经过多次加工后，在人体内无法被吸收利用时极易机转为酸毒，因此现代小孩于父母亲们愈刻意的照顾下，其体质则愈酸性化，换句话说就是愈刻意照顾下的小孩其体质也必将愈差。现代小孩因体质酸性化，所以体力、精力都远不如古时候的小孩。成人也是一样，古时候的人不论体力、精力也都比现代人强得多。

　　为什么酸性体质者，其体力、精力较差而且较易疲劳，主要原因是因为体质酸性化后，使人体细胞失去良好的生存环境，以致很难生存而显得很不活泼。当人体全体细胞很不活泼时，人的精力、体力自然就会较差，而且较易疲劳。当人的体质酸性化后五脏六腑的细胞也将难以生存而渐渐失去活力，渐渐的将使人体各脏器、各组织的机能低落，所以在《不生病之真法》中已强调过："万病由酸起。"其道理在此，欲使人体的体力、精力充沛，也只有使人体恢复弱碱性的体质，也就是净血、净化人体，使细胞恢复良好的生存环境而已。当人体细胞又有了良好的生存环境后，细胞就会生存得非常活泼、强壮，当人体每一个细胞都非常活泼、强壮时，人体自然而然就会觉得朝气蓬勃，犹如生龙活虎了。

（八十五）为什么现代人较易有骨髓大量流失的现象？

答：因为现代人大多属于酸性体质，包括小孩从胎儿阶段在父母的刻意照顾下，未出生早已成酸性体质。由于体质酸性化后将使人体细胞无法生存，这时人体为了维持细胞的正常生存，人体就会发动人体的自然治愈本能，所谓的人体的自然治愈本能就是由脑下垂体命令副甲状腺释放荷尔蒙激素来促进骨骼中的骨髓（钙离子）释放，来中和人体内偏高的酸毒，使人体细胞不至于酸毒过高而死亡。可是由于现代人类的生存环境已遭到严重的破坏，又加上饮食的错误和西药、化学品等污染，使人体内的酸毒与日俱增，在这种情况下，人体为了维持细胞的正常生存，不得不继续释放骨髓来中和人体与日俱增的酸毒，而且骨髓的释放量也必将与日俱增，所以现代人年纪轻轻的就已有骨质疏松的现象。小孩在小小年纪就已有蛀牙的现象，这也是骨髓大量流失的一种现象，另外当小孩更换乳牙后牙齿变成很粗大的现象，

这也是骨质疏松的现象，骨质疏松也就是骨髓流失的具体表现。

（八十六）请问人体酸性化后就会自动释放骨髓来维持细胞的正常生存，在这种情况下，为什么人还会觉得很疲劳？

答：当人体酸性化后即将触发人体的自然治愈本能，使骨髓释放出来中和人体内的酸毒，以维持细胞的生存环境，使细胞得以正常生存。在《不生病之真法》中已强调过："骨髓是人体的生命之源。"当骨髓耗尽时人体的生命也将随之终了，因此人体就会加以斟酌，必须顾及到如何才能维持细胞的生存又不至于因骨髓大量释放下使人体的生命很快结束；换句话说，就是人体将考虑如何使有限的骨髓产生最好的效益。也就是如何使人体的生命不至于很快结束，又能维持细胞的生存。因此人体在这种精打细算下，譬如目前人体内积累的酸毒和每天所增加的酸毒之总量，人体每天必须释放 1 毫克的骨髓才能使人体的酸毒能获得完全中和，细胞在这种非常良好的环境下才能非常活泼，当人体的每一个细胞都非常活泼时，人体的体力和精力才能非常充沛。可是人体将考虑，假如每天都释放 1 毫克的骨髓时，人体的骨髓即将很快耗光，这时人体将考虑只释放 0.3 毫克或 0.4 毫克的骨髓，以勉强足以维持细胞的生存而已，如此之下人体才不至于使骨髓耗光，而很快地结束生命，可是人体细胞在这种勉勉强强的环境下生存，必将很不快乐、很不活泼，因此人体也必将觉得非常疲惫、无精打采、乏力等种种现象发生。

〔八十七〕请问春夏秋冬的季节变化对人体有何影响？

答：整个大宇宙有阴阳、五行，人体这个小宇宙也有阴阳、五行，而宇宙间的自然季节变化当然也有阴阳、五行之区分，如春属木，草木逢春、生气蓬勃，大地一片绿油油。以人体而言，五脏亦属五行，肝脏于五行中属木，因此于春天人体较易引起肝胆方面的病变。夏属火，烈日高照、气温高升、大地炎热。以人体而言，心脏于五行中属火，因此人体于夏季中较易引发心、血管、小肠方面的病变。仲夏属土，人体五行中脾胃属土，因此人体于仲夏中较易引发脾、胃方面的病变。秋季属金，人体五行中肺、大肠亦属金，因此于秋季中人体较易引发肺、大肠方面的病变，如气喘、便秘、咳嗽或皮肤方面的毛病等。冬属水，故冬天雨雪不断，尤其于北方、北极或一个岛屿的北端等，更是雨雪绵绵或终年不绝，因为北于方位五行中亦属水，于人体五行中肾、膀胱亦属水，因此于冬季中人体较易引起肾、膀胱方面的病变，如腰酸背疼、关节酸痛、妇科疾病或频尿等。

自然界中于季节的变化，亦有春发、夏长、秋收、冬藏等不同的表现，譬如古时农夫通常都于春天播种，夏天则是农作物的自然成长期，一到秋冬就收割、贮存。

有许多动物一到冬天就会进入冬眠以养精蓄锐，这也就是冬藏。有许多植物一到秋天就开始落叶，这就是秋收，落叶是为了减少树叶消耗营养和水分，以保持最佳状态来应付寒冬冰雪的侵袭，这也是冬藏的表现。我们人体若抗体强，有能力把人体内的酸毒排出体外时，通常大多会在春天发生，这就是春发，当人体把体内的毒素经由皮肤排出体外所产生的种种自然现象也就是大家所认为的皮肤病、青春痘、富贵手、香港脚、痔疮、痔疮流血以及小儿麻疹、水痘等。冬藏时段里，人体最好是尽量减少活动。古人所谓的："冬藏精。"也就是指尽量少做爱做的事情，由于冬属水，本来就较易引发肾、膀胱方面的毛病，而性爱的次数愈多愈损及肾、膀胱，当人体的精髓耗光时，人的生命也就宣告终止，因此当人们于毫无节制下的做爱，人体为了维持人体有限的生命必将采取非常手段——阳痿，这也是人体这个小宇宙、小自然体的一种自然法则，也是人体发动自然治愈本能的紧急措施之一，人体这个自然体就是这么可爱，可是由于人们的无知而造成人们不断的糟蹋自己、摧毁自己。

(八十八) 请问一天 24 小时与人体有何相互关系？

答：整个大宇宙时时刻刻都于阴阳消长中，人体这个小宇宙随着大宇宙的变化亦分分秒秒也都在阴阳消长中，因此人体五脏六腑亦将时时刻刻随着宇宙的变化而变化，根据《子午流注》人体血液循环时间表所示，子

时即夜间 11 时至凌晨 1 时，在这时段里人体精华将随着血液的循环，全力的来支援肝脏，增强肝脏的解毒功能，让肝脏于最巅峰状态下制造胆汁贮存于胆囊备用。丑时即凌晨 1 时至 3 时，此时段人体血液精华全力支援胆腑，以利胆囊贮存胆汁来随时帮助人体消化之用。寅时即凌晨 3 时至 5 时，此时段人体的血液精华将较集中于肺脏，使肺脏功能增强，若肺脏的肺泡薄膜已卡了许多灰尘、污物时，于此时段肺脏功能一增强，人体的自然治愈本能就会发动清除肺脏内这些灰尘、污物的工作而产生咳嗽的动作，因此有些患有气喘的人，于这时段较易喘得更剧烈。卯时即凌晨 5 时至 7 时，此时段由于人体血液精华较集中于大肠，因此大肠的蠕动能力以这时段最佳，古时候的人通常都早睡早起，在这时段里都已起床、洗脸、刷牙、吃过早餐，而且已排完大便，因大肠的蠕动能力愈佳，则愈有利人体排便，所以古时候的人较无便秘的现象。辰时即早晨 7 时至 9 时，此时段人体的血液精华将全力支援胃腑来帮助消化，把人体于卯时所吃下的食物加以加工制造，此时段是人体一天中消化能力最佳的时段。接下来已时即上午 9 时至 11 时，人体血液精华较集中于脾脏，以利脾脏将已消化过的食物机转为离子，才能透过小肠壁进入血液，因此早餐是一天中最重要的一餐，现代人生活反常，阴阳颠倒，晚上 11 时以前还未入睡，导致肝火旺盛，以中医学理论而言，五脏六腑都有其不同的情志表现，肝脏的情志表现在于怒，当人体肝火旺盛时则很容易发脾气，易与他人发生口角，

不生病之真法（续）

甚至动手，因此我在《不生病之真法》中曾强调健康与治安的极密切关系，否则不论法律条文制订得密密麻麻，仍然无法防止人类犯罪或犯罪率的提升，甚至弄巧成拙、严官府反而盗贼多。且由于现代人晚睡晚起，大多数的人不吃早餐，使人体无法于最佳的时段来进食、机转，以利于人体营养之摄取，因此现代人大多不健康，当人体不健康时心理也必然不健康，当一个人身心不健康时就会导致心理异常、心理变态等现象。譬如肠胃不佳的人较易紧张，台北有位女士，她的女儿留学美国并因此旅居美国与就业，可是由于肠胃不佳经常过度紧张、神经兮兮而被公司停薪留职，是健康？一个人身心不健康时不仅个人备受种种的困扰，重者影响到家庭、社会与国家，譬如强暴，尤其是强暴学童、割喉、机车纵火这都是身心不健康所引起，不然的话，您叫一个健康的人，也就是身心正常的人去强暴一个民族幼苗，去杀人，您想他下得了手吗？

午时即中午 11 时至下午 1 时，这时段人体血液精华较集中于心脏，来强化心脏功能，因此在这时段里人体的血液循环特别良好与顺畅。未时即午后 1 时至 3 时，此时段人体血液将较全力来支援小肠，以增强小肠的吸收功能，以利将脾胃所消化的食物并机转成为离子化的营养素透过小肠壁进入血液，再经由血管输送给全身的细胞。申时即午后 3 时至 5 时，此时段人体的血液精华将较集中于膀胱，以强化膀胱机能，促进膀胱排尿之正常。酉时即下午 5 时至 7 时，此时段人体的血液精华将较集中于肾脏，来增强肾脏功能以滤除血液中种种酸毒，多余的血糖和尿蛋白等废物，以维持人体血液的品质。戌时即晚上 7 时至 9 时，这时段人体的血液精华将较全力来支援心包（血管），以维护血管的正常功能，防止血管细胞的老化、硬化。亥时即晚上 9 时至 11 时，这时段人体的血液精华将较集中于三焦（淋巴），以增强淋巴的机能，加强人体的免疫力，减少人体疾病的发生。

　　人体在一天 24 小时中不断的经由血液循环，将人体精华巡回支援人体各脏腑，这种作用也是人体与生俱来的自然治愈本能的一种表现，在这种巡回支援的过程中不仅增强各脏腑的机能外，如遇各脏腑有了毛病也都将加以处理，将其恢复正常功能，因此当人体正在改善某一脏腑时，仍能会出现不舒服的现象，这也就是好转反应的现象之一，有关好转反应的问题请参阅《不生病之真法》。

　　(八十九) **请问洗碗精有害人体吗？有何较正确的使用方法？**

　　答：洗碗精、洗衣粉、洗发精、染发剂、西药和农药，以及现代日常生活中有许多物品都是化学品，也就是有其化学毒素，由于化学毒素的分子非常微细，因此可说是无孔不入，现代人也因此生存于无形杀手的慢性自杀中。

　　我于前面曾经提过，同一时间在同一个水龙头取了

两杯自来水，将其中一杯自来水滴入几滴余氯测试剂后，这杯自来水即呈淡红色的反应，这即表示自来水中有氯的残留；另一杯自来水您把手伸入水中洗一洗、拌一拌后，同样滴入几滴余氯测试剂，很奇怪，这一杯用手洗过的自来水已不呈淡红色的反应，为什么呢？因为这杯自来水中的氯已在您洗手的那一刹那进入您的身体了，所以说化学毒素无孔不入，实在令人恐怖。

洗碗精、洗发精、染发剂一沾到皮肤，其毒素也就很快进入人体。除此之外，洗碗精极易残留在碗盘上，经由食物吃进人体，或许您可做一个小实验，将洗碗精和沙拉油各滴一、两滴于一面镜子上，然后用手指把洗碗精和沙拉油拌在一起而成乳白色状，这时您再用水冲洗，看是否可把轻易的这乳白色状的物质冲洗掉，由于碗盘通常也都是乳白色，因此这种洗碗精的残留物很难被发现，您和全家人也就每天都吃进不少的洗碗精残毒。

洗碗精于使用前，最好是先滴入水中加以稀释，不要直接把洗碗精滴在碗盘，洗碗时最好能带上橡胶手套以防止洗碗精的毒素侵入人体。在此提供参考，古时洗碗盘是利用草灰、灶灰，现代亦有人利用大豆粉，您不妨可试一试。

(九十) 为什么老年人一跌倒骨折后，通常都较有生命危险？

答：我在《不生病之真法》中已强调过："骨髓是人

体的生命之源，当人体骨髓耗光后，人体生命亦将随之结束。”由于老年人于人生漫长的岁月里，他的骨髓为了维持人体细胞的正常生存、为了支援人体各脏器的病变、为了维护人体的生命现象，人体的骨髓几乎所剩无几，此时若发生骨折时，人体的自然治愈本能若不调集骨髓来抢救骨折，那么骨折现象则迟迟不愈，若人体发动调集骨髓来支援骨折的修护工作时，则骨折现象将很快愈合，可是人于年老阶段所剩不多的骨髓若因而被耗光时，人的生命也将因此而结束；所以老年人很怕跌倒，一旦因跌倒而骨折时，不是迟迟愈合不了，就是愈合了亦将有生命危险。

　　我在《不生病之真法》中曾强调过：“钙离子可配合人体的自然治愈本能，直接取代骨髓的地位去支援人体病变。”因此钙离子可以使老年人的骨折很快获得痊愈，而且不至有生命危险，对一般人而言，钙离子可使骨折愈合的时间缩短4倍的时间。本来在此我不想提起钙离子，因怕被读者误会有强行推销钙离子之行为，而且亦曾经有一、两位读者看了《不生病之真法》来电话说：“张博士，您这本《不生病之真法》根本没写什么？只是在推销钙离子而已！”我听了他这么说后而回答说：“那么请您把有提到钙离子的部分撕掉，然后再好好多看几次以求深入了解本书的内容，且能遵照本书的方法应用于日常生活上，或许您仍可活得别人更健康，您不妨试试。”其实钙离子这三个字和中药的人参、当归、枸杞、甘草一样，它是一种学术名称，有了这种学术名称

后才能让大家知道是什么东西，譬如一提到人参，一般人就会知道人参是什么，那么一提到钙离子，大家也才能知道是什么，否则我一直阐述有一种白色粉末，必须泡水才可饮用，其口味因人体质而异，体质愈差的人愈难入口，说了老半天不知有几个人知道，虽然目前有大多数的人对钙离子这三个字还较陌生，不过于著作上仍须把它真正的学术名称写上，如此才易于做任何的说明与阐述。当然学术名称也将是某一种产品，不仅是中药名称，其实所有的日常用品、食品或西药都是如此。

凡事有了正确的理论也必须要有正确的方法来达成，否则理论都将变成空谈，譬如佛教有了深奥的佛理来教导世人，但仍须有佛法才能普度有缘人。本自然医学亦是如此，既然可告诉您人体病变、老化或异常的种种主因，当然也必须教导您方法才能加以预防或改善，否则还不是等于空谈，仅在浪费大家的时间和精神而已。譬如前面所提到种种化学毒素对人体的危害，在这科学、医学如此发达的今天，或许也只有钙离子能化解这种种的化学毒素而已，此时于 20 多年来王老师与我不断的宣导下，知道的人仍少之又少，假如完全不宣导下知道者会有几人呢？

话谈到此，若不把一些内心的话说出来，恐怕会憋出病来，纵然有人认为是在推销钙离子也无所谓，假如能因此让更多有福报、有缘人来接受的话，何尝不是一件好事。有人说："自由无价。"假若自由无价，那么生命应该更是无价，因为若无生命岂能论自由，现在让我

们来探讨人的生命值多少？以目前台湾而言，每一个人临终前，家人都会尽人力、听天命，一般人都会花上十万、百万元，有钱人则需花上千万元来挽救一个人的生命，这或许可表示一个人的生命价值百万、千万元，若人的生命不值得这么多钱的话，或许他的家人连一毛钱也舍不得花。台北市兴隆路某国民小学里有一位彭老师，他的母亲因胃出血而送医急救，医生们给予打针、吃药用尽种种方法都无法止血，只好在腹部插了支导管来排除血液。这位彭老师早在一、两年前就已接触了本自然医学，他一看苗头不对，马上打电话请教于我，以三粒钙离子和生面粉拌成糊状，于半吞半饮的情况下勉勉强强的送入他母亲的腹内，很糟糕的是，当一送入腹内后马上被吐出来，可是在吐出来的那一刹那间，导管已不流血了，使这位彭老师觉得非常神奇，也觉得很兴奋的立刻又打电话给我，告诉我这个好消息。

这个方法是我在中国内地时，有许多中西医大夫告诉我说："老师，胃出血于目前全世界不论中西医都还无特效药，针灸也无法止血，请问在自然医学中有没有办法？"我听了就把这方法传授给他们，至今不知已救回了多少生命。以目前的零售价格，三粒钙离子不到新台币100元，那么一个人的生命也就值不了新台币100元吗？台中有位苏先生因鼻咽癌而接触本自然医学后，当他的健康有了极大的改善后，人也觉得精神很不错，在此之际，顺手拿起了我赠给他的一本《养生祛病妙法》，这本小册子是专门介绍本自然医学所使用的产品，内容包括

钙离子的日常急救应用，当他看到胃出血只需三粒钙离子时，马上打电话给我："张教授，我的父亲是冤枉死的。"我听了很讶异的反问说："怎么说!?"这位苏先生："我的父亲于前几个月刚死于胃出血，这本《养生祛病妙法》到我的手中已一年多，可是我却一直没去看它，假如当时我能好好地看一遍，我的父亲就不会这么早走。"

说到三粒钙离子不到新台币一百元可以救回一个人的生命，为了此事亦曾令我曾经有过一番的沉思，这到底是人命不值钱或是钙离子太便宜？因为曾经有少数人认为钙离子的价格太贵了，因此让我内心感触良多，以平时保健而言，一粒钙离子可对上500毫升或1000毫升的水后来当开水饮用，一罐二三百毫升的饮料目前也需二三十元。中华自然医学本着弘扬真法、倡导真理、济世救人与广渡有缘的宗旨下，一再压低所属产品的价位，如再比照目前台湾需花上百万、千万元将家人送医与送终，更是感慨万千。说到钱似乎令人觉得俗气，不说却一直憋在心里，就算是我太唠叨吧！不过或许由于我的唠叨，日后遇到种种急症时不用花上百元就可保住自己或家人的生命。废话少提，让我们继续探讨底下的问题吧！

(九十一) 请问为什么服兵役期间较易发生香港脚？

答：一般医生都说："香港脚是霉菌感染而引起。"或许是吧！不过假如香港脚是由于霉菌感染而引起，照理讲细菌的繁殖力很强，传染速度极快，那么为什么有许多有香港脚的人，有一脚有香港脚而另一脚却一直不被感染？其实香港脚也是人体自我排除体内酸毒的自然现象之一，我们人体从小不断的累积种种的酸毒，尤其人的脚踝处就好比水缸的缸底，水中的杂质、污物都将囤积于此，因此人体内有了酸毒也较易积存于脚踝处，当脚踝囤积了许多酸毒时，而人体的抗体增强并有能力排除这些酸毒时，人体就会发动排除这些酸毒的动作，当人体选择由脚底、脚趾头来排毒，由于酸毒会腐蚀人体的肌肤，而使脚掌引起溃烂或瘙痒的现象，这种现象也就是大家所谓的香港脚。

我们人体一到服兵役年龄，在这20年来人体内亦将积存了不少酸毒，而这些酸毒也将大多囤积于脚踝处，一到军中接受严格的训练、操练与磨炼下，人体的抗体很快随之增强，使这些囤积于脚踝处的酸毒很快被排除，因此服兵役期间较易发生香港脚的现象。有一次我在南山人寿台南服务处理和该公司人员探讨此事，当我话说至此，就有位叶经理马上提出反驳："那么我当兵期间为什么没有香港脚，反而出社会两三年后才发生？"我听了后完全不加思考的回答说："那您一定是当少爷兵，完全不曾出操过。"这位叶经理的脸上立即露出笑容的说："是的，我当兵期间在从训练中心到部队，一直都担任文书工作，完全没出操过。"在我不断的宣导自然医学的过程中，经常有人随便问问，我也经常就是这样不加以思考的随便答答，可是却都是八九不离十，因为人体这个小自然体就是和大自然一样，有其不变的自然法则，只要您了解人体的自然法则后，对人体的一切变化就可了若指掌，不必再于复杂的人体中求复杂。

在此顺便提一个实例，我的内人在接受本自然医学的一年多后，她的右脚脚掌开始有了香港脚的排毒现象，曾经有一段很长的时间因排出的酸毒很多，而使脚掌、脚趾头溃烂得非常严重，这段时间里完全无法穿鞋子，有时因为痒得很厉害而以左右脚相互摩擦，很奇怪，右脚仍照常排毒、溃烂与瘙痒，而左脚却一直不曾被感染。所有接受本自然医学而曾经有过香港脚排毒经验的人，或一般有香港脚的人都觉得奇怪，假如香港脚是霉菌感染的话，怎可能只有一脚有而另一脚不被感染呢？

其实，香港脚会引来霉菌这只是一种果而不是因，因为于香港脚的排毒过程中，人体所排出的这些酸毒将使皮肤产生腐蚀、溃烂的现象，当人体肌肤有了溃烂时极易招来霉菌来噬食细胞的残骸或半死亡的细胞。这种现象就好比路旁死了一条狗，这条死狗于腐烂的过程中亦将引来许多苍蝇，我们总不至于认定这条死狗是被苍蝇噬食而死的吧！

（九十二）**请问香港脚既然只是在排除人体脚踝处所囤积的酸毒而已，那么为什么会有长期排毒的现象，而且通常只有一脚会有香港脚，而另一脚却不会发生呢？**

答：当人体的酸毒已积累到某一种程度，而且人体

有能力排毒时，人体就会选择最有利的途径来排毒，譬如人体选择由脚踝来排毒时，人体亦将把体内所有或某部位的酸毒也都经由脚踝来排除，因此将使脚踝的排毒现象持续一段时间，一直到人体内或某部位的酸毒清除后，脚踝的排毒现象才会停止，这也是人体的自然法则之一。

那么人体会出现一只脚有香港脚的排毒现象，而另一只脚却没有，这通常是因侧睡之故，譬如睡觉都习惯睡右侧的人，那么人体右侧就会像水缸的缸底一样，较易囤积酸毒，当人体的右侧、右脚所囤积的酸毒比左侧、左脚多时，人体就会选择从人体的右侧、右脚来排毒，而且人体的小毛病于右侧也将比左侧多，右侧的血液循环也将较差，甚至连所开的车子的右侧也将比左侧受到撞击、撞伤的机会多。反之，习惯睡左侧的人其左侧的问题也将比右侧多，其原因是人体的某部位或某组织所囤积的酸毒愈多时，将使这部位或这组织的细胞较难生存而显得不活泼，当人体的细胞不活泼时，人体的反应力也将较迟钝。

古人云："行如风、卧如弓。"表示此人很健康，因此才能健步如飞，卧如弓也就是指侧睡之意，因为古代的取暖用品没有现代这么方便，甚至须经常夜宿野外，侧睡将使人的腹部较不易受风寒而着凉。而今，现代建筑设备良好，暖气、棉被、电毯……应有尽有，因此卧如弓的说法或许较不适用，依本人之愚见，或许平躺是较有益人体的血液循环，而且为保持头部血液循环的正

常，使脑细胞能得到充分的血液来滋润，最好睡低一点的枕头，或者完全不睡枕头，否则把枕头垫得愈高，使人的颈椎、神经、血管受到压迫，而使脑细胞得不到充分的血液来滋润，致使脑细胞不活泼，人的脑细胞愈不活泼时，人就会觉得迷迷糊糊昏昏沉沉或糊里糊涂，真的认为天塌下来有高个子撑着，这就是所谓的高枕无忧。

(九十三) 近几天我到医院检查，医生告诉我的血钙偏高，请问其原因？

答：我们在前面已曾经探讨过，当人体内的酸毒越来越多时，人体为了维持细胞的正常生存，则将释放骨髓（钙离子）来中和人体内偏高的酸毒，使细胞拥有正常的生存环境，才不至于因细胞大量死亡而引起人体的种种病变。

可是由于人类的无知，不知及时减少人体酸毒的增加，反而更是大鱼大肉或大量服用药物，使人体内的酸毒剧增，当人体内的酸毒在每天都大量的剧增下，人体的自然治愈本能不得不命令骨骼释放出更大量的骨髓来中和这如此大量的酸毒，当人体较大量的释放骨髓时，骨髓中有些较不纯的钙离子也将一并被释出，这些较不纯的钙离子与人体内或血液中的酸毒结合后，将变成结合性钙，如碳酸钙、乳酸钙等而滞留于血液中，这就是一般医生所谓的血钙或血钙质。

简而言之，当人体的血钙质偏高时则表示此人的体质已非常酸性化，体内的酸毒已高出很多了，由于人体内的酸毒高得使细胞无法生存，而使细胞不活泼、急速老化或面临死亡的地步，这种情况不仅人体五脏六腑和外貌都将步入急速老化，同时也必须注意癌症的来临。

由于高血压、中风是因血液酸性化、污浊，也就是血浊、血酸而引起，当血液酸毒偏高后人体即将发动自然治愈本能，即前面所引述的道理，因而使血液中的血钙质偏高，因此以前的医学曾经有一段长时间认为："高血压、中风是因人体内的钙质偏高而引起，因此高血压、中风的人平时必须少吃含钙的食物。"这种说法或许也算对，因为到目前为止一般的人或医生大多只知道结合钙，这种结合性钙对人体完全没有帮助。

欲改善酸性化的体质、欲排除血液中偏高的血钙质，请多参阅《不生病之真法》，或许将获得意想不到的受益与改善。

(九十四) 为什么女性较易感染膀胱炎？

答：关于膀胱发炎，甚至有许多炎症，一般医生都说是细菌感染，是否如此呢？或许有待求证吧！在《不生病之真法》中我们已探讨过，细胞在死亡过程中将引起发炎、肿胀、破裂与化脓等四种现象，细胞发炎、肿胀的现象我们于日常生活中经常可以遇到，譬如小孩走路不小心跌倒或意外的被物品撞击后，人体受撞击处的细胞就会出现发炎、肿胀的现象，人体细胞在发炎、肿

胀的情况下势必压迫神经，因此将使人体有了疼痛的现象，这种细胞压迫神经所产生的疼痛现象，就好比您用手捏压人体肌肉一样，也必将压迫到神经而使人体觉得疼痛，人体的这种措施就是人体为了确实掌握人体种种的异常或病变，以期发动人体的自然治愈本能，以求及早发现及早治愈，这就是人体与生俱来的自然法则，可是这些自然治愈本能或自然法则早被人类所忽视、遗忘，甚至被抑制与破坏，由于人类早就把人体的种种自然法则忽视或遗忘，因此有关人体的种种异常或病变则会随便找一个原因或理由来解释，是否是标准答案或许真的只有天晓得。

闲话少说、言归正传。为什么女性较易感染膀胱炎？

1. 经血的残毒：女性正常每 28 天排卵一次，在前面已提过，卵是一种非常高营养的物质，愈高营养的物质变质、变坏与变毒后，其毒性也愈高，当女性每月的排卵未受孕，也就是未被利用时，到了某一时间就会变坏而化成经血以利于排出人体，这时将使人体内的酸毒突然剧增，而增添肝脏的负荷以致较易发脾气，或是子宫、卵巢周边的细胞因酸毒的突增导致大量死亡，而产生痛经现象。这些现象必须等到排完经血后才会自动消失，可是在这种化成经血与排除经血的过程中，已有部分的酸毒侵入人体，这些酸毒只要积累到某一程度时，人体也必将会把它排除。

2. 内皮肤的排毒作用：人体的皮肤或内皮肤都是人体的最佳排毒管道，前面所述的经血残毒太多将滞留于子宫、卵巢与膀胱一带，膀胱壁是人体的内皮肤之一，当人体选择把这些经血残毒经由膀胱壁来排除时，这些酸毒于排除的过程中亦将腐蚀膀胱细胞，而产生膀胱发炎的现象。

3. 女性的尿道口与肛门距离很近：这是较次要的原因，也就是一般医生较喜欢提起的细菌感染问题，由于人体大便往往会夹带大肠菌或其他细菌，而女性的尿道口与肛门的距离很近，使大便中所夹带的细菌较有机会经由尿道进入膀胱，这也就是所谓因细菌感染的膀胱炎。不过这种细菌感染的膀胱炎的几率较低，尤其只要把卫生纸擦拭的方向稍做改变，那么细菌感染的机会又将更小，就是女性于大便后，只要将卫生纸由前往后擦拭，不要由后往前以避免将大便中所夹带的细菌送至尿道口。

基于上述种种因素，使女性较易引起膀胱炎的现象，而且女性在人体发动经由膀胱来产生大量排毒之际，将排出许多分泌物，这分泌物也就是人体的酸毒，因此有一股恶臭，这种分泌物也就是所谓的赤白带。尤其接受中华自然医学的女性，当人体抗体增强时所产生的这种排毒现象将比一般人强烈，所排出的赤白带亦较多。这时男性有了肉体的接触后，若不马上用水冲洗而将引起瘙痒。

在《不生病之真法》中曾提过，美女的第一条件是皮肤很美，皮肤很美的主要因素有二：

1. 身体很健康，人体没有酸毒可经由皮肤排除，不过人体除了孩童外没有酸毒的人实在少之又少。

2. 皮肤不排毒，因此没有酸毒来侵蚀皮肤细胞，而

使皮肤看起来很美。

由于人体皮肤的排毒能力关系到人体健康，而人体皮肤的排毒能力较差时，除非人体的抗体很弱，完全没有能力排毒，不然的话人体有时会选择由内皮肤来排毒，也因此使一些皮肤较美的女性较易有赤白带的现象，夫妻间有时将因而少相处，甚至离婚，这也就是红颜薄命的因素之一。因此我经常在强调："健康就是好命运。"人一旦失去健康就好比断了线的风筝，随时都会掉落，那将有何运程可言，欲求好命，也就是希望有很好的生命力，其主要关键就是健康，也只有好命、好的健康才能有好运、好的运程。

在此亦顺便再强调一下，天下父母心，几乎每一个为人父母者都期待自己的孩子不输在起跑点上，那么请问人生的起跑点在那儿？所谓的起跑点就是父母的精卵结合的那一刹那，其实真正欲推算出一个人一生的命与运，若欲求得更准确时仍须从那一刹那的时刻来推算，可是那一个时刻较难了解，所以才利用出生的时刻加以推算。不让下一代输在起跑点上，说穿了还是离不开健康这两个字，也就是为人父母者的健康，您想养出一个有一番作为的后代，您必须让您的后代有健康的身体，不论是成人或小孩，只要身体健康，其思想才会正确，才不会走偏路，也只有健康的身体才能有充沛的体力和精力，才能专心功课或做事，也才能比别人做得更好。反之父母身体不好，父亲肝功能低落，母亲肾有毛病，那么生出来的小孩，其肝肾也一定都不好，由于父母身

体不好，其精卵结合之时，也就注定了这小孩这一生的命和运，前已提过没有健康的身体，也必然不可能有好的运程，所以孙中山先生也因此强调："强国必先强种，强种必先强身。"系指欲求国家富强，必须每一个为人父母者都必须健康，为人父母者都很健康，才能生出健康的后代，全国人民个个都很健康时，国家才能富强。欲求下一代不输在起跑点上，也就是为人父母者必须健康，否则也都将成为呼口号而已，完全无济于事。

(九十五) 请问如何才能防止老人痴呆症？

答：现代老人痴呆症的比率较古时候高出太多，古代的人几乎很少有这种症状，而且不只现代人有此症状的比率高，以后还会更多。因为一般人都认为小孩子多吃鱼就会较聪明，导致目前台湾有大部分的孩童于"国"小阶段，其记忆力就开始有急速衰退的现象。人的脑部是人体的最高指挥中心，其作用有记忆、思考、判断和主掌人体的各种活动，以及监测人体体液、血液的变化，来命令或调整人体内的各种内分泌，使人体得以维持正常的生命现象。以上的种种工作也就是脑部细胞的分工与负责，尤其其中记忆的这项工作却是每一个脑细胞都必须共同来承担的一项工作，因此当一个人的记忆力开始有衰退的迹象时，亦表示人体所有脑细胞也同时都在步入老化了，只是理解力、判断力乃因随着人的年龄、经验而提升，故于短时间内尚不至于因脑细胞的老化而有明显的退步现象。而今，现代孩童在小学阶段，记忆力就有急速衰退的现象，我想以后不必等到老年，恐怕一到中年就会有中年痴呆症的现象吧！

记忆力衰退、痴呆症或智障等现象，都表示脑细胞的生存环境已有了异常，使脑细胞不活泼、不强壮、急速老化或大量死亡，导致脑细胞无法发挥正常功能而引起，其主要原因当然也是血浊、血酸、体质酸性化、人体内的酸毒偏高而引起，使脑细胞失去正常的生存环境、得不到正常血液的滋润、得不到充分的养分来维持正常的生命现象。因此欲求记忆力、痴呆症或智障等恢复正常，惟有净化人体、排除人体内的种种酸毒，欲防止这些毛病的发生，也就是减少人体内酸毒的增加，以维持人体细胞、脑细胞良好的生存环境，欲进一步了解时请参阅《不生病之真法》。

（九十六）台湾有一名人到了北京一下飞机就中风，请问其原因？

答：这种情况通常较易发生在冬天，因为冬天北方屋外和飞机内的气温差距太大，人体的细胞、血管的细胞仍然和其他物质一样会热胀冷缩。北京一到冬天，气温通常都在摄氏零度以下，而飞机机舱内的温度一般都调节在摄氏20℃左右，在温差如此之大的情况下，一走出机门，人体或血管的细胞都将急速收缩，使原来充满人体全身血管的血液，一时之间不知往何处输送。这种现象以正常人而言倒无所谓，可是若发生在一个不健康的人时问题就来了，因为一个不健康的人由于血浊、血酸而使血管细胞无法生存，失去弹性与导致血管硬化，当血管缺乏弹性时将无法适应人体血液流量于瞬间所产生的变化，当血管硬化后极易导致破裂，尤其脑部的血管很细又薄，一旦有了硬化后则较经不起血液流量于瞬间突变下的冲击，而将引起脑部血管的破裂，这些由于脑血管破裂所流出的血液将淤积于脑部而压迫脑细胞，这种现象就是一般所谓的脑溢血，甚至这些淤血变酸、变毒后又将破坏脑细胞的生存环境，使脑细胞更无法生存而面临大量死亡。

脑溢血轻者半身不遂，重者死亡，若以上述气温相差愈大而人体或血管的细胞也将收缩得更厉害，在这种情况下万一出现脑溢血的现象时，其脑部淤积的血液也必然愈大量，因此活命的几率也愈渺茫。因此欲出行旅游，第一条件也就是必须有健康的身体。

（九十七）请问人体为什么会罹患种种的疾病？

答： 有个夜晚，我静静地坐在庭院里的秋千上，脑海中却浮出一个问题："人类如此聪明，科学这么发达、医学这么进步以及营养学、养生学懂得很多，可是人类的疾病、绝症反而愈来愈多。既然人类这么行、这么聪明，都还须饱受病魔的折腾，那么所有的动物完全不懂得科学、医学和营养学，在这什么都不懂的情况下是否

早该面临绝种呢?"照理说应该如此吧!可是事实却是相反,所有的动物却比人类活得更健康无病、更逍遥自在,尤其是野生动物愈没接触人类反而愈健康,最倒霉的是被人类所饲养的宠物,也必须和人类一样,天天必须跑医院,以致现代宠物医院到处林立。

为什么人类懂得愈多,疾病也反而愈多,而所有动物什么都不懂反而没什么毛病?主要原因是动物不像人类会自作聪明、违反自然,而在完全合乎自然的原则下生存,因此动物们可以活得很健康、很自在,这就是所谓的顺天者昌、逆天者亡,顺天就是顺乎自然。其实,人体的痰、咳、吐、泻、青春痘、香港脚、富贵手、痔疮、痔疮排血、赤白带、尿中的尿蛋白或血糖值偏高、食欲不振、小儿麻疹、水痘、发烧、感冒、脚臭、狐臭、汗、尿和大便等,都是人体排除体内酸毒、垃圾、废物或人体自我改善的种种自然现象。这些人体的自我改善或排除体内酸毒的自然现象,就好比我们所居住的房子经常要打扫、整理与修补,以保持居家环境的清洁与卫生和延长房子的寿命,否则屋内的垃圾不清除,这些垃圾必然会发霉、发臭而产生毒素,甚至招来苍蝇或细菌,使全家人致病或不健康;而当房子稍有毁损时也必须及时加以修补,不然的话将使毁损的情形愈加严重,甚至由于小毁损不修补一旦台风来临而把整个房子摧毁。

我经常强调:"我们的人体非常可爱,它为了维护自我肉体的健康而不遗余力,不偷懒、不怠慢,该现在完成它就会马上完成,每一个自我改善的动作都有它的意义和道理。"不像我们人会去做一些毫无意义的事情，譬如现代人不论成人或小孩，每当接受了本自然医学后，当人体抗体已增强到某一程度时，人体必将发动咳嗽来排除肺部内的污物，很多人开始发生剧咳、咳不出痰来，而且咳得很痛苦时就会打电话来请教，这时我都这样的回答他们："人体会发动剧咳即表示您的肺部内囤积了许多灰尘和污物，人体必须把这些污物清除后才会停止咳嗽。咳不出痰来则表示以前每当人体欲利用咳嗽的震动力量来震落肺泡膜的这些污物时，您就赶快去打针吃药来止咳化痰，结果止得了咳却化不了痰，以致这些污物卡住在肺泡膜，长年累月卡得愈多也卡得愈紧，就像您家里的纱窗一样，您若经常清洗则三、两下子就可冲洗得非常干净，若是几年不清洗的话那想洗得很干净恐怕就须费一番功夫了。"因此咳不出痰来并不表示您的肺部内没有痰，因为人体绝不做毫无意义的事情，在这种情况下您只有帮助人体赶快把肺部内的污物清除，待人体把这些污物清除后，咳嗽的现象也自然就会停止。而且这些肺部内的污物不清除时，您目前的鼻病、鼻过敏、气喘、慢性支气管炎、喉咙经常发炎，以及种种呼吸道的病变都无法痊愈。

人体就是这么可爱，这么尽力，可说是鞠躬尽瘁、拼命到底，人体只要有任何小毛病，人体必将全力以赴的去改善，人体内所积累的酸毒已危及细胞的生存时，人体也势必想尽办法，利用种种的方式、管道来把这些酸毒排除。这也是所有动物与生俱来的自然本能，所有

的动物因为没有人类的聪明，只好顺其自然、顺乎自然，任其与生俱来的自然治愈本能毫不受制的尽情发挥，因此所有的动物可活得很健康、很自在，若不是人类一直在破坏整个生态环境的话，我想这些动物们可一直活得很悠哉、很惬意吧！且一直到永远。

由于人体于种种的自我改善或排除体内酸毒的过程中必将出现种种不舒服的自觉症状，人类为减轻这些不舒服或痛苦的现象，就发明种种的药物来加以抑制，谓之治病，其实上述的那些人体自我改善或排除酸毒的现象都不是病，人体的种种疾病反而是因人体自我改善、排除酸毒的种种现象被药物横加抑制而形成，所以说："人本来就没病，病是人类自作聪明下的产物。"这种说法或许有大多数的人无法接受，不过事实却是如此，为什么？譬如刚刚提过的，人体欲发动咳嗽来清除肺部内的污物，人们就利用药物来加以抑制，谓之止咳化痰，可是人体所吸进肺部的空气中只有氧气可透过肺泡膜而渗入血液，空气中所夹带的一些飞尘、污物都将肺泡膜阻挡下来而卡住在肺泡膜上，当肺泡膜卡满了飞尘、污物而足以影响到氧气进入血液时，人体就会发动咳嗽来震落肺泡膜上的这些污物，这些污物和人体的体液结合后变成痰才能排出体外，而且这些污物绝不可能透过肺泡膜，因此也只有从哪里进去也必须从哪里排出，所以所谓的止咳化痰，或许真的可以止咳，可是是否可化痰呢？而这些污物又化到哪里去呢？

现代人一有了咳嗽就赶快打针、吃药来止咳化痰，使肺部里的污物一直无法排除，人体肺部也因而从小就开始囤积灰尘与污物，又加上现代空气污染十分严重，使人体肺部更快速的积满种种的污物和酸毒，人体呼吸系统的疾病也就随着这些污物、酸毒的积累，而逐渐地形成，因此现代的国中生至少占三成以上有了呼吸系统的毛病，这些毛病怎么来？是人类自作孽、自作聪明而造成，而空气遭受严重的污染是谁之过？也是人类所造成。人体就是因为止咳化痰而形成种种的呼吸道病变后尚不自觉，仍然不断的加以抑制，刚开始只有鼻子过敏，再加上抑制而变成鼻窦炎、鼻蓄脓或气喘，如此继续抑制下去，最后终于形成鼻癌、喉癌或肺癌。人体的其他种种排毒现象也都在这种情况下被抑制，因此使现代人死于种种癌症者愈来愈多，这也就是所谓的自作孽不可活，天作孽犹可违。

那么"病怎么来的？"，"病是人类自己制造出来的"，在《不生病之真法》中虽强调"万病一元论"系指人体的疾病都是由于酸毒而引起，也就是指酸毒是人体致病的惟一因素。其实中华自然医学真正所主张、所强调的是"无病论"系指人体本来就是无病。

(九十八) 目前市面上有关强精壮阳的药品琳琅满目，请问，这些药品真的有效吗？

答：我在小时候经常听到老一辈的人说一句话："十滴血一滴精，十滴精一滴髓。"我们人的精、血和种种的内分泌都来自于骨髓，因此我在《不生病之真法》中已强调过："骨髓是人体的生命之源。"当人的骨髓耗光时，人的生命也将随之结束。在《不生病之真法》中亦提及，艾滋病是因纵欲过度或吸毒导致人体骨髓耗光而引起。在1995年2月间日本朝日新闻曾报道一则新闻：有91人服用某制药会社所制造的一种药物而引起艾滋病，而寻求"东京HIV诉讼"请求赔偿。因大多数的药物也都属于强酸、毒药，由于酸能蚀骨腐肉，导致骨髓耗光亦将演变成艾滋病。既然人体骨髓是人体生命之源，是人体精血之源，人体骨髓的主要成分就是钙离子，人体的精血来自骨髓，如今欲强精壮阳，主要工作就是补足人体的骨髓，也就是补充钙离子，欲补充钙离子者以中药而言，如龙骨、海马、蛤蚧……之成分中钙的含量较高些，可是以现代人体内酸毒之高，所能摄取到的钙质仍然很难中和人体内的酸毒，在这种还不够中和人体酸毒的情况下，如何有剩余的钙质再补进骨骼内，使人体骨髓饱满呢？而且这些龙骨、海马、蛤蚧中的钙质必须和其他中草药一起炖煮，才能机转成为钙离子，而能取得的钙离子的量仍十分有限，因此以现代人的体质若补进人体骨骼内，若想利用中药来达到强精壮阳的目的，实在有困难。

而今，市面上有许多强精壮阳的药物，似乎都可立竿见影，马上可令人朝气蓬勃的神速效果；能让人体产生如此神速的效果时，除了利用借支方式，也就是借用人体骨髓，否则若循正常途径，欲使人体达到强精壮阳的效果，则必须先使人体的骨髓得以饱满，人体骨髓饱满也才能"精满、气足、神自在"，而欲使人体骨髓饱满则非三、两天的功夫；因此欲求人体于短时间内达到壮阳的效果，惟有刺激人体骨骼使骨髓大量释出来达到壮阳的目的，不过这只是一种假象，待人体骨髓耗光后，人体即将引起阳痿，而且人的生命也很快的走到尽头，若因此而使人体免疫力全失时，亦将引发艾滋病。因此若利用借支方式来达到壮阳的目的，实在得不偿失，读者诸君若想购买这方面的药物时，则须慎重选择；有关借支的方式在《不生病之真法》中曾有一番详述，读者可加以参阅。

（九十九）请问中华自然医学对哪一种疾病较专门，其他又可治好什么病？

答：经常有人来电话询问："中华自然医学对某种疾病是否有效，钙离子对某种病可治愈吗？"若有一百个人打来一百通的电话，几乎每一个人所问的症状都不一样，每一个人都说他的这种病或他的家人的病，医生都说没办法治愈，所以才求救于中华自然医学，很奇怪的有些人还会特别强调："医生说我这种病在目前的医学上没有特效药，因此没办法治愈。"这句话的意思是说，既然医生都说没办法，那么中华自然医学会有办法吗？

其实以现代医学而言，没有特效药当然治不了病，可是有了特效药不知又能治好什么病，譬如胰岛素是糖

尿病的特效药，蒋经国先生却死于糖尿病，未去逝前仍引发种种的并发症，包括眼底出血、锯掉脚趾头等，难道蒋经国先生没钱而服用不起这种特效药吗？或者是请不起台大、荣总、长庚这些大医院的大牌医生吗？我在此以蒋经国先生来做比喻并不是有不敬之意，只是欲借此唤醒大家而已，既然蒋经国先生当时在要什么有什么的情况下，仍然无法使疾病痊愈，仍然无法保住生命，请问一般百姓又能如何呢？

通常会打电话来询问，中华自然医学或钙离子对某种疾病是否有效的这些人，大多是听人介绍，没看过《不生病之真法》一书或只走马看花、随便看一看而已，因此对中华自然医学只有一知半解。而且仍停留在一般医学"头疼医头、脚疼医脚"的旧有医学领域里，这些朋友们通常我都会请他们先把《不生病之真法》多看三五次，甚至三五十次，待十分认同与肯定本自然医学时再做决定；因为他们假如对本医学有了深入了解的话，就不会有对某种病是否有效，或对某种病是否无效的这种疑问，在《不生病之真法》中已明确强调过："病因只有一种，就是酸毒。病名也只有一个，就是人体细胞大量死亡。"既然病因、病名只有一个，那么怎可能会有那么多的病名，并且还须去区别对什么病有效，而对什么病就没效。

在前章又特加以强调过："中华自然医学主张'无病论'，病是因人体酸毒被人类刻意以药物横加抑制而引起。"既然如此，人类只须顺乎自然，让人体内的种种酸

毒能顺利排除，人体就可无病，若已积存于人体的酸毒只要能帮助人体来排除，疾病也就自然消失了，又何须计较什么病呢？

由于目前大多数的台湾人都还认为"止痛就是治病、不痛就是没病"的错误观念里，一旦接受中华自然医学后而出现种种痛苦或不舒服的好转反应时，往往都会再回到医院打针、吃药来减轻痛苦，因此我通常都加以叮咛，一再强调，希望大家能把《不生病之真法》多看三五次，甚至三五十次或三五百次，若能用心阅读时，相信每次都可获得不同的心得和收获。不过仍有少数人，我请他先看看书，也就是看完《不生病之真法》，他却觉得很奇怪地说："我只希望把病治好，您只要能治好我的病就好了，何必看书呢？"，若一再的向他解释仍听不进去的话，也只好不勉强了，由于治病须先求治心，尤其心理建设做得愈好，对本医学愈肯定者，其改善效果愈好，因为本自然医学所使用的钙离子或人体五宝都不直接去治疗人体的疾病，都只在帮助人体增强抗体、免疫力和自然治愈力，待人体抗体增强后由人体自我去改善自己的肉体，自我去使疾病痊愈，若您愈肯定自己肉体的自然治愈能力，而肉体也愈高兴去自我改善、自我治愈人体的种种疾病，反之，在人体自我改善过程中稍有不舒服的现象出现时就紧张兮兮，那么人体也将不知所措、无所适从，"若继续改善时稍有不舒服的反应您就会害怕，若不积极的自我改善让人体的疾病赶快痊愈又觉得对不起自己的肉体"，在这种情况下，您想想看，您的

改善速度、病愈的时间会是如何？

我在中国大陆时，亦曾经有许多中西医大夫们问起我这个问题："为什么会相信本医学者的改善效果愈好？"我当时是这么回答他们的："我在书中强调过，心理因素影响人体健康占 70% 以上，本医学的产品若有 100% 的改善效果，那么 70 加上 100 等于可以发挥到 170% 的效果。反之，若信心不足时，100 减去 70 而剩下 30，那么170% 与 30% 相比较的话，几乎相差六倍，这种情况下其改善效果当然就有很大的差距了。"因此信心不足的人，我都请他把《不生病之真法》再多看几次，把信心建立好，十分肯定本医学再说，否则只会浪费时间、金钱而已，只有愈深入了解本医学、愈肯定自己肉体自我改善能力的人，才能愈坚持，才能使自己的体质获得彻底的改善，命运、官运、财运、家运才会愈快改变，该您应得的钱也就会来而且不会再无形中流失，而且当健康后手纹、面貌也都会改变，尤其是女性的改变更大，会比原来漂亮。

(一○○) **中华自然医学的产品这么好，为什么不好好推广？**

答：这个问题本来不想在此提起，惟恐一些未深入了解本自然医学的人，误以为我是老王卖瓜自卖自夸，可是却经常有人来电话或来到我家和我讨论此事，大多数的人不是讨论而是找我理论，甚至带有责备的意思，说我推展不力，为了此事无形中让我多费了很多口舌，也浪费了我许多时间，为求避免再有这困扰，因此在此一提，做一个较具体的回答。

钙离子自李深泉先生在日本研发成功、问世至今已40多年，在台湾也推广了20几年，耗费了这么漫长的时间、费了很多心思和金钱，可是至今，不要说台湾知道的人不多，连日本真的了解钙离子的人仍少之又少，李老先生为了推展钙离子几乎耗尽了一生的积蓄，1979年彰化油毒——多氯联苯事件，王博士花了新台币3000万元左右，免费供应油毒患者服用，而挽救了不少生命，当时全省各大报每天几乎都在报道钙离子带给油毒患者们一线生机与奇迹，可是时过境迁，至今彰化地区的人们了解钙离子的仍然寥寥无几。

钙离子利用种种广告媒体来推展的效果仍相当有限，尤其一旦出现了种种排除酸毒或不舒服的好转反应时，一般人都会吓坏了而使他今生今世都不敢再尝试，甚至连钙离子三个字也不敢再提起。十多年来我一直在钻研人体这个小宇宙、小自然体的种种自然现象、自然法则，十年前我得到了钙离子时如获至宝，就是因为有了钙离子方使我对人体所探讨的种种自然现象、自然法则得以证实与肯定，否则理论永远归理论。而中华自然医学也就在理论与实际能够相吻合，有正确的学理和有了最好的方法下问世，本着倡导真理、弘扬真法的宗旨下济世救人、广渡有缘人；十年前当我接触到钙离子后，我即向王晖评老师提起："钙离子不能运用生意方法来推广，

惟有不断的教育再教育，而发行书籍、杂志也是一种教育。"我也因而开始搜集、整理各方面的资料与心得，在这段时间里仍然有许多热心人士与一批曾经受惠于钙离子的朋友们，在各地极力的推广，苦口婆心、全力以赴、前仆后继，所有的热心推广者却有如台湾的一句俗话："一年扫墓，一年人少。"

　　一直到了 1995 年 8 月中旬，《不生病之真法》一书出版后，方使一些为了健康但求之无门的朋友们投入中华自然医学的怀抱里，中华自然医学也因而又开始扎根、萌芽、成长与茁壮。《不生病之真法》在出书前的种种波折在此不提，出书的这两年多以来，经常有读者来电话询问问题，也经常有人来电话说："我很想把钙离子、五宝这么好的产品介绍给亲戚朋友们，可是他们为什么都不接受呢"我一碰到这问题，通常我都会笑着回答他们："您已经算不错了，比我还行，因为我没有能力把钙离子、五宝介绍给亲朋好友，我只能推荐他们看书，推荐他们最好能把《不生病之真法》多看三五次而已。不然的话，您把钙离子、五宝说得愈好、说得愈多，反应愈没有人会相信，您又继续说下去的话，他们会说您的脑筋已有问题。"不论是教授、老师或公司里经理级以上的高知识人物，一听到我这么回答后，都说："对！很多人都说我的脑筋已有问题，有病不上大医院，吃什么钙离子。"

　　我经常在说一句话："本自然医学于夫妻中有一人接受，而且身体已经有了 180 度的改变，另一半仍然不一定会接受。"譬如台南有一位陈小姐，本来天天都须跑医院，当她接触了本医学后，身体一步步的获得改善，每度过一次剧烈的好转反应，人体健康也都迈进一大步。一年多后，她的先生告诉她说："依你目前的健康情况，已犹如乡下的农夫，壮得很。"陈小姐听了后回答他的先生说："我身体前后改变的情形，您都一清二楚，我既然能有这么大的改善，这套医学应该值得肯定，我希望您也能接受。"她的先生笑了一笑说："你不必费心吧！我仍只相信大医院、大牌医生而已。"

这或许就是好事多磨，好东西亦将难令人接受吧！每当有人提起："为什么这么差劲，20 多年来没有将钙离子的市场打开？"我有时会反问他："目前全世界销售量、销售金额最高的是什么东西？""是毒品。""完全不广告、不宣传、不促销。"为什么这样，愈糟糕、愈危害人体的东西反而愈多人接受？人类真的如此无知吗？自古以来或许都是如此，诚如"好事不出门，坏事传千里。忠言逆耳，当真理还在绑鞋带，邪门歪道已经走遍全世界"，这些话似乎都意味着好的事，好的话都较不容易被人所接受，因此我不觉得奇怪，这十年来才不觉得气馁，不论有多困难仍坚持把这套健康真理和这么好的产品推荐给所有周边的人，我一直抱着一种心理，我有责任告诉大家健康真理，大家是否接受是他自己的事。

曾经有许多自告奋勇者，说他的人际圈有多广，有多少人，只要把此事交给他来推展，短时间定可立竿见影，结果都是短时间内就已消失得无影无踪。中华自然

医学可以肯定是 21 世纪医学的主流，这段时间里很难推展或许是时机还未成熟吧！也可能就像经常挂在我嘴边的一句："风雨虽大，难润无根之草；佛法无边，只渡有缘之人。"吧！

(一〇一) 中华自然医学若有临床数据，或许会较具信服力？

答：应该如此吧！因为人只相信自己的眼睛，不相信自己的耳朵，因此若能提出种种的临床数据，当然更具信服力。可是于前章刚提过，他的太太的身体已经有了 180 度的改变，而且亲眼目睹，做丈夫的仍然不相信或不接受，那么这种临床数据又不是他亲眼监督下所做出来的，您想一想，他会相信吗？主要原因是他对本自然医学仍心存怀疑。纵然能在某个人的监督下所做出来的临床数据，而获得此人的肯定，那么全世界 52 亿人口中您能邀请几个人来监督、来加以肯定呢？

有一点必须特别强调的是，不论任何的临床实验，假如出发点已搞错时所得到的数据不仅无济于事，反而会令人误导、误事、误人生命，尤其强调愈具科学、愈权威的临床数据愈是害人。譬如我们现在身在台中，我们欲到达的健康目的地是台北，有人告诉您欲到达健康目的地台北，很简单，您只要沿着高速公路往南走，您就可抵达台北，结果往南走得愈远反而愈远离台北，也就是离开健康目的地愈远。目前愈相信现代医学的人反而愈不健康，其理由在此，就是出发点已搞错了，每当我引述到底，也经常有人提出反驳说："可是现代医学却有临床数据。"我听了后仍然会比喻给他听："整条高速公路的两旁都有公里数，这些公里数把它比喻为临床数据的话，那么您往南走沿途也都有数据，可是您却永远到达不了台北。"

　　我经常在强调："若能使人体的某一个细胞活泼、强壮或再生，必然可使人体全身的每一个细胞活泼、强壮以及再生。"当我们人体全身的细胞都非常活泼、强壮时，人体的抗体、免疫力和自然治愈力等自然随之增强，这时人体也自然百病俱除且不易感染任何疾病。而且既然能使某一个人的疾病痊愈，必然也能让所有人的疾病痊愈，这就好比某公司的员工个个很健康、很尽忠职守，不请假、不怠工，假如公司里的每一个员工都非常认真与尽职，这家公司岂有倒闭的理由。我引述这个道理，是希望读者诸君们能了解一件事实，譬如有某一种特效药能治愈某一个人的某一种病的话，那么这一种药也必然能治愈所有罹患这一种病的人，不可能于临床实验的过程中其治愈率只达50%或60%，而且一般医学认为治愈能达60%以上就已相当不错了，若治愈率达90%以上反而有问题，不过这种论调反而让一般人能接受，表示说得很实在，不吹嘘、不骗人。在此我告诉大家："本自然医学可使人体全身的细胞活泼、强壮与再生，当人体全身的细胞都非常活泼、强壮，人体也自然百病俱除，不论任何人、任何体质或任何疾病，只要能好好的改善

体质，好好地把人体内的酸毒排除，让细胞又重新有了良好的生存环境，细胞就会恢复原来的活泼和强壮，人体也就健康无病。"这是真理，但您却会认为是骗人，其实是您以前被不正确的理念与所谓的临床数据所瞒骗，是否如此，还是让您自己慢慢去推敲吧！

临床数据固然重要，不过结果更重要，假如不能令人健康无病的话，有了再多的临床数据也于事无补。俗语说："外行人看热闹（外表），内行人看力道（包括结果）。"同样一件事，每个人的看法也将有所不同，譬如看过《不生病之真法》一书的人，大约每20人之中，有一个人当成至宝，其余的19人却看成垃圾，目前有许多健康食品的直销公司都知道采用《不生病之真法》当讲义或教材；我也经常强调："理论若不能落实，也就是不能帮助大家达成所需的目的时，那不论是多具权威的专家所言，仍只是空谈。"临床数据也是如此，若不能令人健康无病的话，这些临床数据还不是等于骗人。《不生病之真法》一书中的内容，不光是理论，只要您能付诸于实施，不一定要配合钙离子，因此也不一定要有临床数据，您仍然可以生存得比别人健康，除了您想排除人体的种种化学毒素，则非钙离子不可。所有健康食品公司能采用《不生病之真法》来当教材，我本人很高兴，因为真理必须靠大家来宣导，不过不要用来骗人，口中在倡导真理而卖的却是骗人的东西，那么须自己去承担后果吧！有关临床数据以后会一步步完成的，在此亦十分感谢读者对此事的关心与本自然医学的爱戴与支持。

（一〇二） **经国家药检局检验合格的药物是否就可安心服用？**

答：照理说我们当然应该相信国家政府，可是有时由于政策上的缺失或人为因素，使许多事情较无法尽善尽美。譬如现在电视节目上打广告的大牌感冒药里，往往都添加安非他命或类固醇，因此有许多学校为学生做尿液检查，发现部分的学生于尿液中有了安非他命的残毒，而以为这些学生有吸毒的嫌疑，结果于查问才知道是服用感冒药水。

安非他命是禁药，而类固醇的毒性比安非他命更强，类固醇俗称为美国仙丹，由于至今尚无其他药物可以取代类固醇的地位，否则类固醇将早比安非他命列入禁药，因类固醇的毒性太强，因此美国政府于1997年初已核准美国国民可食用大麻来取代类固醇。以目前如此进步的医学，每当类固醇无效时，最后手段就是吗啡，吗啡可说是最高级的毒药。由于毒品害人匪浅，以致全世界至今都在反毒，都积极在消灭毒枭，可是全世界各大医院都合法的在使用毒品，在这种合法掩护非法的情况下，不知何时毒品才能绝迹呢？

在《不生病之真法》中已强调，西药是属于强酸、毒素，有的人说："我从来只打针，不吃药。"其实针剂的毒性有的比药物更强，不要说药物是强酸，连所有西药的营养素、维生素或种种营养剂也都带有微毒，好像

不生病之真法（续）

是 1995 年 10 月间，中华日报曾报道一则新闻："孕妇大量摄取维他命 A，结果产下的婴儿却缺乏维他命 A。"台湾自从实施农民保险后，有许多老年人为了缴了农保费而却未享受其权益，可是身体又没有毛病，只好打打营养针，结果没病却打出病来，因为营养针仍带有微毒，当这些毒素积累到某一程度时仍将使人体致病。

药物须经过药检的目的，是怕药物的毒性太强，不能让病人一吃就马上中毒，毒素的含量只要可抑制人体的痛苦即可；不知各位是否已注意到，中药、草药的"药"字是草字头底下一个乐字，系指人有病不快乐时吃草就快乐。而西药的"药"字乃是草字头底下一个约字，意思是大约是草，其实不是草，约即约制、约量，约制是不让药物里的毒素太高，约量是每次或每天不能服用超量；譬如安眠药每晚只可服用一、两颗，您若把整瓶吞下时那就会丧命，因此药物必须约制与约量，所以也必须经过药检通过，这或许也算是政府的一项德政，不过既然是药物的话，还是尽量少服用为妙；当然未经药检通过的伪药，更不可随便服用。

（一〇三）钙离子是属于食品或药品，是否须通过药检？

答：钙离子不是药品，因此读者诸君们可以放心使用，而且它是人类健康的新资源，对人体百益而无一害，因此更可大量使用，又因它不是药品，不仅没有毒性更可解毒，既然没有毒性也就没有副作用，又可解毒，使人体的酸毒减少，这当然可以强化细胞，也就是强身了。

（一〇四）请问钙离子是荤或素？

答：钙离子可以百分之百肯定，绝对是属于素的，而且比蔬菜更素，因为钙离子系属于纯阳、纯碱的东西，蔬菜本来是属于碱性食物，由于现代农业的化学肥料、农药大量的使用下，使土壤与蔬菜都已偏向于酸性。鸡、鸭、鱼、肉类及偏酸、偏阴的食物，因此属于荤；蔬菜偏碱、偏阳而属于素，而钙离子是完全纯碱、纯阳的一种物质，所以说比蔬菜更素。

佛陀或古代圣贤早就知道，欲强身只有多吃蔬菜，甚至不经煮熟，也就是生吃，才不至于破坏蔬菜中的叶绿素、维生素、矿物质或其他种种的营养素，因此古时称为吃斋，顶多把蔬菜在沸腾的水中烫一烫而已，不像现代必须煎、煮、炒、炸、色、香、味俱全，不懂得人体细胞需要的是什么营养，却高喊着吃得营养，以致吃了许多豆类、豆制品和种种的素食垃圾，使一些所谓的素食者比一般吃荤的可怜，有许多吃荤的人于三餐的饮食中还吃了不少的蔬菜，而现在大多数的素食者却完全不吃蔬菜，说是蔬菜太凉性会伤身体。人类本来就是草食动物，欲求健康只有多吃青菜、多喝水而已，因此不论吃素或吃荤的人，只要您吃的青菜比别人多、喝的水比别人多，您就一定比别人健康，这不是理论，这是一个很实际的说法，您只要亲身去实践、去体验，三五个

月后，您就会发现您的健康已有很大的改善。

现代素食者不吃青菜，根据中医学理论："肝在五行中属木，在五色中属青。"因此肝脏较喜爱绿色的食物，也就是青菜，若长期不吃青菜时，肝功能必将急速低落。大量食用豆类、豆制品时，由于豆类的蛋白质含量甚高，无法被人体吸收与利用，极易机转为酸毒，因此罹患痛风、关节炎的人，今天吃了大量的豆制品后，明天必将痛得更厉害，而且这些豆类所机转的酸毒，也必将增加肝脏的负担，又将使人体血液中的尿蛋白剧增，以致使肾脏突增负担，若又加上喝水量不足，使血液更加污浊，血液愈污浊，肾脏的滤血工作也将愈困难，在以上所述的种种因素下，最后人体的肝、肾必将严重受损，当肾功能低落的人一喝到钙离子水就会觉得有一股腥味，这时他就会认为钙离子是荤的，尤其肾功能愈严重受损的人，其腥味更重，甚至无法入口。于是这下子不得了，马上就打电话来询问："请问，钙离子是不是荤的，我吃素吃得很清！"

几乎经常接到这种电话，吃得很清，也就是吃得很清淡，既然吃得很清淡的话，也就是青菜只烫一烫，油、盐一点点而已，这样的吃法一定很健康。可是这些自以为吃得很清淡的人，往往都把身体吃得很糟糕，身体愈差的人也就是体内酸毒愈多，酸毒属阴，因此病愈重、身体愈差的人愈偏阴，愈偏阴的人，其思想也较易偏差，个性也较执着，因此非常难沟通，最后只好请他不要再饮用钙离子水罢了。照理讲，吃素、持斋是修行、性命双修的过程、方法之一，有了健康的身体才能借假修真，也就是借人体这个假体来修成真道，人体愈健康时思想自然就愈正确，也愈无杂念，如此才能修出"般若智慧"，也就是大智慧，有了大智慧后才能更了解、更能掌握正确的修行之方法，因此有些自认为修行得愈好的人，应该愈有大智慧，可是却反而愈执着，或许我并非修行中人，所以我不懂吧！

自古以来就有一句传言："论药就不论荤素。"中华自然医学虽强调人体没病，因此世间也没药。但古时中医时代青草就是药，由于古时候的人因以蔬菜为主故较偏向于碱性体质，人体太过于偏碱，也就是阴阳失调时，人体亦将致病，因此有些中药是采用动物类，因为动物类属于酸性可中和人体酸碱、平衡阴阳，使人体致中和后才能无病，前已提过，人体有病也就是不健康，则无法达成性命双修、借假修真的境界，欲求健康无病，难免涉及到药，所以"论药就不论荤素"，否则体弱多病又如何修行呢？目前台湾有一位修行得相当不错的修行者，当有人请教他这个问题，他回答说："假如有一天您已非常非常的饥饿时，若不吃进任何食物即将有生命危险，不论您平时吃得多清淡，这时您连鸡、鸭、鱼、肉类都得吃下。"依我之愚见，在这化学毒素严重污染人体的时代里，而且目前可真正中和这些化学酸素与净化人体的，或许只有钙离子，因此我奉劝这些吃素且吃得很清的人，为了拥有充沛的体力才能于艰难的修行道上修成正果，我想只好委曲点、勉强的接受钙离子吧！

（一○五）**请问为了广渡有缘人，使更多有缘人来接受钙离子，是否可考虑把钙离子运用多层次传销的方式来推广？**

答：多层次传销于国外亦称为倍增市场学，乃利用人嘴都是大喇叭的口碑作用，把好东西、好产品推荐给周围的亲朋好友，在这种情况下，一传十、十传百，完全不必透过广告媒体，很快就可把市场打开来，对某些新产品欲打开市场，这的确是一种好方法。

多层次传销的这种方法于台湾兴起至少也有十多年，从被认为老鼠会、从完全没立法，一直演变到现在已归纳入公平交易法；所有的传销公司大多利用"利诱"方式来拓展传销的工作，因此多年来使一些专业的传销人员一旦赚不到钱时，就马上转移目标，在这样转来转去，不断的更换公司和更换产品，在他领导下的传销人员中最后一只老鼠也永远都是最后一只老鼠。因此目前台湾的传销领导级人物，若没有好好掌握、照顾所属的人员时，其人际关系或人力市场也将逐渐萎缩。

钙离子的来历，若李老师所讲的属实的话，那么钙离子是老天爷欲用来济世渡人，而不是让您运用种种生意手腕来赚大钱，尤其欲推展钙离子则必须有一套的专门知识，当您懂得许多专业知识后又不一定可以赚大钱，这种工作对一般传销人员来说，恐怕很难接受吧！通常会建议利用传销方式来推广的人，大都是属于刚接触钙离子的人，因为刚接触不久的人，刚开始人体都趋向于好的好转反应，譬如胃疼、头疼、牙疼、食物中毒外伤等很快就好了，而且较不感冒，体力、精力也都特别好，因此都觉得相当满意，而很想把这个好东西介绍给亲朋好友，可是一到了人体的抗体增强，有能力自我改善而出现种种不舒服的好转反应，甚至好好的一个人却吃得吐血，就吓得不得了，这种东西还能再吃下去吗？好好的一个人，没病却吃出病来，其实所吐出来的是污血，是黑色、褐色的，而且奇臭无比，这也都是人体内的酸毒，这些污血不吐出，以后很可能会酝酿成为癌症，可是一般人一看到吐血也就吓坏了。以后对钙离子就将犹如敬鬼神而远之，有些觉得钙离子不错的人，想再向他拿一、两盒时，他不会很单纯的回答说："没有。"而必将说了一大堆话："钙离子不能再吃了，这种东西实在太恐怖了，好好的一个人吃得吐血，没病却吃出病来。"本来兴致勃勃，非常热心想把这种好东西推荐给亲朋好友，结果最后都在帮倒忙、反宣传。

因此，现在有心推广者，最基本的条件就是自己本人必须已接触了本自然医学有两年以上的时间，在这两年中若都大量服用时，至少也度过几次的好转反应，包括家人都接受的话，又将有了更多好转反应的经验，经验愈丰富才愈有信心，才能推展得愈好，才不至于半途而废，才不能找理由来解释："我为什么没继续做，也没继续吃！"欲推展本自然医学者没什么诀窍，只要有爱心、耐心和恒心，而自己愈敢大量使用也才能推展得愈

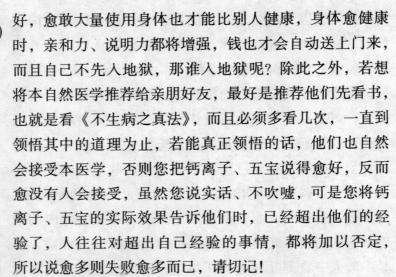

好，愈敢大量使用身体也才能比别人健康，身体愈健康时，亲和力、说明力都将增强，钱也才会自动送上门来，而且自己不先入地狱，那谁入地狱呢？除此之外，若想将本自然医学推荐给亲朋好友，最好是推荐他们先看书，也就是看《不生病之真法》，而且必须多看几次，一直到领悟其中的道理为止，若能真正领悟的话，他们也自然会接受本医学，否则您把钙离子、五宝说得愈好，反而愈没有人会接受，虽然您说实话、不吹嘘，可是您将钙离子、五宝的实际效果告诉他们时，已经超出他们的经验了，人往往对超出自己经验的事情，都将加以否定，所以说愈多则失败愈多而已，请切记！

基于种种因素，本自然医学或钙离子似乎较不适合利用多层次传销来推广。虽然目前台湾有几家直销公司在推展钙离子，可是他们所推出的钙离子中通常都渗入2/3 左右的淀粉，使钙离子的比例占小又利用柠檬酸、醋酸来中和，因此不会有好转反应，这种做法虽然对健康帮助很小，但由于不会出现好转反应，使用者才不至于因好转反应而害怕，所以推展上会较顺利，可以和一般产品的销售一样。可是本自然医学乃背负着人类健康之重任，绝不可草率行之，您若有心推广，好好地做、脚踏实地地去做，一步一脚印的持续做下去，相信您想要的老天爷也都会给您。

在此补充一下，有读者请教我如何鉴别钙离子是否有加上淀粉？其实验方法很简单：

1. 把钙离子粉放在汤匙上，然后用火烧烤，若有淀

粉时就会烧焦。

2. 将钙离子粉对入纯水或蒸馏水中，水会比较混浊很难变清。

3. 将钙离子粉对入一般自来水中，其沉淀物很少，因为钙离子的分量愈少所结合水中的杂质、污物也将愈少。

不过以后直销公司知道利用火烤方式可马上知道，钙离子里是否加上淀粉时，或许将改添加骨粉或贝壳粉之类吧！因为生意人总须求生存，能尽量降低成本提高利润，能使钱赚得愈多当然愈好，您说是吗？

(一○六) 台湾为什么会成为试药王国，是否将成为西医的最后一个市场？

答：台湾从吃药王国演变至今又被欧美的许多大药厂冠上试药王国之雅号，应该说是辱名吧！为什么会有此辱名呢？其原因有四：

1. 中华民族自古以来因误解先圣先贤的美意，教我们有病吃草就会快乐，因此草字头底下一个乐字就是药字，结果演变到最后，人们有病吃药没病也必须吃补药。

2. 大多数的台湾人几乎都把自己当做赚钱的工具，每天眼睛一睁开就开始忙赚钱，把百分之百的精神都放在赚钱上，纵然有了钱也都花天酒地，完全不挪出 1% 的精神来了解健康、注意健康，认为现代医学进步，有了病痛只要一到医院都可解决。

3. 台湾正确的健康资讯来源太少，现在有了第四台还好一点，不然以前很难获得正确的健康知识。

4. 台湾是一个以西医为主的地方，而西药的作用只能抑制人体疾病，绝对无法使疾病痊愈。

基于以上种种因素，至今，有许多台湾人已吃尽了全世界所有的名贵药品和种种的特效药，结果仍然无法使自己的疾病痊愈，因此对全世界各地来的新药都存着期待、盼望，是否会出现奇迹的人们，只要医生或药剂师告诉他："您的毛病，下月初从德国会进来一种新药。"一听到新药，就马上交代医生或药剂师："拜托！一进来就赶快告诉我，或者先帮我留一、两瓶。"这种情形全世界少有，尤其欧美先进国家里，人们一听到新药真是犹如敬鬼神而远之，连碰都不敢碰。因为以前欧美的所有大药厂都须拿白鼠、青蛙或兔子来做药物实验，可是拿小动物来实验总是和人体会有很大的差距，而今有台湾人愿意当新药的实验品，而且还有钱赚，几乎乐坏了所有欧美大药厂的大股东们。

那么，台湾是否会成为西医的最后一个市场呢？应该会如此，因为台湾人崇洋的心理很重，认为外国的月亮较圆，不重视中医反而相信西医，而且台湾医疗亦以西医为主，电视、报章、杂志所宣导的大多是鼓励人们有病须到医院打针、吃药，不要随便服用草药、偏方，又加上前面所述的四大因素，几乎使台湾人永远无法离得开西药。

1996 年 6 月间，有朋友从瑞士来信说："目前欧洲许多先进国家，一看到西医的招牌即裹足不前，没有办法，只好再回中国大陆学习半年的针灸，否则肚皮就须挨饿了。"为什么会这样呢？或许是欧美先进国家的人们不像台湾人这么了解西医，知道西医是最科学、最进步、最权威的一种医学吧！结果如何，尚有待探讨。

不生病之真法（续）

二、人生之道

〔一〕请问凡接触自然医学的人，马上就会出现好转反应吗？

答：不一定。所谓的好转反应，是指人体疾病于好转之前所出现的种种反应，现代的一般医学对于人体疾病都只一味的加以止痛或抑制，这种抑制、止痛的方式因无法使疾病痊愈，因此人体疾病也永无好转的机会，所以人体就不会有任何的好转反应，而疾病也好不了，可是却使人体疾病在长期抑制下而演变成重疾。

本自然医学不以抑制、止痛为手段，也就是不做头痛医头、脚痛医脚的工作，而是在于帮助人体增强人类与生俱来的自然治愈本能后，由人体自我去医治自己的疾病，去改善自己的肉体，当人体于自我改善的过程中，也就是人体很快的会把疾病治愈，当人体疾病于痊愈之前，也就是疾病于转好之前所出现的种种不舒服的现象，这就是所谓的好转反应，每当好转反应出现时，就表示疾病已有转机，人体健康已又露出一片曙光了，这是一件值得高兴、值得庆贺的事。

通常一喝钙离子水或吞服五宝就马上出现反应，大概有下列几种情况：

1. 经常吃止痛剂的人，有时一喝下钙离子水后，很快把止痛剂的毒素中和，使人体神经又恢复知觉，使大脑很快又发现人体的某部位仍然在疼痛。

2. 体质很差、曾经有过脑震荡或脑神经非常衰弱的人，往往一喝钙离子水或吞服五宝后，马上会引起呕吐，其实这不属于好转反应，不过针对这种体质较差人，起先不要给予钙离子水，而先让他吞服少量的五宝，每次三五粒，甚至每天只三五粒即可，三两个月后，视其改善情形再斟酌是否加量或是否该给予钙离子水；但高龄的老年人最好是少量为之，保持每天三五粒的五宝，让他稍有改善即可，不要让他有好转反应出现，他才会乐意持续的服用。

(二) 请问凡接触自然医学的人，是否都会有好转反应？

答：应该都会。人类自古以来就不断的破坏生态环境、污染环境，无形中亦将使人体遭受种种的污染和侵害，因此现代人似乎找不到人体内完全没有酸毒、完全没有疾病的人，人体内只要有酸毒、有疾病时，当人体的自然治愈本能增强后，必然会将这些酸毒或疾病逼出人体，在人体自我清除酸毒或疾病的过程，也必然会出现种种不舒服的好转反应。

接受本自然医学整体改善的人，其抗体、自然治愈力或免疫力都将随之增强，也必然会将自己的肉体做一番的改善，因此也必然会有好转反应。除非是钙离子和人体五宝的服用量不够，以致人体还没有能力发动自我改善的工作，否则不论任何人都将出现好转反应。

〔三〕我的小孩体质很差，他一接触自然医学后会不会适应好转反应？

答： 你的小孩体质很差，这表示你的经济条件不错，才有能力配合现代医学、营养学的理论、甚至才有能力吃最昂贵的高级营养品，以至于相信医学专家、营养专家的理论下，所培育出来的小孩则愈不健康。

其实好转反应或许不像你想像中那么剧烈，尤其小孩不论他的体质有多差，到底还像是一部新机器，虽然有了毛病时也只是小毛病而已，不像老年人、老机器会有大问题、大毛病，既然小孩子只是小毛病而已，当然不可能出现剧烈的好转反应，会有强烈好转反应的出现，通常有下列几种情况：

1. 年纪已较大，当然人体内积累的酸毒也较多，所以当人体发动欲排除这些酸毒时，也必然较剧烈。

2. 罹患种种癌症或其他严重疾病的人，其体内酸毒多，排毒与细胞再生的过程当然会比一般人剧烈。

3. 长期服用药物的人，使人体内的酸毒高于常人，种种的好转反应也必然会比一般人剧烈。

因此，我经常强调一句话："年纪愈小就能接触到本自然医学，则表示愈有福报，因为较不会有强烈的好转反应。"其实除了癌症和临危的老年人外，人体于自我改善过程中万一有了较强烈的好转反应也不会有生命危险，俗语说："虎毒不食子。"尤其当人体于自我改善时，每一个动作、每一个改善，都是经过精打细算后认为万无一失，人体才会进行改善，因此我经常在强调，人体不像我们人会贸然行事、会做无意义的事，更不可能做出对自己人体不利的事。以前我们都敢将宝贵的身体交给一个陌生人——医生去任凭处置，而今我们是把自己的身体交代给人体去自我改善，我想在这世界上没有比人体更珍惜自己的肉体的了，在这种情况下还有什么不放心的，还怕小孩经不起好转反应吗？没有崎岖的礁石哪有美丽的浪花，你希望你的小孩一直都是体弱多病，一生都属于温室里的花朵的话，我当然也无权反对。

(四) 请问接受自然医学改善体质时，是否须忌食哪些食物？

答：严格说来应该没忌食哪些食物，不过想求得健全的健康，或是想让人体改善的时间缩短，最好是多吃青菜、多喝水，其他食物如鸡、鸭、鱼、肉、蛋、豆类，以及油、盐、糖等有关的食品尽量吃少一点，或者完全不吃，因为这些都属于酸性食物，尤其西药是属于强酸，也就是毒药，若无特殊理由当然是少吃为妙。

福

不生病之真法（续）

（五）请问用什么水来泡钙离子最好？泡好的钙离子水能存放多久？是否须存放于冰箱内？

答：通常泡钙离子的水，要以一般自来水或天然泉水经滤水器除氯和滤除一些水中的杂质后，用这种过滤后的水来冲泡钙离子即可，不必再煮沸。当您已接触钙离子水一段时间后，人体已稍呈弱碱性体质时，您就会察觉，用生水所冲泡的钙离子水将比开水冲泡的钙离子水好喝，味道较甘醇，其他如蒸馏水或净水所冲泡的钙离子水，有时您会觉得有一股怪味。

泡好的钙离子水只要您用瓶子装起来，而且把瓶盖盖紧，就可贮存得很久，一年、十年都不变坏，仍可饮用，更不必存于冰箱内，因为所有的物质变质，也就是变酸、变臭，但钙离子属于碱性，欲变酸、变臭的机会几乎是零。

（六）我家的饮用水已经过滤水器过滤，可是泡上钙离子后仍产生许多沉淀物，请问这是为什么？这些沉淀物能不能喝，喝了会不会结石？

答：古时候有一种明矾净水法，这种方法是利用明矾粉末放入水中，然后稍加搅拌，那么水中的杂质就会随着明矾慢慢沉淀于水缸的缸底。钙离子是一种非常活性、活泼的物质，由于它很活性、很活泼，因此于大自然界中不论是水中或空气中，它会很快的和其他物质相结合，而成为乳酸钙、碳酸钙、硫酸钙或氧化钙等结合性钙，所以钙离子于大自然界中无法单独存在。

一般家庭用的滤水器，通常只能滤除水中的余氯和杂质，可是水中还有许多矿物质、有机物、农药、化学物及种种的酸毒，这些物质不是一般的滤水器所能滤除，当您把钙离子加入这种水质中，只要稍加搅拌或将瓶子摇一摇后，钙离子很快就会和水中的这些矿物质、有机物、农药、化学物或种种的酸毒结合，而产生许多沉淀物，也有人误解说这些沉淀物是钙离子没被溶解而产生的，或许他们没思考过，这些沉淀物比钙离子粉的量不知高出几倍，假如是钙离子粉不溶解的话，怎可能有这么多？

若不希望有沉淀物的话，可采用纯水、蒸馏水来冲泡钙离子，因为纯水或蒸馏水中除了 H_2O（氢和氧）之外，其他物质几乎是零，因此没有其他物质可和钙离子相结合，所以不会有沉淀物。钙离子冲泡水后所产生的沉淀物里仍然会有钙离子的成分，所以仍然可以饮用，喝了当然也不会结石，而且可以化解结石，除非人体内的结石已很大颗粒，不然的话于大量饮用钙离子水，通常只要两三个礼拜，顶多两三个月就可把人体内的结石渐渐化小而排出人体，尤其是人体有了结石，当被卡在胆囊管或输尿管而引起剧痛时，只要将钙离子冲泡温开水并加上少许的葡萄糖，一颗钙离子大约冲泡 300~500 毫升的水，如此一颗接一颗，一杯接一杯，喝到觉得人体已不疼痛时，则表示结石已排除了，若是卡在输尿管的结石，这时只要一撒尿，小石子就会随着尿液排出人体。亦可用浓钙离子水打青菜汁或泡入菜汤来大量饮用，效果相当不错。

㈦ 我一喝钙离子水后，就很快跑厕所，是否我的身体不能吸收，所以才很快被排出？

答：我们通常会以直肠子来比喻一个个性耿直的人，表示一条肠子直通屁股，似乎没有人会说您的胃肠直通尿道吧！因为您所喝的水分必须透过小肠壁，才能进入血液里，然后经由血管输送给全身细胞，以供人体细胞完成各种新陈代谢之需，当人体的每一个细胞摄取了血液中的水分、氧气和营养来维持细胞本身的正常生存，以及完成它该完成的任务后，人体的每一个细胞又会将于完成种种任务中所产生的污物、废水排入静脉血管，然后由静脉输送到肾脏的肾小球把这些污物、废水滤除，再经由输尿管、膀胱和尿道排出人体。

除非您的人体异于常人，否则似乎没有人的肠胃直通尿道的，既然不是直通的话，就没有人体不能吸收的这种说法。那么为什么一喝钙离子水很快就会上厕所呢？因为钙离子水比一般水活泼，很快就能透过小肠壁而进入血液，当人体获得这么好的水质，也希望赶快的把这么好的水输送给全身细胞，人体细胞得到这么良好的水质时，亦很高兴的来完成它们的任务，而使新陈代谢的

速度加快，在这种情况下，亦将使细胞于新陈代谢中所产生的污物、废水很快被排出人体，所以您就很快会上厕所。另外一种原因是您的膀胱贮存尿液的能力较低，俗称为膀胱无力，导致膀胱里的尿液量还不很多时，您就会想跑厕所，假如膀胱功能正常后，这种常跑厕所的现象就会消失了，这时您纵然大量的饮用钙离子水也不会马上就跑厕所。谨记，根据中医学理论："肾、膀胱属水。"愈不喝水的人，其肾、膀胱功能必然会急速衰退，欲求肾、膀胱功能正常，当然也只有多喝水。肾、膀胱是人体的水库，也象征着一个人的财库，因此肾、膀胱较差的人，其钱财亦较难聚牢。

（八）我饮用钙离子水后，反而会便秘，是否体质不合？

答：在《不生病之真法》中已详细阐述过什么是体质？一般医生治不好病人的病时，都把责任推卸给体质两字，因此一般人平时也都把体质两字挂在嘴边。其实体质就是人体细胞的生存环境，人体体质不好、体质酸性后，使人体细胞无法生存，以致细胞大量死亡时，人体才会致病。欲使人体健康无病，惟一的方法就是改善体质，使人体细胞能再恢复与拥有正常的生存环境，细胞自然就会再生、活泼与强壮，当人体的每一个细胞都非常活泼、强壮，每一个细胞都能正常工作完成它们应完成的工作时，人体的每一脏腑、每一组织也必然很健全、也都能很正常、很顺利的去完成它们的任务；就像一家工厂的每一员工都非常认真工作，这家工厂的生产效率必然很高，也一定很赚钱，更无倒闭的理由。人体的每一个细胞、每一脏腑和每一组织都很健全、都能顺利的去完成它们的任务时，人体岂有生病的道理。因此不要把有关人体的事情都推给体质两字，而且也应该没有体质合不合的这回事，纵然是先天性的体质不好，只要后天调养得当仍可获得健康，有关体质两字欲进一步了解时请参阅《不生病之真法》。

一喝钙离子水，人体反而会有便秘现象，其原因有二：

1. 当您开始饮用钙离子水时，人体发觉这种水质相当有益人体，人体就会命令大肠大量回收，而使大便的水分不足，导致大便太过于干燥而将引起便秘。

2. 您的人体内很缺乏钙离子时，人体亦将命令大肠大量摄取，尽量减少随着大便排出而流失。

以上这两种现象也都是人体为求维护人体健康的自然本能。因此我亦经常强调，我们人都自以为聪明，其实人体比我们人更聪明。当您饮用钙离子水后反而有便秘时，不论是人体缺乏钙离子或觉得这种水质不错而大量回收而引起，您只要更大量的饮用钙离子水，亦可稍微泡浓一些或者以浓钙离子水打成青菜汁来大量饮用，便秘的现象很快就会消失，尤其大量饮用青菜汁的效果相当不错，因为青菜的纤维质有利于人体排便。

　　（九）我的太太一喝钙离子水或吞服五宝就马上呕吐，我的太太认为体质不合，而不敢再服用，请问其原因，该怎么处理？

　　答：有关体质两字于前一个问题的回答中，已有一番引述，在此不再重述。您太太的情形不是体质不合，而是体质已非常不好，依她这种体质而言，几乎平时都须依靠药物来生存，而且不只一种药物。卡罹林那曾经说过一句话："依靠药物的生存是一种非常恐怖的生存。"或许您的太太仍认为有病吃药本是天经地义的事，没有什么不对，可是台湾有一句俗话："真懂真怕，不懂不怕。"意思是说，当您对某一件事情了解愈彻底的话，您就愈不敢贸然行事，若完全不懂得其利害关系的话，当然就毫无顾忌了。目前欧美许多先进国家的人们，有病几乎也不敢吃药了，医生本人不吃药更不在话下，诚如台湾，病人有病吃药、医生有病不吃药。这种现象，不会是病人懂得吃药，而医生反而不知道有病应该吃药吧！

　　您的太太若了解欲求健康惟有远离药物，或许本自然医学的钙离子和人体五宝是她的最佳选择，由于她目前体质较虚弱，因此不能操之过急，以40多岁的年龄，每天先给予5～10粒的综合五宝，若年纪较大亦可再减量，然后视其身体改善的情形，于一、两个月后再慢慢加量，或给予钙离子水。刚开始吞服5粒、10粒的五宝还会呕吐时，每次呕吐后仍再给予吞服，渐渐的就不会再呕吐了，亦可把钙离子泡得很淡，一颗钙离子冲泡1500毫升或2000毫升以上的水来给她饮用，若还觉得有味道时还可泡淡一些。平时煮饭、煮菜、煮汤、煮粥都可用钙离子水，大约1000毫升的水泡一颗钙离子水，入饭菜煮后没什么味道，却对人体有很大的改善，依照上述的种种方法都可加以配合运用，相信三、五个月后，您太太的身体必将改善良多。

（十）我只喝了半杯钙离子水，第二天就引起全身关节和脊椎骨的酸痛，请问为什么会这样？

答：这种现象通常有下列四个因素：

1. 过量的服用药物。

2. 气候变化，现代有大多数的人因人体内的酸毒太多，导致人体关节经常疼痛，尤其每当气候变化之际将更加疼痛。

3. 有感冒现象，而引起关节方面的酸痛。

4. 肾功能已较低落，肾功能低落的人较易引起腰酸背疼，以及全身关节方面的疼痛。

你只喝了半杯钙离子水就有了这些现象，表示你的身体必须非常注意了，尤其肾、膀胱的功能低落，也必然会牵涉妇科，也就是子宫、卵巢方面的问题，这方面的问题往往会影响夫妻幸福或不孕，你既然有这机缘接触到本自然医学，应该好好把握，把自己的身体养好，你暂时可先服用综合五宝外再加强肾宝或肺宝，譬如这

一次是一瓶综合五宝配合一瓶肾宝，下次则以一瓶综合
五宝配合一瓶肺宝，因为肺于五行中属金，而肾于五行
中属水，金能生水，根据中医学理论而言，直接治肾为
治标，增强肺功能则谓之治本，以你 30 多岁的年龄，每
天可吞服三四十粒以上，量多无所谓，综合五宝与肾宝
各一半，每天做一次吞服或分两次、三次均可，钙离子
水则平时当开水饮用。

（十一）我有位朋友，他的关节正在酸痛，我想拿钙离
子和五宝给他服用，不知会不会马上引起好转反应而更
加疼痛？

答：应该不会更疼痛，除了平时大量使用止痛剂的
人会马上引起疼痛外，人体的所有疼痛现象，服用钙离
子水和人体五宝后，通常都很快获得缓解。因为人体有
某部位正在疼痛，包括关节酸痛的现象出现时，人体神
经系统就会把这讯息传达给大脑，这时大脑就会采取紧
急措施，也就是发动人体的自然治愈本能，调用人体的
精华（骨髓）去支援病变的部位，使人体的病变很快痊
愈。本自然医学所采用的钙离子和人体五宝吃进人体后，
人体一察觉就不再调用人体的骨髓，而很快地将钙离子、
五宝经由血液输送，去支援人体的各种病变，因此针对
人体的各种疼痛、急症的缓解，效果相当神速，其道理
在此。您的这位朋友可以让他试试，不过最好先建议他
看书，把《不生病之真法》看上三五次后，能认同本自

然医学的学理和方法后，再来服用钙离子、五宝还不迟。

（十二）钙离子对水后，杯子或瓶子底部都会有许多沉淀物，请问这些沉淀物是不是钙离子不溶解之故？

答：这个问题于本篇第六个问题中已提过，而且对沉淀物的形成也有一番的说明，因此在这里不再加以陈述。不过在此我想教各位如何进一步证实，这些水中的沉淀物绝对不是不被溶解的钙离子粉。实验时，您将水中的沉淀物取出倒入透明杯里，然后加上少许的白醋并稍摇一摇，这时您就会发觉这些沉淀物已逐渐在消失，如果没完全消失时可再加上少许的白醋，使醋的酸性足够中和钙离子的碱性时，这些沉淀物就会完全消失了。

这个原理也就是使水还原而已，因钙离子属于碱性，而且是一种很活性、离子化的物质，因此它能很快的与水中的种种物质相结合而成为沉淀物，而醋是属酸性，因此可中和钙离子的碱性，使钙离子的结合能力瓦解，这些被钙离子结合而成的沉淀物也就随之复原。在此顺便一提，就是杯子或瓶子盛装钙离子水一段时间后，都会卡住了一层白白的氧化钙，您也可以利用白醋来清洗，即可轻易洗净，否则以菜瓜布用力擦洗也不见得可以洗净。

（十三）请问我们每天都喝钙离子水，那么人体是否会呈强碱的体质？

答：很难。现代人类的生存环境、生活习惯，似乎已离不开酸和酸毒，吃的东西占85%以上都属酸性食物，原本碱性的蔬菜，由于农药、化肥的污染也几乎偏向于酸性了。原来属于中性代表的水，现在也都偏酸，现代所下的雨是酸雨，空气也是酸性，化学品、西药更属于强酸。种种的酸、酸毒于有形和无形中，于 24 小时中，分分秒秒、无时无刻都在污染人体、危害人体，谁也无法避免，因此我经常强调一句话："我们既然无法改变我们的生存环境，惟有改善人体的内环境。"所谓人体的内环境也就是人体细胞的生存环境。

我们天天都喝钙离子水，那么每天所喝的量是多少？假如每天所喝的量还不足中和人体内原有的酸毒，以及人体每天所增强的酸毒时，或者饮食、生活习惯不改变的话，欲达成弱碱性的健康体质已将问题重重，若想呈强碱体质恐怕比登天还难吧！

通常会提出这问题的朋友，大概都是只吃了三颗钙离子的人，诚如台湾的一句俗话："吃无三支青菜就想上西天。"天底下应该没有这么好的事，通常接受本自然医学的人，当他了解得愈深入、愈敢大量服用，当他度过愈多、愈艰辛的好转反应，却反而会觉得欲达成健康实在不简单，欲求脱胎换骨更是困难。我在《不生病之真法》中曾提到，人体脱胎换骨的时间是 7 年，这里所指的 7 年就像一般医学所谓的一个疗程，若于一个疗程里无法把疾病强加抑制时，就须两个疗程或三个疗程，每个疗程的时间乃由医生决定。人体脱胎换骨的时间也就是人体骨骼新陈代谢的时间表，欲求人体骨骼于 7 年的时间里获得完整的改善，于饮食、生活、环境等各方面都拥有最佳的条件，也就是能给予人体种种最好的条件下才可达成，否则欲求脱胎换骨恐怕不止一个 7 年，甚至需花上两个 7 年、三个 7 年，若完全不得法纵然花上十个 7 年、一百个 7 年也无法达成。

不过，如果您想使您的骨骼、面貌较年轻的话，您不妨大量服用。当您所吃下的钙离子、五宝足够中和您人体内的种种酸毒外，尚有多余的量时，这些多余的钙离子就会被人体回收再进入骨骼里备用，当您的骨骼里又充满钙离子时，骨质疏松的现象自然也就消失。骨质疏松的现象获得改善后，人体才能恢复窈窕的身材，骨骼也就恢复年轻，人体的骨骼健康，肌肉才能健康，肌肉健康时皮肤才能健康美丽。因此美容绝不是靠表面功夫，必须从体内改善，最关键的工作是从骨骼改善。

(十四) 请问喝浓的钙离子水或喝淡的钙离子水，哪一种对人体的改善较佳?

答：有关浓、淡钙离子水对人体都可提供最佳的改善，若想达到最大的效果则须将浓、淡钙离子水加以灵

活运用了；浓离子水即以一颗钙离子对 200～500 毫升的水，适用于急症的缓解，效果神速，若是冲泡温开水并加上少许的葡萄糖时效果更佳。针对一般的肠胃发炎、疼痛，通常只需半颗至一颗的量，于 5～10 分钟疼痛现象即可消除；急性阑尾炎（俗称盲肠炎）、肾、膀胱、子宫、卵巢发炎、狭心症、心肌梗塞、刚发生的中风、头痛、感冒、脑震荡或解酒等急症，通常只需给予 2～3 颗的量，约半小时这些急症即可获得纾解。食物中毒者先给予一颗的量令其喝下，于数分钟后就会把胃中的食物清除而从口中吐出，待胃中的食物清除后，再给予一颗的量后约 15 分钟即可恢复正常。一般发高烧时通常只需 1～3 颗的量即可缓解，若是已接受本自然医学，当人体抗体增强而正在进行自我改善的发高烧，大约每 2 小时给予 1～2 颗的量，万一喝不了这么多的水时就尽量勉强他喝，尽量多喝一些水，只要水分够的话发烧达 40℃ 以上或持续数天，也不会有危险性，小孩每发烧一次就会聪明一次，有些小孩发高烧后就会快速成长。气喘者当喘得很厉害时可给予 3 颗以上的量，很快可获得缓解。青春痘可用棉花沾浓离子水来加以湿润，约半小时可察觉比原来好了许多，不过基本上还是从人体内调整，让体内的酸毒完全排毒后，青春痘的现象也就自然会消失。香港脚可利用温的浓离子水来泡脚，可除臭、止痒。皮肤瘙痒可用浓离子水来擦拭，可立即止痒，其他未能一一提到的，就由读者们自由发挥吧！

淡离子水即以一颗钙离子对 600～1000 毫升的水，

适用于平时保健、预防、养生、祛病，净血、中和人体酸毒、增强体质、补充人体钙质、增强人体免疫力和自然治愈力，防止人体老化、近视、蛀牙、肥胖和种种现代病、慢性病的发生。对于体质特别虚弱的人，若以一颗钙离子对 1000 毫升的水还无法入口时，亦可再冲淡一些，对上 1500 毫升或 2000 毫升以上的水亦无妨，否则纵然是仙丹妙药若无法使其喝下时都将无济于事。然后随着体质的改善才根据自己的味感慢慢冲泡浓一些，当人体改善到某一阶段需要大量的钙离子时，人体会强迫您喝浓离子，这时段里您或许会觉得以一颗钙离子对 100 或 200 毫升的水，喝起来才过瘾，喝起来才会觉得很甘甜。用淡离子水来浸泡、清洗蔬果，可消除农药残毒，不过平时已大量饮用钙离子水的人，对蔬果的农药残毒应该可以不加以理会。

以一颗钙离子对 1000～1500 毫升的水时，可用来做妇科清洁液，可清除赤白带、止痒、除臭，防止子宫颈癌之发生，使用时可到西药房购买妇用清洁罐来冲洗。平时嘴破时，可用这种淡离子水含在口中数分钟后咽下，一次再一次，可使嘴破的现象较快愈合，嘴破时不能用钙离子水来漱口。咽喉发炎、疼痛时，可用这种淡离子水含于口中后慢慢咽下，让淡离子水能湿润到发炎的部位，则可使疼痛很快消失。牙痛若无蛀牙孔时亦可用这种淡离子水含在口中数分钟后咽下，一次又一次，几次以后牙疼的现象就会消失。以淡离子水洗脸，是最佳养颜美容的圣水，若想进一步保养的话，本自然医学仍有

不生病之真法（续）

一种钙离子珍珠乳液，读者可好好应用，效果不错。除此之外钙离子粉、浓离子水或淡离子水的应用十分广泛，读者可以做多方面的尝试，当您有更好的用途和心得时，希望能告诉我，也告诉大家。本书的第三篇即是健康园地、健康见证，您的来稿将随时刊登进去，请热爱本自然医学的朋友们善加利用，谢谢！

（十五）我的小孩一喝钙离子水，好像喝了糖水一样，觉得很甜，请问这是什么原因？

答：我在《不生病之真法》中曾提过，肝功能低落的人一喝钙离子水会有苦味，肠胃不好的人会有涩味，心功能低落的人会有酸味，肾功能较差的人则有屎味、皮蛋味、碱味或咸味。健康的人喝起来会觉得甘甜，但不可能像喝糖水一样的甘甜，假如如此则表示此人骨髓已有大量外流的现象，也就表示这个人的体质已非常酸性了，因此人体才会大量地释放骨髓来中和这些过多的酸毒，以维持人体细胞的正常生存、维持人体的生命现象。

现代小孩很喜欢吃汉堡、炸鸡块、香酥鸡，这都属于非常酸性的食物，加上自婴儿阶段，甚至于胎儿时期已被父母培育成酸性体质，酸性体质的孩童或成人都将成为医院的常客，也就是必须经常靠药物来维生，药物又是强酸、毒素，在这种种因素下，使你的小孩终于成为非常酸性的体质。

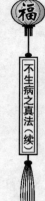

你的小孩若能大量饮用钙离子水，当他所喝的量足够中和人体内的种种酸毒时，人体就会自动停止骨髓的释放，当人体已停止骨髓大量的释放后，一喝到钙离子水时就已不再是甜的了，而是五味难陈，什么味道都有，而须等到人体体质有了一番改善，已渐呈弱碱性体质时，才会渐渐觉得愈来愈好喝、愈甘甜。除了大量饮用钙离子水外，平时多鼓励他吃青菜，亦可用钙离子水、小米、糙米和青菜或甘薯菜熬成粥来食用，小孩子的改善较成人快，尤其在发烧几次后，他的体质就有很大的改善，假如属于肥胖型的小孩能有大量腹泻的现象后，身体就会较结实、较健康了。

(十六) 我刚接触自然医学不到一个礼拜，每次空腹服用钙离子水和人体五宝后，胃就很不舒服，请问这是什么原因，该如何处理？

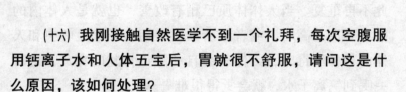

答：这表示您的胃或十二指肠已有轻微溃疡的现象，溃疡就是溃烂，人体肠胃会发生溃烂，则表示胃酸已偏高，胃酸偏高的人，只要平时吃饱一点就会有呕酸的现象。胃酸偏高时，人体的肠胃细胞将被酸所腐蚀，而引起溃烂现象，以致渐渐演变成胃穿孔、胃出血。当肠胃有了溃烂时，您一喝下钙离子水后，钙离子水则会将溃烂的细胞残骸清除，而使人体觉得不舒服，由于人体五宝里也都有添加钙离子，因此有肠胃溃疡的人于刚开始的前两三个月，最好将钙离子、五宝改为饭后服用，待溃疡现象已有改善后才恢复饭前服用，肠胃不好的人，于改善期间可加强脾宝或心宝。脾胃于五行中属土，心、心包、小肠属火，五行相生即木生火、火生土、土生金、金生水、水生木，相生即相辅相成之意。

(十七) 我接触自然医学后，刚开始喝到钙离子水时觉得很甜，怎么后来愈喝愈难喝？

答：一喝到钙离子水觉得很甜，则表示体质已非常酸性，而使人体骨髓大量释放，以中和人体酸毒，维持细胞的正常生存，此事于第十五个问题中已有详述，在此不再重复。当人体体质已稍有改善，也就是人体内的酸毒不那么高时，或者您所饮用的钙离子水足够中和人体的种种酸毒时，人体就会自动停止骨髓的释放，这时一喝到钙离子水，就会觉得很难喝。

人的体质愈酸性时，人体为了维持人体的生命现象，不得不释放愈大量的骨髓来中和人体内过高的酸毒。当人体在愈大量释放骨髓的过程中，人体的唾液由于骨髓的大量释放而愈呈碱性，因钙离子水亦属碱性。在这种情况下，一喝到钙离子水就会觉得很甘甜。我经常强调："骨髓是人体的生命之源。"当骨髓耗光后，人的生命亦将随之结束。因此当您大量饮用钙离子水后，人体发觉有钙离子来代替骨髓中和人体酸毒时，人体就会立即停止骨髓的释放。由于酸性体质的人其唾液也都偏酸，当人体停止骨髓释放后，使唾液也必然又呈酸性，这时再

喝钙离子水就会有愈喝愈难喝的现象。可是当您的体质又有进一步改善而逐渐偏向碱性时，就会有愈喝愈好喝的感觉了。

　　人体骨髓于大量释放的过程中，不仅人的生命会急速缩短，包括面貌、皮肤也都会同步产生急速老化的现象，简单地说就是老得很快，而且人亦觉得特别容易疲劳，这种现象对每一个人来说都已不是件好事。当您觉得愈喝愈难喝时，则表示人体已开始在踩刹车了，不让骨髓再大量外流，这就是接触自然医学后的第一步改善，这时人体会觉得较不会疲劳、老化速度都将随之缓慢了。俗语说："好的开始是成功的一半。"这或许是您此生中另一个好的开始吧！

　　(十八) **请问，钙离子水是否可长期饮用，会不会过量？**

　　答：这个问题和第十三个问题是否会呈强碱的体质有点类似，以现代人类的生活环境、习惯、饮食和种种化学品的污染，使人体内的酸毒与日俱增，若不是有了钙离子欲求中和或排除人体内的这种种酸毒，恐怕不是那么简单吧！欲使人体内过多的酸毒排除也非三两天的功夫，而且人类的生存环境不知到何时人类才不继续破坏，纵然人类已不再继续破坏，那么地球又须到何时才能净化、才能恢复原来的面貌？假如人类的生存环境无法获得彻底改善的话，人体仍将继续遭受污染，因此我才经常强调："既然我们无法改变人体生存的外环境，那惟有改善人体细胞生存的内环境吧！"那么，请问在这种不知何时才能获得改善的污染环境下，您认为钙离子水是否该不该长期饮用？现代人由于人体饱受污染而使体质太酸性，导致骨髓大量释放、流失，使现代人于年纪轻轻的就已有骨质疏松、甚至骨骼流失的现象，您若能大量饮用钙离子水时，其饮用量足够中和人体酸毒后还有剩余，人体就会把这些剩余的钙离子回收存入骨骼，请问长期饮用钙离子水是否会过量呢？

如今，水质遭受严重的污染，水中除了种种化学酸毒外，以目前台湾自来水的加氯量远超世界卫生标准，您如果把钙离子泡淡一点，足够中和自来水中的种种化学酸毒和氯时，等于让您喝到最干净、零污染的好水。若是稍微泡浓一点，您就把它作为平时保健、补充人体钙质之用。生命无价、健康可贵，您若认为生命比钙离子更值钱的话，不妨多多饮用钙离子水吧！

(十九) 请问钙离子喝多了会不会结石？

答：这属于旧有医学的老观念，至今一般的医学专家或医生们都还停留在"钙"就是结合钙的领域里，还不知有钙离子这种人类健康的新资源，更不了解钙离子是什么样的物质，它的特性是什么？一旦有人请教，总不能说不懂，反正中国字是有边读边，无边读中间，钙离子既然有个钙字那也一定和普通的结合钙差不多吧！

既然和一般的结合钙一样的话，那么多了一定会结石，因此医生们会告诉您，钙离子不能吃太多，否则仍将引起人体结石。

目前台湾由于现代医学过于权威，医院到处林立、门庭若市，病患的疾病愈无法痊愈，医院的生意则愈兴旺，因此愈有疗效、愈能令人健康无病的东西，则愈难进入医院。而且在权威的作祟下，一般医学专家、医生们也不想去了解什么是钙离子，所以至今台湾所有大医院或西药房所使用、出售的都还是属于碳酸钙、硫酸钙或乳酸钙的结合钙或结合钙片，牛奶里的钙质则属于乳酸钙。这些结合钙吃多了不仅无法被人体利用，反而会滞留于人体内导致结石，人体会结石的都属于酸性体质，愈酸性体质的人愈容易结石。若不彻底改善体质、改善饮食，纵然一年四季都以超音波碎石机来震碎人体的结石，也无法使人体结石的这个困扰获得根除，因为碎石的方法似乎很科技化、很先进，可仍是头疼医头、脚疼医脚的一种手段而已，也因此永远无法使人体结石的毛病根治。

钙离子不同于一般的结合钙，其特性与结合钙完全相反，一般的结合钙、结合钙片是属于酸性，而钙离子却属碱性，由于钙离子是离子化的物质，因而很活泼、很活性。一般食物进入人体后为了使小肠能加以吸收，则必须经过脾胃消化与机转，使其变成离子，只有离子化的物质或元素才能透过小肠壁而渗入血液里，然后经由血液、血管把这些离子元素输送给人体全身细胞新陈

代谢之用。而钙离子本身已经是一种离子元素，它不必再经过脾胃消化，甚至不必经由小肠吸收，只要一沾到人体的皮肤或内皮肤时，人体就很高兴地加以吸收、利用，因为它是人体与宇宙万物都非常需要的东西。因此钙离子粉必须对入水后才能饮用，否则将钙离子粉直接放入口中，在嘴的内皮肤开始大量摄取的过程中会造成一种穿刺作用，而导致嘴破舌破。

　　人体的结石，其成分是胆固醇、结合钙和种种酸性物质结合而成的一种硬块物，钙离子属碱性，因此它可化解结石的酸，使这种酸性的结合物瓦解而分离，也就是可以使人体的结石由大化小，化成小块后才能顺利排出人体，而且钙离子非常活泼、活性，所以可更迅速地帮助人体把结石排除。若结石的颗粒不很大时，于大量的饮用钙离子水的情况下，通常只需二三个礼拜即可将结石排出人体。若结石颗粒较大时，则须两三个月或三个月以上的时间，让钙离子逐步将结石化小后才能排出人体。若人体处于排除结石的过程中，万一有小颗粒的结石块卡在胆囊管或输尿管时，人体会觉得非常疼痛，这时可利用温的浓离子水加上少许的葡萄糖，或是菜汤泡钙离子，或者以浓离子水加青菜、水果打成青菜汁，然后大量饮用，因钙离子很快会被人体吸收。因此只要能喝得下就喝，如此之下大约一二个小时，人体已不疼痛了，则表示结石已排出胆囊管或输尿管，假如是卡在输尿管的小结石，您一拉尿时就会随着尿液排出。

　　同样有一个钙字，一般的结合钙会使人体结石，而钙离子却能化解结石，怎么会有这么大的差异呢？因此不了解钙离子的人就会觉得非常奇怪、非常神奇，俗语说："百闻不如一见。"可是钙离子光看没用，绝看不出所以然，您周边最要好的朋友告诉您，您也不可能相信，而须自身去饮用、去体会，健康是人生大事，也是您自己的事，别人绝帮不上忙，请自多珍重。

（二十）请问钙离子和人体五宝是否须长期服用，是否和西药一样，一停止服用时人体的疾病又会马上复发？

答：会提出这个问题，则表示还停留在一般医学"头疼医头、脚疼医脚"的抑制、止痛的观念里。以抑制为手段的治病方式，就好比将小偷关入监牢里，那么小偷就不能再偷东西，把小偷关起来的这个动作就好比将疾病抑制，当小偷又被释放出狱后，他仍将照偷不误，因为他没被彻底感化。这就像药物的抑制效力消失以后，我们又将感觉到病痛依然存在，因为药物只是将疾病抑制而已，根本没有将疾病治愈，这种情形对一般不明就理的人，将误认为疾病又复发了。

中华自然医学绝不以头疼医头、脚疼医脚的抑制、止痛方式为治病手段，而是在于帮助人体增强人体与生俱来的自然治愈本能。当人体的自然治愈本能增强后，人体就会主动地去改善自己，将人体的种种疾病逼出人体，将人体的种种酸毒排出人体，确确实实地把人体的所有疾病彻底消除。当人体针对自己的肉体做一番彻底

的改善，使人体达到健康后，这时您将钙离子和人体五宝完全停止服用。人体的疾病绝不可能于短时间内复发，必须一直到人体内又积累了太多的酸毒，使人体细胞又无法生存而大量死亡时，人体才又会有了病变，不过这又是 10 年、20 年以后的事了，因为人体疾病的形成必须在人体内酝酿 15 年以上，癌症则须酝酿 20 年以上才会形成，因此我想您尽可放下一百个心，不必担心疾病马上又复发吧！

然而，您若想活得更健康、更快乐、更幸福的话，我建议您最好还是坚持下去，不要以为疾病已痊愈了就停止服用，当您愈健康时，该您的都会是您的，不论财富或官运，能相信就相信，否则多说无益，还是让您自己亲身去实践、去体验吧！

(二十一) 请问钙离子和人体五宝可否和中药一起服用？

答：可以。中药、草药、茶叶都可以一起服用。我外出时身上通常都会带一些钙离子，有时在朋友家中泡茶聊天，看到有人感冒时，我通常就以一颗钙离子冲泡一大杯的茶叶水令此人喝下，大约 15 分钟后感冒的迹象就渐渐消失了。因为冲泡茶叶水会比温开水好喝一些，通常一般人都认为茶叶和中药有时不能一起服用，会影响药效，但钙离子是一种很碱性的东西，欲影响钙离子的功效时，应该必须属于强酸类的化学品、西药、醋或柠檬酸之类的物质。

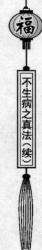

中药大多是属于草本植物或是一些天然的物质，因此中草药类于欧美先进国家中不列入药管，因为它不属于药物，它是属于食物。所谓的药物大多是从化学原料中提炼出来，而仍须带有毒性，只是毒性不可太多而使人一服用就会中毒或致死，医学专家们就是利用这药物中的毒素来抑制人体的疾病，则谓之治病。譬如类固醇俗称美国仙丹，目前是医生们最有效的法宝之一，其效果只次于吗啡而已，因类固醇的毒性很高，对人体的伤害力很强，若早有其他药物可取代类固醇的地位的话，类固醇将比安非他命更早列入禁药。类固醇和吗啡能产生止痛作用，其实是一种借支作用，吗啡是目前全世界最高级的毒品，而类固醇可说是世纪之毒，这两种毒品的毒素可刺激人体的骨髓大量的释放出来产生止痛作用，根据中医学理论："肾主骨。"肾功能低落的人较易引起骨骼、关节方面的毛病，而骨骼有了问题也将影响到肾脏功能，因此类固醇使用过量，极易导致肾衰竭。癌症病人于末期都必须采取吗啡来止痛，因为当所有药物都无法刺激人体骨骼再释放骨髓时，最后就只剩下吗啡了，所以吗啡是医生们的最后法宝，除此以外也就无计可施了。由于吗啡可大量借用人体骨髓来产生止痛效果，因此癌症末期的病人于大量的使用吗啡下，人体的骨骼也就一根根地在流失。药物、毒品就是如此恐怖，难怪医生们自己都不敢吃药，宁可让人体痛苦，这或许就是所谓的"真懂真怕，不懂不怕"吧！

由于西药是属于强酸、毒素，而钙离子和人体五宝都是属于碱性，酸和碱会互相中和，因此钙离子、五宝除了西药不能一起服用外，其他不论是中药、草药都可一起服用，或者将钙离子添加于各种饮食中来食用均可。

在此顺便一提，由于本自然医学所使用的钙离子或人体五宝，其效果过于神速、神奇，因此使许多人怀疑是否添加类固醇或吗啡，有时为了怕亲友们真正受到类固醇或吗啡的伤害，亦将强调说他真的已拿出化验，化验结果就是钙离子里添加类固醇或吗啡。因为现在有很多很有疗效的药品、感冒药或中药都是添加类固醇，所以他凭经验就可以非常肯定，钙离子里面一定也添加类固醇或吗啡，否则不可能有这么神奇的效果，欲做好人就做到底，因此他就会强调再强调，可是他万万没想到类固醇、吗啡是属于强酸，而钙离子、五宝是属于碱性，两者根本不能添放在一起，否则酸碱互相中和后，其原有的作用或效果都将消失。欲想好人做到底时，我建议仍须把事情真相搞清楚，否则将误导他人，反而不是功德一件吧！

（二十二）我的子宫、卵巢已拿掉，医生交代我每天必须服用女性荷尔蒙，请问是否可以和钙离子、五宝同时服用？

答：因为药物都属于强酸，而钙离子、五宝系属碱性，因此服用时最好是间隔一二小时以上，人体摄取营养最佳的时间是上午 7 时至 11 时的这段时间，所以你可利用这时段来服用人体五宝，而且是把一天的服用量一次吞服，其他时间你才去分配如何去服用女性荷尔蒙和饮用钙离子水。

在此亦想提醒大家，一般人都误以为人体哪个部位有了病变，只要开刀拿掉就可一劳永逸。假如这么单纯的话，那么欲求人体健康无病、不受病痛的困扰，最有效、最彻底的方法就是小孩一出生后，就把人体的五脏六腑全部开刀拿掉。如此一来，没有心脏就不会有心脏病，没有肝脏也就不会有肝病。现代有很多人吃了大量的止痛剂仍然解决不了头痛的毛病，台南有一位王先生，经常头痛得无法忍受而把头去撞墙壁，假如开刀真的可一劳永逸，那么像头痛得这么厉害的人，应该只要把头拿掉，就不会再头痛了吧！

女性通常若有了子宫肌瘤或种种子宫、卵巢方面的病变时，医生都会建议把子宫、卵巢全部拿掉，以绝后患，医生甚至会告诉你，反正你已不再生育了，留着子宫、卵巢已没有多大用处，乍听似乎很有道理。可是人体也是一个小宇宙、小自然体，亦有其自然生态平衡，一个这么大的地球，每砍掉一棵树、拔掉一根草都将影响到整个地球生态的平衡，何况人体的五脏六腑中少了子宫、卵巢后不影响人体的生理平衡吗？假如真的不影响人体的生理平衡，又何必天天服用女生荷尔蒙呢？荷尔蒙就是一种激素，主要的作用也是刺激骨髓释放来消除人体的病变，这些借支方式，就像向银行借钱，有借没还，最后就借不到钱，我们不断地利用药物来向人体借用骨髓，到最后当骨髓被借完后，不只再也借不到，而是人体生命已接近尾声了，因此这些都不是办法。

其实人体的所有脏器、组织都完全动不得，包括一个很小的器官也都开刀不得，譬如一个小小的阑尾，它仍是人体免疫系统的重要一环。本来美国人每当小孩一出生就顺便把阑尾开刀拿掉，可是在十多年前发现阑尾拿掉的人较易得癌症，从此美国人就不再轻易把阑尾拿掉了，这就是所谓的牵一发而动全身。我经常强调，人类于几万年的演变进化过程之中，尾巴早已进化掉了，牙齿从北京人时代的 152 颗，进化到现在只剩下 30 多颗，其实进化也就是退化，可是阑尾却依然存在没被淘汰，这就表示阑尾一定有它的作用、有它存在的价值，而不是人类自作聪明认为没有作用说拿掉就拿掉的道理。而且每开刀一次，就必须使用大量的麻醉剂，这些麻醉剂也就是毒药，因此每开刀一次人体健康就损了一大截，假如连续开了几次刀后，虽然生命犹存，不过都是仅供人口之统计或计算平均年龄之用罢了，也许这是现代人之所求，只要能多活一天就算一天，但我认为我宁可健健康康地活一天，而不愿受尽病魔折腾一辈子。

（二十三）有人说"碱不能吃多，否则会使胃酸过少而影响消化，甚至吃多了会致命，钙离子属碱性故不宜多吃。"请问是吗？

答：台湾有一句成语"不博假博"，意思就是不懂还

硬称他懂。这也就像一般医生一样，把钙离子和结合钙混为一谈这个问题是因钙离子属碱性，而把碱性和碱混为一谈。碱性是物质的一种特性，而碱是一种物质，碱是属于碱性物质，但所有碱性物质不一定就是碱，这完全是两码事。一般的碱于目前传统的食品中尚有添加，譬如加入糯米包成碱粽，加入米浆中一起蒸煮成为碱粿，还有一般菜市场有一种黄色新鲜的面条，这种面条也都加有少许的碱，这种碱的确不能吃多。假如不加以稀释而喝进人体时，会伤及喉咙，过量仍有生命危险。

钙离子虽属碱性但不是一般的碱，钙离子因属碱性所以可以中和人体过多的胃酸。现代人由于胃酸都偏高才导致大多数人都有肠胃溃疡、胃穿孔或胃出血等现象，也因为肠胃或食道的细胞被酸所腐蚀，人体肌肤、细胞于溃烂时都会发出臭味，因此现代人满嘴口臭、尸臭的人很多。当您欲消除这些过多的胃酸却没有钙离子时，恐怕必须费一番功夫，纵然有了钙离子欲使胃酸的酸碱度趋于正常又非三两年的时光。当您胃酸的酸碱值已很正常后，您依然大量地饮用钙离子水也不至于使胃酸过少而影响消化作用，因为当您的胃酸正常时则表示您人体已呈弱碱性的体质，弱碱性的体质也就是健康的体质。当人体很健康时，脑下垂体的鉴定、指挥人体内分泌的能力也随之增强，使人体的内分泌愈趋于正常，胃酸的分泌也受控于脑下垂体，因此健康的人绝不可能有胃酸过少、消化不良的现象。譬如王晖评博士喝钙离子水已20多年，而且所喝的量不会比一般人少，可是至今根本不会有胃酸过少的现象，假如您担心胃酸会过少时，请您再喝上30年后再说吧！

在此我有个小建议，就是您想学游泳时，必须去请教游泳教练，不然万一您问了一个曾经溺过水的人，他一定会告诉您，千万不可学游泳，否则会被溺死。说实在的，现在真正懂得钙离子的人实在不多，而且全世界目前有关钙离子的书籍也不多，一般有关钙的书籍也都属于结合钙方面的介绍。其实对您而言，值得您重视的是成果、是您身体的改善，您服用钙离子、五宝后三两个月以来、半年来或已经好几年，那么您的健康改善了多少，是否比原来，甚至比他人健康，假若如此，您坚持服用钙离子或五宝应该是错不了，而这种属于碱或碱性的钙离子不能吃多之一说，也就不成立了。

(二十四) 有医学专家说："瘦的人不能喝碱性的水，否则会更瘦。"请问此说法正确吗？

答：所谓专家通常都必须有两把刷子，因此专家的话，则须好好的琢磨、琢磨吧！通常我们都知道，洗净力、洗涤力很强的物质，都属于强酸或强碱。以前洗衣的肥皂就是用碱做成的，现在一般家庭的马桶大多利用盐酸来洗涤，这是众人皆知的事。人体的胖与瘦，关键在于人体内脂肪囤积的多与少。人体肥胖是因人体内的脂肪囤积过多而形成，反之较瘦的人，其体内的脂肪也必然较少。人体的脂肪也就是一种油脂，由于大家都知道，碱性的物质洗涤力很强，可轻易地去除油污、油垢、油脂等等，而一般较瘦的人，其体内已较缺乏油脂，若再大量饮用碱性的水时，惟恐人体内的油脂将被碱性的水所去除，而使人体的脂肪更缺少，使人体更瘦，因此会认为瘦的人不宜喝碱性的水。

前面已提过，洗涤力很强的物质通常都属于强酸或强碱。既然瘦的人不能喝碱性的水，当然也不宜喝酸性的水或食用酸性的食物，因为酸性的物质和水也都将去除人体的脂肪，可是现代人的饮食85%以上都属于酸性物质，如汽水、可乐和种种的饮料都属于酸性，鸡、鸭、鱼、肉类、面包、汉堡也都是酸性食物，那么请问，瘦的人该吃什么？

或许这个问题也是将钙离子的碱性和一般的碱又混为一谈，才会有这种存疑。其实，一般较瘦的人通常都因脾胃消化功能和小肠吸收营养的功能较差而引起，脾胃消化功能较差也就是因胃酸过多，使肠胃细胞受到胃酸的侵蚀而无法生存，当肠胃细胞无法生存而面临死亡时，肠胃的消化功能必然随之低落，而钙离子水却可中和过多的胃酸，使肠胃细胞拥有正常的生存环境，又能恢复正常的活力来达成其任务，当肠胃的消化、吸收功能非常正常时，人体也必将很健康而且身材也就会很标准，不至于太瘦了。人体太胖、太瘦都是因为不健康而引起，钙离子、五宝惟一的功用就是帮助您健康，只要健康后您就会拥有标准的身材，而且才可永远保持下去一直到老。

（二十五）请问为什么小孩子一接受自然医学的体质改善后，很快就会发高烧？

答：台湾自很早以前就有一句俗语："团仔人屁股三把火。"此话的意思是指小孩子身体好不怕冷。我经常在形容小孩好比一部新的机械，不论有多少毛病也都属于小毛病而已，纵然有许多小毛病时但到底还是一部新的机械，所以可以很快修复。尤其小孩子出世的时间较短，体内积累的酸毒也必然较少，就像一间已住了六七十年的房子，把整个房子的里外上下做一番彻底的打扫后，必将清理出一大堆的垃圾，而刚盖好只住了一二年的房子，您彻底地打扫一次、两次后所清理出来的垃圾仍将不多。从前面的引述中，我们不难了解小孩接受体质改善的速度、成效都将比成人快很多。

由于小孩体质改善的速度快，其抗体的增强当然也快，当人体抗体一增强后，人体认为必须发动发高烧来自我改善时，人体就会出现高烧的现象。尤其现代小孩自出生以后，人体每次想借发高烧来自我改善时，每次都被药物强行抑制下来，人体不仅觉得非常无奈，而且苦无机会可以好好地自我改善一番，既然有这个机会使人体的抗体再次增强，重新恢复英雄本色，有此大好机会，人体必然会好好地表现一番，因此小孩接受本自然医学后很快就会发高烧。尤其是一生下来一直都不会走路、说话或有听力障碍癫痫症的小孩，我都鼓励这些小

孩的父母，能尽快使小孩发高烧，高烧愈快达摄氏 42℃
以上，又能出现腹泻的话，这小孩的毛病就会很快消失
而恢复正常，不论先天由于父母体质的影响或是后天即
怀孕时与小孩出生后的这时段里，由于饮食不当或药物
伤害等，所引起智障、语障、听障或残障，都将获得很
快的改善，除了较严重的残障外，其他的障碍大多可恢
复正常。

　　基于小孩的毛病或体内酸毒都较成年人少得很多，
因此人体在改善的过程中，所有排除酸毒的反应或疾病
转好前的种种好转反应，都可以较轻松的度过，所以小
孩愈早接触本自然医学则愈有福气，在胎儿阶段接触的
又更有福气，在胎儿以前也就是夫妻结婚后先改善体质
后再进行生育工作，如此所培育出来的后代都将有一番
的成就，愈健康的小孩思想也愈正确，思想正确的小孩
不会学坏，而会自我选择他该走的路，根本不会操到父
母的心。俗语说："十年树木，百年树人。"夫妻结婚后
若能先挪出两三年的时间，好好地先将体质做一番的改
善后再进行生育的话，那么您的下一代在起跑点上已超
越他人许多了。农夫欲求培育出好的农作物、有好的收
成，则必须有好的种子，所谓好的种子，也就是较饱满、
不畸形的健康种子。我们欲求培育出优秀的后代，仍须
要有优秀的品种，欲求优秀的品种也就是为人父母者必
须健康。

（二十六）请问发高烧时该怎样处理？

答：小孩或成人发高烧时，只要在人体不缺乏水分的大原则下，就可顺利帮助人体完成以发高烧来自我改善的工作。古时候父母到田里工作，日出而作、日落而息，一回到家里已都很晚了，小孩子什么时候发过高烧都不知道，所以古时候土生土长的小孩都活得很健康，而现代小孩在父母细心、刻意的、无微不至的照顾下反而毛病多多，体质愈虚弱，人体愈不健康。这或许就是"有心栽花花不开，无心插柳柳成荫"吧！其关键就是在于有心即会太刻意而导致违反自然，而在无心的情况下也就自然而然地顺乎自然，顺乎自然也就是顺天。自古名训"顺天者昌、逆天者亡"，其真理在此。

接受本自然医学后，当人体已发动高烧来对人体进行自我改善时，愈健康的小孩则仍然蹦蹦跳跳，似乎不觉得有发高烧这回事，反之愈体弱多病的小孩一进行发高烧的反应时，也就会觉得懒洋洋的，而且反应高烧的体温也不高，第一次反应高烧的体温顶多是摄氏 38℃ 或 38℃ 多而已，第二次才会升到 38℃ 多或 39℃ 多，到了第三或第四次后才能达到 42℃ 以上，以彻底完成了人体自我改善的这个工作。而较健康的小孩则很快就达到 40℃ 以上的高烧，当然也就很快完成自我改善这项工作。不过无论是健康或原本就已体弱多病的小孩，每发烧一次，其体质、脑筋都将有进一步的改善。

一般的发高烧通常只需二颗或三颗的钙离子，泡温开水并加点葡萄糖令其喝下，很快就可帮助人体完成高烧的工作而使高烧很快退了。而接受本自然医学后的高烧就会较持久，其原因有：①因人体的抗体愈强，愈有能力自我改善。②人体的抗体愈强，则愈想对人体做彻底的改善。因此高烧的情况会较高也较持久，这时就不是三两颗的钙离子就可打发得了，必须不断地补充人体水分，只要喝得下就喝，甚至稍加勉强人体多喝一些，浓、淡的钙离子水均可，关键就是必须喝得下，能喝进人体。在反应高烧的情况下有些小孩不喝钙离子水，这时可将钙离子泡菜汤或用钙离子、水果打青菜汁，或者给他喝钙离子珍珠乳液后再让他多喝开水，因为钙离子珍珠乳液没什么味道，小孩子会较喜欢喝，只是成本较高一些，或者可大量吞服人体五宝后再大量喝水，反正就是应用种种方法，来帮助人体多喝水，使人体尽快完成高烧的改善工作，也就大功告成了。

小孩子除了自我体质改善的高烧外，长牙齿也会发高烧，借发高烧所长出的牙齿则较健康，因为这种牙齿的钙质将较丰富，小孩子也将借高烧的作用来拉长骨骼而使人体增高，这也就是人体脱胎换骨的现象之一。天下父母心，请好好用点心，小孩子的健康、前途就在您的一念之间，关键也就是您的观念正确与否？现代许多为人父母者不希望小孩发高烧，可是当他们已培育出一个完全不能发高烧的小孩时才知道叫苦，在这种情况下倘若无缘接触到本自然医学时，无形中就使一个本来这

不生病之真法(续)

世是要来"还债"的小孩，硬是把他改变成来"讨债"的小孩，这到底是命乎？运乎？还是谁之过呢？

(二十七) 请问咳嗽咳得很厉害，该怎么处理？

答：接触本自然医学后，不论小孩或成人，会咳嗽咳得很厉害则表示以前人体每当要借咳嗽震动的作用，来震落人体肺泡膜所卡位的污物和灰尘时，人们就赶紧以药物强加以抑制，使肺泡膜的污物、灰尘愈卡愈多、愈卡愈紧，当他接受本自然医学而使人体抗体增强后，人体发觉肺泡膜卡住了太多的污物、灰尘时，人们必将发动咳嗽来震落肺泡膜的这些污物，这些污物卡得愈多、愈久、愈紧时，人体势必会为完成这项工作，咳得愈厉害。甚至有些以前被抑制得愈厉害的小孩或成人，会被抑制得更厉害，因此接受自然医学的改善后，则须随着人体抗体逐步的增强而进行一次、再次或三次以上的改善，而一次比一次的时间长也将咳得愈厉害。不论人体是发动一次完成或以分散方式分成数次来完成，人体的傻劲一发动，就势必要把肺泡膜的这些污物清除，也必须在把这些污物清除后，人体才会停止咳嗽的改善工作。人体就是这么可爱，其实不仅发动咳嗽的改善，纵然是其他种种的改善，人体都将全力以赴，不完成则誓不罢休。经常有人问我："这一次的咳嗽还要咳多久？这一次的好转反应会持续多久？"我通常都会直截了当地回答他们："您希望知道的话，最好是问问自己的肉体，因为本医学只在于帮助您的人体增强抗体后，让您的人体去对自己的肉体进行改善，所以每一波的改善时间需要耗费多少，也只有人体本身知道而已，您不知道，我当然更不可能知道了。"

那么该如何使咳嗽的改善工作尽快完成呢？关于这问题有些人会很直接地问我："我的小孩这次发高烧后又咳嗽得很厉害，已咳了两个多礼拜了，该如何让他尽快不咳？"会这么问的人，大多是做母亲的，才会这么关心孩子，万一这样继续咳下去，会不会咳出问题来。一般医生都说："咳嗽咳过久的人，会引发肺炎。"因此当人体发动以咳嗽来自我改善时，稍微咳久一点，当母亲的人就非常紧张、非常担心。可是紧张、担心倒无所谓，因为教一个人从止咳化痰的抑制观念下，一下子改变成把痰咳出，咳得愈彻底愈好，请问有几个人会接受呢？不过还是有一些不仅担心而是非常害怕小孩万一咳出问题的人，我只好请她再到医院打针、吃药，再强行把咳嗽抑制下来。但接受自然医学后的人，抗体已比一般人强，想以普通人的药量来加以抑制的话，恐怕已不简单，不然就是请她再把《不生病之真法》多看几次，把自己的观念、信心再好好加强，待你十分肯定、十分认同只有把人体肺部的垃圾完全咳出后人体才会健康。当你有此认识后再继续接受本自然医学的方法还不迟，否则人体愈尽心尽力地自我改善，您反而愈担心、愈害怕，这会使人体觉得左右为难、不知所措，而影响人体改善的效果和进度。反之，您愈了解人体的自然法则，对人体自我改善的能力愈加肯定，人体也将会愈卖力地来改善自己的肉体。

人体在发动咳嗽来清理肺部垃圾的过程中，至今持续最久的记录是咳了4个月，就是我的师母，王晖评博士的夫人。刚开始咳嗽时，有一段时间咳不出痰来，当有痰咳出时痰中带有黑色的小血块，一个多月后的痰里转变成带有血丝，后来渐渐变为黄色的痰，又逐渐转变为白色的痰，当痰的黏稠度愈来愈低，也就是痰的颜色愈来愈白愈淡愈接近唾液的颜色时，则表示人体清理肺部的工作已逐渐接近尾声了。我的内人在人体进行自我改善时，起初所咳出来的痰中是带有血丝，前后咳了将近两个月，假如人体发动咳嗽后，所咳出来的痰是属于黄色、黏稠度很高的痰，那么大概需咳上一个月左右的时间。有些人稍咳了一二个礼拜就在叫苦了，既然知道叫苦，当初人体每当要发动咳嗽来清理肺部的垃圾时，为什么您都强行把它抑制下来，抑制得愈厉害，肺部的垃圾当然就会卡得愈紧，而今若想彻底清除，那只好稍忍耐忍耐吧！

通常在人体发动咳嗽的过程中，不论咳不出痰或咳的是什么样的痰，只要大量饮用温的钙离子水，稍加点葡萄糖，或者用钙离子泡菜汤亦可，另外还可用钙离子水加上水果、青菜打成青菜汁来饮用，人体五宝则以综合五宝为主，可加强脾宝和肺宝，以尽快帮助人体完成清理肺部的工作即可，当人体将肺部内的垃圾清除后，咳嗽现象也就会消失了。

(二十八) 请问喉咙疼痛、发炎，该怎么处理?

答：一般的喉咙疼痛可用一颗钙离子冲泡 1000 ~ 1500 毫升的水，先含于口中然后慢慢咽下，以湿润疼痛处，若疼痛的位置是在喉咙的后头，人体则须稍微后仰，再将钙离子能湿润到疼痛之处，那么疼痛、发炎的现象就会很快消失了。

若是已接触本自然医学有一段时间后，当人体进行改善喉咙、食道的过程，有时就不是三两天可完成，也就是指疼痛的时间会比较持久。因为现代人的体内酸毒都偏高，导致有些人的皮肤、肌肉会长了许多拉拉杂杂的东西，如瘤、瘊子等等，人体喉咙、食道的内皮肤也会长了许多不该有的东西，影响食道的畅通，演变到最后大多数人将形成喉癌，而把整个食道完全阻塞，使食物无法通过，连呼吸都有困难。当我们接触了自然医学后，人体的抗体已增强到某一程度，认为已有能力自我改善时，人体就会发动改善的工作，而会将人体内所有的毛病逐步加以改善，若食道、喉咙内长了许多的异物、障碍物时，人体也必然会加以一一清除，在这时候您的喉咙将会产生疼痛的现象，这时您只要以一颗钙离子冲泡 1000 ~ 1500 毫升的水，含于口中后咽下来湿润喉咙，人体五宝则照常吞服，待人体改善完成后疼痛现象就会自然消失了。

(二十九) 请问一般牙疼与反应牙疼时该怎么处理？

答：根据中医学理论："肾主骨，齿为骨之余。"人一旦有了蛀牙即表示健康已亮起黄灯了，蛀牙现象即表示牙齿的钙质已开始大量流失，牙齿是骨骼的一部分，因此牙齿的钙质大量流失亦表示人体骨骼的钙质也在大量流失中。由于肾主骨，肾功能低落的人将影响骨骼的健康，如骨质疏松、关节酸痛等，骨骼不健康如骨髓、钙质大量流失亦将影响到肾功能的低落。而牙齿是人体消化食物的第一关卡，牙齿不好时咬嚼食物的效果必将较差，食物嚼不碎则脾胃亦将较难消化，而使脾胃增加负荷，脾胃于长期超负荷下必将导致功能低落。因此牙齿不好的人，其脾胃、肾、膀胱等脏器的功能也必将随之低落。

牙齿因钙质流失而引起蛀牙，人体钙质会大量流失则表示人体内的酸毒已偏高。因此小孩子有了蛀牙时，第一该注意的就是饮食，如糖果、饼干、汉堡、炸鸡、可乐等种种酸性食物少吃一些，多吃青菜、多喝水，第二则是药物亦不宜多吃，有人说："我从来不吃药，只打针而已。"可是针剂的毒性不见得比一般吞服的药物低，甚至有过之而无不及。小孩会因人体太偏酸而导致钙质大量流失，这两点占了较大的因素，希望当父母亲的人稍加留意。

一般牙疼若有蛀牙孔时，先用棉花沾钙离子水将蛀牙孔稍加清洗，再用牙签卷上小团的棉花，将棉花稍加点水后来沾钙离子粉，钙离子粉不可沾太多，以免触及牙龈而使牙龈疼痛，将钙离子注入蛀牙孔后，再塞上少许棉花。如此之下，牙疼的现象早已消失了，因为有蛀牙孔的牙疼，只要一沾到钙离子粉后，三秒钟内牙疼现象就会消失。假如您每天都如此清理并塞进钙离子粉，一天又一天，一直到牙齿的蛀孔不再有臭味，牙齿已不再疼痛时，则可请牙医把蛀牙孔填平。若是无蛀牙的牙痛，则可将钙离子水含在口中，让钙离子水能接触到牙疼之处，约数分钟后将钙离子水咽下，如此一次又一次，数次后即可使牙痛现象消失。

若属于好转反应的牙疼就较费周折了，处理方法仍然比照一般牙痛的方法，但却不能让牙痛现象很快消失。假如是人体欲排除牙龈骨内的酸毒时，则必须一直到有化脓物排出时，牙痛的现象才会自然消失，否则去看牙医反而会更加疼痛，因此只有稍加忍耐吧！

(三十) 请问小孩出水痘、麻疹该怎么处理？

答：胎儿于母体内发育、成长的过程中，必将大量摄取母体的营养，于摄取母体营养的同时也会摄取到母体的毒素。当小孩出生后于抗体增强时，人体就会将这些从母体摄取来的胎毒排除，而出现水痘或麻疹等排毒现象，因此古时候老一辈的人都知道，小孩子的水痘、麻疹的排毒现象排得愈干净愈好，小孩子才能愈健康，可是现代人却把水痘、麻疹当成疾病，而利用药物强加

抑制，使这些胎毒无法排除而严重影响小孩的健康。

曾经注射预防针加以抑制的小孩，当接受自然医学后很快使人体抗体增强，而出现水痘或麻疹等排除胎毒的这项工作，当小孩出现水痘、麻疹的现象，甚至伴有发高烧时，只需给予大量的钙离子水，最好是温的钙离子水并加点葡萄糖，人体五宝亦可稍微加量，以帮助人体尽速完成排除这些胎毒的工作。亦可用热钙离子水给小孩泡浴，不仅可促进排毒作用而且小孩会较舒服，只要小孩觉得不舒服时就让他泡这种钙离子水浴，水温以小孩能适应即可，让小孩的身子泡入水中后再稍加热些亦可，不论排毒的现象有多严重，以后仍不会留下疤痕。水痘、麻疹的排毒时间通常须一个礼拜，接受本自然医学的小孩，并依照上述方法来帮助小孩排毒，有些小孩于三四天就已结束排毒，但有些一二十岁的小孩由于人体内又增加了不少酸毒，当人体发动以水痘、麻疹来排除这些胎毒时，有时还会顺便将这一二十年来所囤积的酸毒一并排除，而使水痘、麻疹时间延长。曾经有20岁左右的年轻人，其排毒时间长达20多天，但不论排毒的时间长短，人体必须把体内毒素排净后，才会停止排毒的工作，因此不必担心会持续多久，而且急也没用，只有全力支援人体尽速完成排毒的工作而已。

（三十一）请问骨折该怎么处理？

答：古时候的人，一到年老都很怕跌倒而发生骨折，因为人一到年老则较易骨质疏松、骨钙不足，一旦有了骨折时则很难愈合。现代人由于体内酸毒偏高，导致人体于孩童阶段就已有骨质疏松的现象，因此现代有大多数的孩童万一有了骨折时，必须较长时间才会愈合。

若遇车祸或种种意外伤害而发生骨折时，不论以中西医的方法都可以，只要能将骨折处确实接妥即可，然后大量饮用温的钙离子水和大量吞服五宝，本自然医学的钙离子、五宝可直接代替人体的骨髓，配合人体自然治愈本能的发动，可助其骨折处很快愈合，通常可较一般中西医生所预测的时间缩短4倍左右。当骨折处刚接妥时前几天都会有刺痛感，这时可让患者坐或卧于"气功床"垫上，并给予温的钙离子水，约半小时左右，这种骨折后的刺痛感就会消失。

若一般中医师或接骨师于骨折专用的膏药里，能加上少许的钙离子粉并搅拌均匀后来敷于骨折处，不仅可加速骨折愈合，而且较不引起敷膏药处的皮肤瘙痒或异常。

(三十二) 请问脑震荡该怎么处理？

答：车祸、登山发生意外或种种意外事件，因而使头部受到撞击时，只要令此人大量饮用钙离子水，最好是泡温开水并加上少许的葡萄糖，若没有葡萄糖也无所谓，只要大量饮用钙离子水，就不会有脑震荡的现象发生。因为人体不论哪个部位出了问题时，大脑即将发动

人体的自然治愈本能来进行抢救，当您大量饮用钙离子水后，人体就不必调用骨髓，而直接利用钙离子来配合人体自然治愈本能的发动，去支援病变之处，使病变或种种异常现象尽快痊愈或恢复正常。

若已有了脑震荡的现象时，其处理方法一样，只要大量饮用钙离子水并吞服人体五宝，可帮助受伤的脑细胞尽速复活或再生，使脑震荡的现象很快获得缓解而消失。

（三十三）请问头痛于好转反应时更加疼痛，该如何处理？

答：台南有位王先生，当他接触本自然医学后，只喝下一杯以一颗钙离子冲泡而成的钙离子水后，马上又引发头疼，而且比以往的疼痛更剧烈。虽然疼痛得几乎无法忍受，可是他反而跟他的太太说："这种钙离子不错，一定可以治好我的头疼，因为刚一喝下人体就立刻有反应。"王先生一喝了钙离子水反而使头疼加剧，他却觉得钙离子不错，若是换成他人，恐怕十个人中有九个半会吓得剩半条命，因为台湾目前有大多数的人都认为止痛就是治病，不痛就是没病，哪有于治病过程中人体反而会有更痛苦的道理，因此让我觉得这位王先生的智慧高于常人。尤其当时《不生病之真法》这本书还未出版，我的人在中国大陆，这位王先生就只在我的内人简单扼要地将中华自然医学做一番简述后，他就能坚持到

底，忍耐度过种种的好转反应，一直到他的头疼现象痊愈为止。

　　这位王先生以前一发生头痛时，三两颗止痛剂已产生不了效果，而且感冒药水又需喝上五六瓶，经常痛得无法忍受而用头去撞墙壁，他的太太每次看到这种情形，虽然十分心疼可是却帮不上忙。当王先生接触了本自然医学后，他已下定决心，不论改善过程有多痛苦也一定要熬过去，因为他于十多年来，从一颗止痛剂开始，逐渐地又须加强感冒药水，一直演变到最后，每次一大把的止痛剂再加上五六瓶感冒药水，仍然解决不了头疼。若是继续服用药物时，人体还须被头痛折腾多久？似乎没有一个医生可以肯定地回答他。虽然寻求一般医学的止痛方式可暂时止痛，可是到现在却愈来愈止不了痛，以现在大家一致公认最科学、最进步的医学，都不知何时才能治愈他的头痛毛病，如今决心接受自然医学不论好转反应的过程中需再头痛两年或三年，总是有个期限，而且有目标、有指望。由于王先生头痛的现象过于严重、罹患的时间久，又服用了大量的药物，因此接受自然医学后，努力了将近两年的时间，才使他的头痛毛病不再经常复发了，不过在改善的过程中所出现的头痛现象当然不亚于以往的头痛，而且又不是只出现三两次的反应而已，可是王先生都咬紧牙关一一度过，如今他已和常人一样，甚至比一般人健康，头痛现象早已消失了，接触自然医学前后已四五年，可是他一直坚持着，王先生说他这一生已远离医院，但他不能轻易放弃钙离子和五宝。

罹患头痛的人，于改善过程中若出现头疼或使头疼现象加剧时，也都是比照一般急症的处理方法，以浓钙离子水，最好是温的并加上少许葡萄糖来大量饮用，泡菜汤、打青菜汁等都可加以运用，以帮助人体尽速完成改善的工作，当人体把头痛的种种因素彻底排除后，头痛现象才能彻底消失，否则光利用药物来抑制、止痛，不论是最特效的特效药，也只是使疼痛于极短时间内暂时受到抑制、止痛而已，药效一消失，疼痛现象也将再出现，没完没了，以至永远。俗语说："顺主人意才是好功夫。"抑制和疏导是两种截然不同、完全相反的治病方法，还是由读者自行选择与决定吧！欢喜就好。

(三十四) 请问关节于好转反应时更加疼痛，该如何处理？

答：所有的疼痛现象或种种好转反应过程中所引起的疼痛，都可比照急症的处理方法，大量饮用温的浓钙离子水，并加上少许葡萄糖，浓钙离子喝不下、喝不多时则可加强人体五宝，以菜汤泡钙离子或打成青菜汁来饮用均可，只要能帮助人体尽快完成改善的工作即可。

不过关节炎、痛风的人，有时人体在改善过程中患处积累了许多酸水，而使患处更加疼痛，这时可利用针筒把这些酸水抽出后，疼痛的现象就会稍获缓解。当您抽出这些酸水时，您必将闻到一股臭味，奇臭无比，这些酸水也就是人体骨骼内的酸毒，请问人体内的毒素有多少？人体有多毒？人体怎么不生病呢？

〔三十五〕请问秃头的人该如何服用钙离子、综合五宝？

答：根据中医学理论："肾于五行中属水，开窍于耳，其华在发。"因此人体有了白发或秃头都与肾、膀胱的功能低落有关。换句话说，就是肾、膀胱的功能恢复正常后，白发就会再转黑，秃头的人也就会再长出头发来。接受自然医学的人，通常秃头再长出毛发会比白发转黑的速度快了很多，若是因药物伤害而引起的秃头，大约半年头发就可再长满。

由于肾在五行中属水，而肺属金，金可生水，因此欲帮助肾功能早日恢复正常，使头发能尽快再长出来，其人体五宝的服用则以综合五宝为主，然后轮流补充肾宝和肺宝。方法如下，譬如这次是综合五宝一瓶，加强肾宝一瓶，服用量各占1/2。下次则以综合五宝一瓶，加强肺宝一瓶，如此配合之下效果相当不错，而钙离子水平时则当开水大量饮用之。

〔三十六〕我刚接触自然医学后，前两个月内觉得精神、体力好很多，可是最近反而很容易疲劳，请问为什么？

答：当人体接受自然医学的整体改善后，人体的细胞又将渐渐的恢复正常、良好的生存环境，当细胞又拥

有正常的生存环境时，细胞就会生活得很高兴、很活泼、强壮，而细胞非常活泼、强壮时，人的体力、精力、精神就会觉得很充沛。

人体细胞非常活泼、强壮时，人体的抗体亦将随之增强，当人体抗体增强后即将对人体进行改善。由于现代大多人于晚上11时前还不入睡，使肝脏无法获得充分休息，导致肝功能严重受损和人体睡眠的不足，或是脑神经衰弱的人，其睡觉品质很差大多处于浅眠的状态，很少进入熟睡阶段，长期下来也都将使人体的睡眠不足，人体睡眠的作用主要在于恢复体力、精力，让人体五脏六腑和各器官组织有缓和、休息的机会，以迎接次日的种种挑战或工作。人体的睡眠、休息就好比电瓶的充电一样，假如您每次都只将电瓶充了六七成满，而每次都把电能用得精光，那么这个电瓶将很快报废，您若能把电瓶的电能每次都充得十分饱满，而每次都还剩下一二成的电能，在这种情况下，这个电瓶的寿命必然会较长。现代人生活忙碌、熬夜，导致睡眠、休息的时间不足，使人的体力、精力于长期的透支下，而使人体与五脏功能急速老化，尤其肝脏首当其冲，因为过度疲劳最易伤肝，而肝功能低落亦将极易导致人体疲劳，因此欲求长命无病，则必须顺应人体的自然法则，莫说人体必须休息，连机器也必须有休息、保养的时间，否则长年不停地运转，总有一天将发生故障。

由于现代人的睡眠不足或睡觉的品质不佳，导致人体无法获得非常充分的休息，而导致肝功能的低落。当人体接受自然医学后，人体于进行改善肝脏的过程中，必须让人体能好好的休息，补充人体以往睡眠的不足。在这时候您坐着想睡，站着也想睡，甚至连走路时都想睡觉，若您不了解这道理时，您就会认为接触自然医学后的某一时段，人体反而更容易疲劳，其实这也是人体自我改善过程中所出现的现象之一。

当人体正在进行改善肝脏而使人体感到非常爱困的这段时间里，为了帮助人体尽速完成改善工作，也就是比照所有急症的处理方法，温的浓钙离子水加上少许的葡萄糖、菜汤泡钙离子，最好一天能打两三次青菜汁，因为根据中医学理论，肝在五行中属木、五色中属青，因此肝脏喜爱叶绿素、维他命C、K之类的食物。除此之外，仍须多休息，人体想困就困吧！

（三七）刚接触自然医学后，平时小孩或我稍有感冒时，只需一两颗钙离子，感冒就好了，可是这次的感冒却一直好不了，流鼻涕、咳嗽已一个多礼拜了，请问是什么原因？

答：感冒这两个字于目前医学上还是一个很笼统的名词。一般医学把偶发性的头疼、发烧、喉疼、鼻塞、流鼻水、咳嗽等现象通通归属于感冒两字。其实，感冒也是人体为求进行自我改善而采取的一种措施，譬如现代小孩不吃青菜，光吃一些垃圾食物，人体于平时欲让小孩食欲不振、没胃口，其目的就是欲阻止小孩再吃进

寿

不生病之真法（续）

一些造成人体困扰、污染人体的食物，以维护人体的健康。以此方法还无法阻止垃圾食物进入人体时，最后只好发动以感冒的方式让人体完全没胃口，这种情形就好比百货公司为了整修内部而必须暂停营业，人体为了做一番彻底的自我改善，则必须杜绝食物再进入人体。人体为了改善呼吸系统则会发生鼻塞的现象，否则就像百货公司在整修内部时又让顾客进进出出，那么整修的工作必将很难进行，其道理都是一样。

当人的抗体愈强时，其自我改善必将愈彻底，而使改善的时间也将愈长。当人体接受自然医学后，人体的抗体必将增强，因此改善的时间也必将加长，所以会让您觉得奇怪，以前刚接触自然医学时，若遇感冒只需三两颗的钙离子就可解决，而现在人体抗体已增强，怎么感冒却反而拖得愈久，一直好不了。这种人体发动感冒方式来自我改善后，若人体未得到彻底的改善时，人体还会发动第二次或第三次的改善，而且改善的时间将一次比一次加长。于人体发动以感冒的方式来自我改善的过程中，仍然比照一般急症的方法来处理，只要在于帮助人体尽速完成自我改善即可，处理方法可参考前面的急症处理方法。

另外还有一种感冒现象，是人体受到细菌、病毒的侵入，而发动抵御外侮的一种自卫措施。这种自卫性的感冒，若人的抗体较强时，就会很快把侵入人体的细菌、病毒消除，使感冒现象很快消失，若是抗体较弱的人则无能力把这些细菌、病毒消除，而使感冒现象缠绵不愈，尤其经常利用药物来抑制感冒的人，到最后人的抗体长期被药物取代而非常脆弱，这时一旦再有感冒迹象，则将没完没了，连药物亦将起不了抑制作用了。其实人的抗体很强时，细菌、病毒则较难侵犯人体，万一进到人体，仍将产生不了作用，或很快将被人体的免疫细胞、淋巴系统所歼灭。这诚如台湾有句俗语所强调："树根盘得牢，不怕台风常来扰。"

（三十八）我的小孩接触自然医学才一个多礼拜，全身皮肤就引起瘙痒，请问这是否人体在排除酸毒，该怎么处理？

答：接触自然医学才一个多礼拜，皮肤就开始排毒而引起瘙痒的现象：1. 这表示小孩抗体较强，有了自然医学稍加助力后，即有能力排毒；2. 亦表示小孩体内的酸毒偏高。因此人的抗体稍微增强时，人体就想把这些过多的酸毒尽快排出人体，当人体选择经由皮肤排毒时，由于这些酸毒将侵蚀皮肤细胞，而使皮肤引起瘙痒或溃烂。小孩子于小小年纪就有酸毒偏高的现象，其原因可分为先天或后天两种：1. 父母体内的酸毒已偏高、胎儿阶段时母体的饮食错误或母体过量使用药物。2. 小孩出生后，由于饮食错误与大量服用药物而引起。

前面我早已强调过："人本来就无病，病是人类用尽种种的药物或方法来抑制人体的排毒，使人体内的酸毒无法排除而引起。"不论这个小孩是由于先天抗体较弱或

后天被药物抑制所致，而今接触了自然医学，使人体抗体增强，已有能力排除人体酸毒，这是好现象、是值得高兴的事。我们惟一要做的事，就是帮助小孩尽快把人体内的酸毒清除，由于小孩属于新机器，出世的时间短，所以体内的酸毒也必然较少，因此小孩的好转反应或排毒反应较不剧烈，故可以给予大量的钙离子水和人体五宝，以期缩短排毒时间，菜汤泡钙离子或钙离子水打成青菜汁等，都可善加应用。亦可用沐浴专用的钙离子粉，是一种较次级、较便宜的钙离子粉，来泡在浴缸里给小孩子沐浴，水温适中或稍热一些无妨，沐浴后可擦上拌有钙离子的凡士林或抹上痱子粉，痱子粉中亦可加上少许的钙离子粉，以上种种方法都可使皮肤瘙痒现象稍获缓解。

(三十九) 以前不论擦伤或刀伤，只要一抹上钙离子粉，大约两三天伤口就愈合了，可是这次骑机车跌倒，手肘的伤已痊愈，可是膝盖和脚踝处的伤口却一直好不了，而且好像有细菌感染的现象，请问其因？

答：钙离子粉可迅速止血，而且钙离子又属碱性，可防止细菌感染，并可使伤口细胞拥有良好的生存环境，使伤口的细胞很快再生，因此使伤口很快愈合。可是当您接触自然医学一段时间后，人体的抗体已增强到某一种度时，人体有时会借机会来排毒，譬如您这次骑机车擦伤后，人体会循着擦伤的伤口来排毒，使伤口一直愈

合不了，必须等到人体把酸毒排除后，伤口才能愈合。人体借机会排毒的情形，于人体全身都可能发生，但通常较易发生在下肢，尤其是脚踝处，因为人的脚踝是人体的最底部，犹如水缸的缸底较易囤积污物。当人体欲借机会排毒时，有时您被蚊虫咬伤，您因觉得很痒去抓痒而抓破皮肤时，人体有时也将从您抓破皮肤之处乘机排毒，当人体认为体内的酸毒排得差不多，或暂时先告一段落时，排毒现象就会消失，伤口也就随之愈合。当伤口愈合后，其疤痕呈褐色、褐黑色时，则表示人体内的酸毒还未完全清除，人体以后必然还会再发动一次或数次的排毒现象，若想健康也只有把人体内的酸毒清除而已，人体认为如何清理自己的肉体，就让人体自由发挥吧！人体欢喜就好。

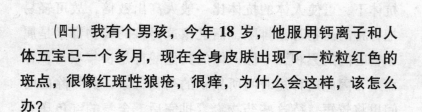

（四十）我有个男孩，今年 18 岁，他服用钙离子和人体五宝已一个多月，现在全身皮肤出现了一粒粒红色的斑点，很像红斑性狼疮，很痒，为什么会这样，该怎么办？

答：一般医学所谓的红斑性狼疮，其元凶祸首就是药物，也就是人类使用大量的药物企图抑制人体自然排毒现象所产生的一种结果。尤其是用来抑制人体的皮肤排毒，您的男孩会出现这种情形，也表示曾经有一段时间里大量服用药物。注：这位男孩的父母起先说不曾服用任何药物，后来仔细一想才说为了抑制脸上的青春痘

寿

不生病之真法（续）

曾经服用将近一年的药物，才把青春痘抑制。这时我笑了一笑："您男孩的青春痘被强制抑制后，他的健康也就从此一天不如一天了。"这对夫妻听了后脸上露出了苦笑，表示无知和无奈，因为他们若不是参阅《不生病之真法》后，还不知青春痘及种种的皮肤病，都只是人体自我排毒的自然现象。觉得无奈又可笑的是，花了许多钱却不是因花钱而心疼，心疼的是花了这些钱反而使小孩的身体受伤害。

人类企图以药物来抑制人体排毒，尤其人体的抗体转强者，则必须以更大量的药物才能抑制得住，也因而愈有机会演变成红斑性狼疮。若无缘接触自然医学时，这些药物的化学毒素则将永远滞留于人体内，以人体的自然排毒能力尚无法排除。不过在自然医学增强人体的抗体下，可使人体的抗体比一般人高出数倍，故可轻易把种种的药物毒素排除，而且像这男孩的药物毒素是属于暂时间的累积，不像人体的其他酸毒是长年累月积存而来；因此这种短时间所累积的药物毒素，其排除的时间也将较短，待这些药物毒素排完后，全身的红色斑点的排毒现象也自然会消失了。

皮肤觉得很痒时，可利用沐浴用的钙离子粉泡入浴缸中来泡浴，沐浴后可抹一些添加少许钙离子粉的痱子粉，或抹上拌有钙离子粉的凡士林，均可使皮肤的瘙痒稍获缓解。

（四十一）我结婚快 10 年了，一直没生育，曾经做过好几次的试管婴儿都没成功，请问自然医学是否可解决我的不孕问题？

答：现代人由于生存环境污染、生活、饮食等种种因素，导致人体内的酸毒偏高，尤其现代年轻人的饮食自小时候就已严重错误，使人体过于酸性，而影响人体的精子、卵子的生成与健康，以致现代人的不孕症比率愈来愈高。试管婴儿研究成功后，似乎是许多不孕者的一大福音，也表示现代医学进步的神速，实属可喜可贺之事，可是若稍进一步了解，这种试管婴儿的方法也就是头疼医头、脚疼医脚的一种方式而已。譬如夫妻两人的精子和卵子，有一方品质不良、不健康，甚至达不到受孕的最低标准时，纵然利用试管婴儿的方法来培育仍将无法受孕，若借用他人的品种来以试管婴儿培育，当培育成功并植入母体后，可是由于母体的体内酸毒太高，胎儿植入后亦将无法生存而很快死亡。以试管婴儿的方法成功生育出后代的实例，至今已不少，俗语说："不孝有三，无后为大。"当您以试管婴儿的方法求得一子，实在值得庆幸。但您或许不要高兴得太早，因为这小孩是在很差的条件下勉勉强强地被生下来，其健康情形令人堪忧，很可能一出生后，必须终生成为医院的常客。套一句迷信的话，本来您应该有很大的福气，可生下一个带来财运的后代，可是却由于您夫妻中有一方或双方的

健康问题，导致生下一个来讨债的小孩，天天须跑医院，天天须花钱。其实这不是迷信，人体的健康与否是一个很重要、很实际的问题，因此我经常建议一些久婚不孕的夫妻们不要急，既然结婚已这么久还未生育，或许再迟一两年也无妨，不如好好将身体做一番改善再来生育，以求得健康的后代，这样对小孩、对家庭、对国家社会都有帮助，这也就是孙中山先生所强调的："强国必先强种，强种必先强身。"其道理在此。

本自然医学这20多年来，已帮助了不少不孕的夫妻正常生育，而且大多是弄璋不弄瓦，因为人体健康后其体质为弱碱，也就是偏阳，故生男孩的机会较大。高雄有一对夫妻，接触自然医学后的五六年来生下了两个男孩，为了求得一女，夫妻俩人将钙离子、五宝停了两年，待怀孕并确定是女孩后，才又继续服用，在此顺便一提，以供参考。有关久婚不孕者，最好是夫妻俩人都能接受自然医学的体质改善，改善期间则以综合五宝为主，另外再轮流加强肾宝和肺宝。服用方法如下，譬如一天欲吞服40粒时，可分成数次或一次吞服，这40粒中综合五宝占1/2，肾宝也占1/2，下次加强肺宝时也占1/2。若想缩短改善时间，其五宝的量还可增加，因为久婚不孕的夫妻，则表示都还年轻，本自然医学的钙离子、五宝用量，愈年轻可服用愈多，反之，愈年老或愈虚弱的人则必须由少量开始，以后视健康改善的情形才可渐渐加量。不孕者以五宝为主外，钙离子对水后，平时当开水饮用即可。

（四十二）请问人体五宝可否磨成粉末来给小孩服用？

答：可以。只不过磨成粉末的五宝不能停留于嘴内的时间太久，否则仍将造成嘴破、舌破。磨成粉末后最好是分成多次来给小孩服用，因为每次只给予较小量时，于嘴内停留的时间才不至于太久，服用后仍须多喝水，最好是饮用钙离子水，较有利于人体的吸收。

今有一事，在此顺便一提。就是经常有人来电话询问："小孩子可不可以服用人体五宝，吃了有没有关系？"听了这问题我觉得很纳闷，现代小孩几乎从生下来后，父母就开始带到医院打针、吃药。似乎不曾听过为人父母者询问医生："药物、针剂使用这么多对小孩有没有关系、会不会伤害到小孩？"而对人体、对小孩有相当助益的东西，反而有很多人关心让小孩吃了不知会怎么样？钙离子、五宝除了年纪太大或非常虚弱的人不能吃太多外，一般人或小孩吃多反而有益。

（四十三）我是一位高龄的老太太，这 20 多天来，每天都服用 5 粒人体五宝，关节早已不疼痛了，可是昨天只吃了一个鱼罐头，今天关节又发生剧痛，请问为什么？

答：人体会有关节酸痛的现象，则表示人体内的酸毒已偏高，你年纪较大，人体五宝仅能少量服之，每天 5 粒就可以，慢慢改善就好。人体五宝亦属碱性，故可迅速中和人体酸毒，会有关节酸痛的人，通常肝、肾的机能也都较衰退，而人体五宝可补充人体五脏六腑所需的营养素，因此可使你的关节酸痛很快得到缓解。

鱼是一种高蛋白质食物，愈高级的蛋白质于人体不能被吸收利用时，将转机成为毒性愈高的酸毒，而且又加工成为罐头后，其毒性更高。当你吃下鱼罐头后，无形中又将使你体内的酸毒增加，因此才会使你的关节又发生疼痛。虽然你这20多天来，一直在服用人体五宝，可是你的体质还未完全改善，又加上年纪大不宜大量服用，以少量的人体五宝只能对人体稍作改善，若人体内的酸毒稍微增加时，则不够来中和人体内所突增的酸毒，而使人体内酸毒剧增并引发关节疼痛。

建议：由于你的人体五宝用量很少，不宜再增加人体的酸毒，也就是不宜多吃酸性食物，请尽量多吃青菜、多喝水，祝福你一天比一天健康，一天比一天快乐。

(四十四) 我堕胎后没休息，因为我必须每天上班，导致流血不止，几天来人已觉得很虚弱，请救救我！

答：堕胎后流血不止，则表示人体的抗体较弱，也就是自然治愈本能较差，以致人体没有能力让流血不止的现象愈合，这时只要让人的抗体一增强，流血不止的现象就很快消失了。

当我接到这个电话后，我即请她把地址给我，我即将综合五宝和钙离子邮寄给她，过不了几天这位小姐就来电话致谢。而后又继续服用了一段时间，体力、精神已恢复正常。

（四十五）我的先生接触自然医学已半年多，最近反而觉得头晕目眩，为什么会这样？

答：在接受自然医学的体质改善过程中，会出现头晕目眩的现象，则表示此人原来就有气血不足的现象，中医所谓的气血不足也就是人体的血液污浊、血液中的酸毒偏高，导致人体的末梢循环不良而引起人体的"气"不足，又加上饮食不当、叶绿素摄取不足或肠胃消化、吸收的功能低落，导致人体有贫血现象。在这种情况下，当人体的血液净化到某一程度后，将使末梢循环较为畅通，当末梢循环较畅通后，若人体的血液较不足时将使脑部得不到充分的血液来滋润，而将有头晕目眩的现象发生，不过这只是短暂的现象而已。只要将人体五宝加量服用，钙离子泡温开水并加上少许葡萄糖来饮用，并且每天能打一二次青菜汁来饮用，这种头晕目眩的现象就会很快消失。

（四十六）我刚接触自然医学后不久，性方面似乎强了许多，可是最近却觉得力不从心，请问其原因？该如何改善？

答：通常刚接触自然医学后，性方面会稍微增强，

这是因为钙离子和人体五宝均能使人体细胞活泼、强壮，当人体的肾、膀胱细胞较活泼、强壮时，人的性能力当然也将随之增强。可是当人体细胞愈来愈活泼、强壮而使人体的抗体增强时，人体即将对人体进行自我改善，当人体于自我改善过程中会有力不从心的现象时，则表示以前稍有过度使用。若过度使用时，则于改善过程中将会有一段时间的阳痿现象，以前愈过度使用则阳痿的时间也将愈久。惟有如此，人体才能于不透支的最佳情况下进行改善人体，使人体能尽早获得健康，这种现象必须等到人体将肾、膀胱改善到某种度后，阳痿现象才会消失。阳痿现象会持续多久，则须视人体改善肾、膀胱的时间多久而定。这个问题曾经有许多人问过我，我也只能告诉他问问自己的人体吧！因为本自然医学仅在帮助人体增强抗体后，对自己的肉体自我改善，每一个脏腑的改善时间须多久，只有人体本身知道，该改善多久？人体自有分寸，当然与您所服用五宝、钙离子的量有关系，除外就是改善饮食，以帮助人体的自我改善，急也没用，其实您急而人体却比您更急，而且在您未了解人体的自然法则之前，人体已不断为维护人体健康而努力，而您却不断地在糟蹋自己的肉体。因此不论人类多聪明，还是非常无知，此话不知读者意下如何？

（四十七）**我原来没有痔疮，接触自然医学大约一个月后，却出现内、外痔，我一害怕就到医院开刀，可是开刀的伤口却一直愈合不了，因此又去开了一刀，结果开刀处却长出了一块硬硬的肉块，请问为什么会如此？**

答：接触自然医学一个月左右，就出现内、外痔，这表示您的大肠、直肠已累积了大量的酸毒，只是以前您的人体没有能力把这些酸毒排出体外，因此您一直没有痔疮的排毒现象。当您接触自然医学后，人体抗体一增强时必然会将这些于大肠、直肠内囤积已久的酸毒排除。当人体的抗体强且大量排毒时，而使内、外痔一并发生，由于接触自然医学者，其抗体皆强于一般人，当人体在发动排毒的过程中，欲寻求一般方法如打针、吃药或开刀来强加抑制的话，恐怕很难，除非是加强药量，或者必须多挨一二次刀，否则欲抑制得住实属不易。譬如您已挨第二次刀，结果还出现硬肉块，这表示您被开过刀的部位，其肌肉仍被酸毒所侵蚀而成角质化，所以才会形成硬块。目前您利用开刀方式、利用更厚的肌肉来围堵人体的排毒，这些厚厚的肌肉慢慢地被酸毒所腐蚀后，人体的排毒现象仍然会发生。除非您从此放弃自然医学，否则人体抗体一增强，并察觉人体内有这么多的酸毒时，人体势必将这些酸毒完全清除，不完成则誓不罢休，这是人体可爱之处。若您以开刀方式把内、外痔的排毒管道堵得太死的话，人体也可能另辟排毒管道，譬如经由皮肤来排毒，您若想获得健康的身体时，就让人体自由发挥、任其排毒吧！装傻一些，我想人体只可能对自己的肉体有利不可能有害吧！

(四十八) **请问有乙型肝炎该如何来服用钙离子和人体五宝，可是医生说这种病是无法痊愈的，那么自然医学能吗？**

答：现代人聪明的太过于聪明，单纯的却十分单纯。譬如医生说："乙型肝炎以目前的医学无法治愈。"一般人听了此话后，就以为只有乙型肝炎无法治愈而已，其他的疾病医生都可使其痊愈。因此有时我会告诉他："您为什么不多问几种病，是否医生都可治愈？"当您问了一百种以上的疾病而医生都说无法治愈时，您才会知道目前的医学无法治愈任何一种疾病，不只乙型肝炎无法治愈而已。但医生不可能告诉您，以目前的医学对所有的疾病都无法使其痊愈，所以一般病人都将认为自己倒霉，碰巧罹患了一种医生无法治愈的疾病。我在《不生病之真法》中特别强调："治病先求治心。"假如您的心里一直认为乙型肝炎是一种无法痊愈的疾病，那么本自然医学也将帮不了忙。

有关乙型肝炎的服用方法如下：以综合五宝为主，另外再补充肝宝和肾宝。以五行相生而言，水则生木，五行中肝属木、肾属水，因此强化肾功能则有益于肝脏的改善。肝宝和肾宝可轮流补充，譬如这次是一瓶综合

五宝补充一瓶肝宝，下次则一瓶综合五宝补充肾宝，服用量可多可少，因为它不是药物，不会因过量而中毒，尤其年轻人不怕好转反应可大量服用。譬如台南县佳里镇有一位郭先生，也是罹患乙型肝炎，在台湾已找遍所有中西名医均无法治愈，只好把自己多年来苦心经营的几家公司、工厂关闭，欲前往中国大陆求医。这时幸好经友人介绍而接触了自然医学，当他服用钙离子、五宝一个多礼拜后，知道吃对东西了，因此更大量服用，管它好转反应不反应，人体五宝的服用量相当于一瓶五宝于两天内就服完，并且大量饮用钙离子水，又经常以钙离子水打成青菜汁来饮用，如此之下，仅短短的三四个月，他的乙型肝炎早就消失得无影无踪了。

乙型肝炎与种种肝炎或肝脏疾病，主要原因与不吃青菜有极大的关系，因为肝脏于五行中属木，于五色中属青，因此肝脏喜爱叶绿素、维他命 C、K 之类的营养素，可是现代有许多人不吃青菜，久而久之，使肝脏一直无法获得它最需要的营养，而使肝功能低落。当肝功能低落时，所有肝脏疾病也就接踵而至了，所以当您肝脏方面的毛病痊愈后，平时仍须多吃青菜、多喝水，以确保人体永远健康。

（四十九）医生说："糖尿病、高血压都无法治愈，只能控制而已。"请问中华自然医学可治愈这两种病吗？

答：有关糖尿病、高血压之病因，在《不生病之真

法》或本书中都已有详述，故于此不再重述，主要病因也是血浊、血酸而引起。所有疾病都是人类自作聪明、自作孽而使人体内的酸毒偏高引起。若欲追究人体的致病原因，勉勉强强只能说是"酸毒"而已，为什么说是勉勉强强呢？因为人体内会囤积酸毒是人类自作聪明而来，否则人体内不应该有过多的酸毒，而人体内若无过多的酸毒时，人体也就不会有病。既然人体致病原因，也就是酸毒而已，那么只要能将人体内过多的酸毒排除，所有的疾病也就会自然痊愈了，那么还有什么病能治，什么病不能治的说法呢？

糖尿病和高血压的患者，若年事已高，则给予少量的综合五宝，每天给予三五粒，最多10粒即可，钙离子可泡淡一些，平时当开水饮用；若是年轻人，糖尿病可在脾、肝、肾这三方面轮流加强，也就是以综合五宝为主，并轮流补充脾宝、肝宝和肾宝。而高血压的人可轮流补充心宝和肝宝，如此之下的改善效果就很不错了，当然饮食方面仍须注意，务必多吃青菜、多喝水，少吃鱼、肉类等酸性食物，以减少人体内酸毒的增加。

(五十) 我今年48岁，得糖尿病已10多年，至今眼睛已开始模糊，脚部也有了溃烂，请问该怎么处理？

答：糖尿病的患者该如何服用钙离子、五宝，以及应注意事项，于前面问题中已有一番叙述，于此不再重复。48岁的年龄还不算大，故尚可稍微加量以求早日使病痊愈，用量的多寡可视自己身体的改善情形自行调整之，糖尿病患者于改善过程中，仍将引起皮肤瘙痒，而女性则将有下体瘙痒的情形出现，这时可利用钙离子水来冲洗下体，或利用沐浴粉加入浴缸中来泡身体，**注**：沐浴粉是一种次级的钙离子粉，价格较低廉。脚部溃烂亦可用钙离子水来泡脚，泡后用拌有钙离子粉的凡士林抹上，可使伤口很快愈合。眼睛模糊则须等到人体与血液净化到某种程度后，才能获得改善。因为眼球内的血管是人体最细小的血管，于人体的体液、血液未充分净化时，大血管所清除的污物极易卡在眼球的小血管，当眼球的小血管被卡住污物，使眼球细胞得不到充分的血液来滋润时，这段时间里眼睛将更模糊，必须等到眼球血管被卡住的污物被清除后，视力才会恢复正常，如此一次又一次，一波又一波的改善，一直到人体健康、视力正常为止。饮食方面仍然是多喝水、多吃青菜。

（五十一）我服用钙离子、五宝一个多礼拜后，每天都排黑便，请问是否胃出血？

答：接触自然医学后，人体会出现排黑便的现象，则表示您曾经长期便秘，使大肠壁卡住了许多宿便，排黑便就是人体正在清理这些宿便之故。大肠的宿便不排除，囤积时间愈久其毒素愈高，因此这些宿便不排除，人体则无法健康。以前由于您的大肠蠕动能力不足、肝火旺盛或水分不足，而导致便秘和囤积宿便，当接触自

然医学后，人的抗体增强、大肠蠕动能力亦随之增强，又加上大量饮用钙离子水，使这些宿便极易脱离而排出人体外，由于这些宿便于人体内囤积的时间太久而变成褐黑色，并非人体有胃出血的现象发生。我的内人亦曾经有过长期的便秘，当她接触本自然医学后约一个多月，大便开始畅通，并同时排放黑便，排黑便的时间前后有一个月左右，当这些宿便完全清除后，人体健康就会向前迈进一大步了。断食能促进人体健康，其道理也就在此，当人不进食，大肠内的老废物就会愈来愈少，大肠内的老废物愈少时，大肠的蠕动性也就会随之增强，就像一部老爷车，您把车上的货物卸光后，它就能跑得快一些。当大肠的蠕动性增强，又加上大量喝水，这时大肠内的宿便有了充分的水分，并加上大肠的蠕动而极易脱落，当这些宿便脱离大肠壁后又因有充分的水分，因此可迅速地排出体外，所以断食期间，一定要多喝水，否则不仅无法排除宿便，对一些身体太虚弱的人反而会有不良的后果。

（五十二）请问自然医学强调人体有病是因酸毒而引起，那么我们只要多喝钙离子水来排除人体的酸毒即可，为什么还须服用人体五宝呢？

答：凡接触本自然医学的人，通常我都会强调他以人体五宝为主，钙离子水为副。尤其是综合五宝里木、火、土、金、水等五宝又加上钙离子片都有，钙离子片

中占有 85% 的钙离子，而人体五宝中亦有 6%～10% 的钙离子，综合五宝里的内容是人体五宝和钙离子片各占 1/6，是以重量来计算，而不是计算颗粒数量，因为冲压成片状时，每一种人体五宝的厚度不可能完全一样，从上述综合五宝中，我们不难了解其所占的钙离子的比例，已足够来中和人体酸毒之用。尤其对人体整体改善而言，综合五宝却已面面俱到，使人体五脏六腑都能得到所需的营养素，因此可使人体的改善较均衡、较平衡，这也就是致中和、中庸的道理，在这种整体的改善下，好转反应也将较平和。

尤其现代人的体质大多偏向于酸性体质，一喝到钙离子水很难入口，甚至一喝即吐。在这种情况下，纵然是仙丹妙药若不能让人吃进人体也是枉然，有些只沾了一口钙离子水，从此以后连碰都不敢再碰了，因此必须推荐他先服用人体五宝，于三五个月后人体已稍有改善后再配合饮用钙离子水。还有通常我们于冬天的喝水量都较少，以我个人而言，为了帮助人体早日完成整体的改善工作，我于冬天往往都会将综合五宝的用量增加一倍左右，以弥补冬天喝水量的不足，而且冬天有许多动物进入冬眠状态，也是人体养精蓄锐的最佳时机。因此古人利用冬天进补的道理在此，这也就是春发、夏长、秋收、冬藏的道理。说到进补，于此顺便提醒一下，古代的人以蔬菜为主，故偶然吃一点鱼或肉类谓之补，所谓进补就在于补充人体所缺乏的营养，而现代人自小就已大量的鸡鸭鱼肉，那么该补充什么？就是该补充蔬菜，大量的食用青菜就是补。

　　除了上述种种因素之外，人体于自我改善中必须加强人体五宝的道理如下：

　　1．人体于排除酸毒的过程中将导致营养流失：如痔疮排血、大量经血、鼻子排酸血、癌患者经由口中吐酸血，以及人体在排除种种酸毒的过程中，都将多多少少会夹带一些营养素，而使人体营养流失。这种情况对较健康的人于短时间内不易察觉，可是对于身体较虚弱的人就会有明显的感觉，有些体虚的人仅饮用钙离子水，有的喝了一个月，也有人只喝了一个礼拜就觉得身体更虚脱，因此才来电话请教，其实这问题我在《养生祛病妙法》中都有详细的引述，所以我经常强调："不论是《不生病之真法》或《养生祛病妙法》都必须好好的看上三五次，若能因而将钙离子与人体五宝灵活运用的话，此生中即可远离药物、远离疾病了。"因为一般人参阅《不生病之真法》后都只知道钙离子，因此当他接触钙离子后，我都会附送一本《养生祛病妙法》，并强调多看几次，其内容是人体五宝的成分、功效与应用，以及钙离子的急救应用，若能好好善加运用，有时一粒钙离子或一二十粒人体五宝，就可救人一命。

　　2．人体五脏六腑需要不同的营养素：钙离子主泄，人体五宝主补。一般刚饮用钙离子水后的人，都将觉得精神、体力比较好，这就好比一个水族箱里的水质，因鱼的污染或吃不完的鱼饲料开始变质、变酸后，使水质的酸毒偏高，导致水族箱内的鱼儿无法生存，使鱼儿显得无精打采，甚至一条条的开始死亡。这时您若把水族箱内的水抽出一部分后，再补充干净、优良的水质时，这些鱼儿又将显得活泼起来。可是您只更换水质，而长时间下来您都不给鱼儿一些饲料，这些鱼儿最后也将因营养不良而又无精打采，甚至死亡。人体亦是一样，只以钙离子来净化人体，改善体质，而一直不补充人体细胞所需的营养时，久而久之，虽然细胞已有了良好的生存环境，可是却因长时间得不到所需的营养时，人体细胞仍然无法活泼、强壮。而且五脏六腑的细胞都有它们所需要的营养，因此本自然医学于 20 多年来，不断地研究、改良，并于实际的临床与实践中证实，每一种人体五宝都是人体每一脏器不可或缺的营养素。

3. 现代蔬菜的营养已不如往昔：中华自然医学主张多吃青菜多喝水，人体才能健康，可是现代蔬菜由于土质已酸性化，又加上大量的农药、化肥，使原来属于碱性的蔬菜而今已都成为酸性食物了，而且现代的蔬菜于化肥、荷尔蒙的刺激成长下，未能充分地摄取土壤中的养分时已长大了。这种情形就和现代的鸡鸭于快速成长下，我们所吃的也只是虚有其表而已，古时候是一家烤肉万家香，现代鸡肉的香味亦在时代潮流的冲击下渐渐淡了，而蔬菜也不像古时候那么香甜了，这都表示营养价值已有相当大的差异。本自然医学的人体五宝则可弥补现代蔬菜营养的不足，尤其现代小孩不吃青菜，可以给予大量的综合五宝并加强肝宝，即可确保小孩的健康。

基于以上种种因素，读者若能好好地掌握人体五宝，

而钙离子水平时则当开水饮用，那么您的健康问题就完全无忧无虑了。

（五三）请问人体五宝和钙离子于怀孕后是否可继续服用？

答：老一辈的人都知道，妇女于怀孕期间不可乱服用药物，因为只要是属于药物多多少少都有毒性，极易造成对胎儿的伤害。近半世纪以来，由于现代的医学专家、营养学家把人体细胞所需的营养搞错方向，又宣称是最科学、最权威来误导一般民众，使一般妇女把西药或西药的营养品当成人体至宝，于怀孕中仍毫无顾忌地服用，以致严重伤害到胎儿。

本自然医学的人体五宝和钙离子都不属于药物，不但完全没有毒性，而且又属碱性，故可化解种种的酸毒以及药物的毒素。怀孕期间大量服用可充分补充胎儿所需的营养外，可防止母体营养的流失，并可确保胎儿不受药物或种种酸毒的伤害，以期获得健康、活泼的小宝宝。

怀孕期间的人体五宝用量，可随着胎儿的成长而逐渐加量，以充分供应胎儿成长之需，钙离子水则平时当开水饮用，亦可用来煮饭、煮粥、煮菜汤，以增加人体钙质的吸收，尤其胎儿于成长过程中需要大量的钙离子，因此一般妇女生了三两个孩子后臀部就会变大，这就是骨骼中的钙离子大量被胎儿所摄取，导致骨质疏松而引起臀部粗大。除外，尚有许多妇女一怀孕就会有害喜的现象，这表示母体的营养素不足，不够来供给胎儿成长之需，这时只要给予母体适量的钙离子、五宝后，这种害喜现象就会消失。

曾经有孕妇询问："怀孕中继续服用钙离子、五宝，会不会反而引起流产呢？因为人体抗体一增强时，或许将把刚受孕的胎儿，误认为是人体长了异物而加以排除？"其实这是杞人忧天，我经常强调："人体比我们人还聪明，人体于分分秒秒中都没忘记它的天职，时时刻刻都在为人体的健康而努力，只是由于人类的无知，随时随地在破坏人体、糟蹋人体。"既然人体比我们人更聪明，怎么会把胎儿当成异物而加以排除呢？孕妇会引起流产现象即表示母体不健康、母体的营养不足供应胎儿成长之需或怀孕中受到药物或外来的伤害等，才会流产。而接触本自然医学的孕妇，其胎儿不仅没有营养摄取不足之处，而且抗体亦将较一般的胎儿强，纵然有了药物或外来的伤害时，只要不太严重的话，都还不至于伤害到胎儿或影响到胎儿的成长，因此请所有接触到自然医学的孕妇们大可放下一百个心，好好地期待能让你称心满意的健康宝宝问世吧！

（五十四）我近几年来很容易疲劳，到医院检查一直都查不出原因，医生说一切都很正常，请问其原因？该如何改善？

答：经常觉得疲劳，此问题在第一篇中已有详述，

主要原因是体质已太酸性化，导致肝肾机能退化、人体骨髓大量流失，若极易打瞌睡则表示脾脏机能已有严重衰退的现象。人体脾、肝、肾机能衰退时，根据中医学理论则须注意糖尿病的发生。既然是人体内酸毒已偏高，平时鸡、鸭、鱼、肉、蛋、豆类、油、盐、糖等相关的食物，这些都属于酸性食物则不宜多吃，而以青菜为主，并且多喝水。如须配合自然医学来进行改善时，可用钙离子水打成青菜汁来饮用，平时多喝钙离子水。若钙离子难于入口时，可先吞服综合五宝，每天早上空腹做一次吞服，一次几十粒或百粒无妨，亦可分成数次来吞服，不过仍以早上 7 时至 9 时间未进食前服用的效果最好。若欲再加强其他五宝时，可视人体实际改善的情形而定，如遇人体正进行改善肝脏时，则可加强肝宝，人体正于改善肾脏时，则可加强肾宝，以此类推。

大量吞服人体五宝与饮用钙离子水，疲劳现象于当天就应该有很大的改善，不过当人体进行改善肝功能之际，将有一段时间会特别爱困，这种现象在前面都已有详述，这是人体在强迫"人体补眠"的现象，这时请尽量配合人体的改善之需，仍须多休息，以期尽快完成人体自我改善，使人体早日健康。

（五十五）登革热、艾滋病目前在医学上似乎没有特效药，请问自然医学是否可治愈？

答：自然医学本来就只在于帮助人体增强抗体，恢复人体与生俱来的自然治愈本能后，由人体去自我改善、自我治愈人体的毛病，所以自然医学不分任何疾病，甚至人体的抗体增强后，所有的疾病根本无机可乘，我想这才是根本之道吧！

（五十六）我以前大便都很正常，每天一次，当接触自然医学半年左右，现在每天都三四次，请问为什么？

答：本自然医学只在于帮助人体增强抗体后，由人体去对自己的肉体进行自我改善，而您的人体于自我改善过程中，每天会有排便三四次的现象，必然有其道理，当然这也是人体排除酸毒的自然现象之一，人体每天排便三四次，其原因有二：

1. 人体内的酸毒已偏高，而大便在人体内滞留时间愈长，其毒素愈容易被大肠于摄取水分的过程中而回到人体，因此人体为了尽量避免体内酸毒的增加，而让大便尽快排出人体的一种措施。

2. 人体正在排除肠胃酸毒的现象，当人体抗体增强后，发现肠胃内的酸毒偏高时，则将发动排除肠胃酸毒的工作，这些肠胃所排出的酸毒必将经由大肠来排出人体，为了避免二次污染，人体就会让这些酸毒随着粪便尽快排出人体。

这都属于人体自我改善的自然现象，等人体把这一阶段的排毒工作完成后，这种现象就会自然消失了。

当人体发动经由肛门来排除酸毒时，其粪便通常都将夹带着较大量的水分而较偏软，甚至于更大量排毒过程中会出现严重腹泻的现象。通常一般人吃坏肚子而一天拉了三次就会浑身无劲，可是接受本自然医学于人体自我改善肠胃过程中的腹泻，纵然一天拉了七八次，甚至持续拉了八九天，人体反而愈拉愈有精神。不过有些人一看到拉了好几天，担心会拉出问题，由于心理因素而觉得人体似乎虚弱了一些，其实完全没这回事，当你稍加提醒他时，他马上就会察觉他的体力、精力反而比以前更好。

在人体自我改善肠胃的过程中，钙离子水与综合五宝可稍加量，并且可补充脾宝与心宝，以帮助人体尽快完成改善工作。

(五十七) 我有个女儿，年已 20，经常觉得胸闷、气滞，如今接触自然医学已 3 个多月了，为什么这种毛病还未痊愈？

答：人体本是无病，当被人类利用种种药物强加抑制，以阻止人体的种种排毒现象，而使人体内的酸毒无法排除且加上药物毒素的伤害而引发种种疾病。胸闷、气滞也是人类利用药物企图来止咳化痰、抑制人体排除肺部污物而形成的一种症状。这就像我们房子的纱窗长年累月不清洗，当纱窗卡满了灰尘、污物时，使空气无法进到屋内。胸闷、气滞的现象即人体觉得呼吸困难吸不到充分的氧气，偶尔必须轻咳一下或须用力地吸一下空气才会觉得舒服一些。这种现象中西医各有不同的说法，中医说是中气不顺，而西医却称之为慢性支气管炎。

胸闷、气滞虽不是病，但从一个人出生后开始利用药物来止咳化痰，结果止得了咳却化不了痰的情况下，演变成胸闷、气滞的现象通常都不只是三五年的时间所形成的。当接触自然医学后，虽然人体本身是最好的修理工厂，但也必须给人体时间，而且也必须让人体的抗体先增强后，才有能力进行自我改善。本自然医学纵然可使人体很快地增强抗体，可是有些人的身体非常虚弱，欲增强其抗体并非两三个月的功能。除此之外，生活起居、饮食习惯，以及钙离子、五宝的用量等，也都与人体增强抗体、自我改善的速度有关。

俗语说："一日无事小神仙。"人体只要有了某一个小毛病，如牙疼、头疼或其他不舒服时，人就无法逍遥自在似神仙。因此稍有一点小毛病时，也都希望赶快痊愈，这可说是人之常情，但有些事情却是急不得。曾经有一位太太带了已三十几岁的女儿来请教我："听朋友介绍说，自然医学能治愈种种的疑难杂症，我的这女儿自小就有了癫痫症，一直不断地寻访名医，可是都无法使她痊愈，请问自然医学能否于三四个月中使她这种病治愈呢？"我听了后笑了一笑说："你寻医已二三十年了，只剩三四个月就可治愈你女儿的疾病了，就好比你从高雄出发欲到台北，可是你已到了板桥，你却调头回来台南找我，从板桥到台北只有一小段的路程，你怎么不走

完它呢？既然你的女儿只剩下三四个月的时间，就能使疾病痊愈了，又何必找上我而须从头开始呢？你是否搞错了吧！"

这位太太一听到三四个月无法让她女儿的病痊愈时，调头就走了。其实癫痫不是什么绝症，而且天下名医之多，岂有二三十年来无法治愈的道理，或许是这位太太一直祈求能于三四个月治愈她女儿的疾病，以致无形中已耗掉了几十个三四个月的时间，不仅还没治好她女儿的病，而且她的青春也在这几十个三四个月的岁月里消失了。

因此我经常强调虽然人体本身是一个最好的修理工厂，可治愈人体本身的种种疾病，可是你仍必须给人体时间，总不能说您已找到一位全世界最优秀的建筑师，您就期待他于三、两个月内盖好一栋大楼吧！因为一位非常优秀的建筑师不一定就是快速盖房子的好手吧！

(五十八) 中华自然医学强调所使用的钙离子、五宝，不直接医治人体的疾病，而只在于帮助人体增强自然治愈本能后，由人体去自我改善自己的肉体，请问可否进一步说明？

答：本自然医学所使用的钙离子、人体五宝，除了人体有急症发生时，人体将配合人体的自然治愈本能，调用您所服用的钙离子、五宝，去支援人体疾病的康复，否则都只在于帮助人体增强抗体、增强自然治愈力后，由人体去进行自我改善，不同于一般药物尽在做一些抑制、止痛、头疼医头、脚疼医脚，所谓对症疗法、对症下药的工作。

那么如何证明自然医学只在于帮助人体进行自我改善呢？譬如人体于自我改善过程中，认为必须以腹泻方式来排除肠胃内的酸毒时，人体就会发动腹泻的排毒现象。或许有些人会认为，是否钙离子、五宝中有添加少量的腹泻药，而当一个人每天服用钙离子、五宝时，使这些腹泻药一点一滴地累积到足够让人体产生腹泻时，人体就会引起腹泻现象。假若如此，那么有人吃坏肚子，正于腹泻不止时，只要给予一、两颗钙离子或二三十粒的人体五宝，而腹泻现象即可立即停止。您若以一般药物的角度来衡量钙离子、五宝的话，或许您将犹如丈二和尚摸不着脑袋吧！因为一般药物的作用，泻剂就是让人泻肚子，而止泻剂就是可停止人体的腹泻现象，而自然医学所使用的钙离子、五宝，既能止泻也能令人腹泻，这或许将超出一般人的经验吧！其实这只是人体自我改善的表现而已。

此外，一般人有了种种不舒服的自觉症状时，以一般药物和一般药量即可轻易加以抑制。但于人体接触自然医学增强抗体后，而正在进行自我改善的过程中，以一般药物和一般药量则很难抑制得住。现代有大多数的女性由于上班中不方便或种种因素，而较不喜欢喝水。可是当人的抗体增强、新陈代谢加速后，人体所需要的水分必然随之增加，以前当您觉得口渴时还不喝水，人

体有时会不了了之，可是当人体新陈代谢加速后需要较大量的水分而让人体口渴、强迫人体多喝水之际，您故意不理它、不喝水时，人体或许不再像以前那么轻易就放您一马，甚至会让您渴得发狂，而且喝一般的汽水、饮料或一般的开水等却不一定能止渴，因为人体新陈代谢加速后所需要的不只是纯粹的水分而已，而是更需要水中的钙离子和种种的矿物质，因此在这情况下有时您不喝钙离子水时却无法止渴。当人体喝下大量的钙离子水，来提供人体新陈代谢之需，当人体完成种种新陈代谢后欲把代谢后的废水排除而让您觉得尿急，以前尿急还憋得住，可是接触自然医学而使人体抗体增强后，人体认为该排尿时，您想憋尿或许将不容易。人体于自我改善中欲排除牙龈内的酸毒而引起牙疼时，您若去找牙医或许反而更疼。人体于自我改善过程中出现种种不舒服的好转反应时，您纵然把钙离子、五宝停止服用，人体仍将继续自我改善。这就好比您在高速公路上当车子正全速前进时，这时您不踩油门车子仍然在继续前进，甚至急踩刹车时车子也必须滑行一段距离后才会停下来。以上都是人体增强抗体后进行自我改善过程中的自然现象，和您以前的经验将有所不同，更不像一般医学，给您吃下止痛剂后可使人体的病痛马上解除，可是不继续服用止痛剂时病痛又马上出现。因此您只要稍加留意，不难了解本自然医学的钙离子、人体五宝都只在于增强人的抗体，由人体去自我改善而已。

　　（五十九）目前一般医生把疾病推给"体质"两字，而自然医学却把疾病推给"好转反应"，请问这又有什么不同？又如好转反应所出现的皮肤病和一般皮肤病又有什么区别？又该如何分辨是疾病更严重了或是好转反应呢？

　　答：反谓好转反应在中医学理论中谓之瞑眩反应，即人体疾病于好转前将出现种种不舒服的现象，这些现象则称之好转反应。由于现代完全健康的人似乎少之又少，因此接受本自然医学而使人体的抗体增强后，人体必将为自己的肉体做一番地改善。在这种人体自我改善的过程中，人体就会出现种种不舒服的好转反应，所以人体有了不舒服的自觉症状出现时，则表示人体正在进行改善，也才表示人体有所改善。故每当人体度过一次好转反应后，人体的健康都将又迈进一大步，当您熬过种种的好转反应后，这时您才是真正地脱胎换骨，得到的是非常健全的健康。因此人体于好转反应的不舒服或种种痛苦现象，并非人体疾病更严重、更恶化的现象，而是人体于疾病痊愈前必需的过程。由于人体本身就是最好的修理工厂，也就是人体与生俱来的自然本能，地球上的所有动物也都具有这种本能，因此动物们不必医生、不需医药反而活得很健康快乐、逍遥自在。而人体的这种自然治愈本能是我们人类过于依赖医学而把它忽视而已，如今本自然医学因洞察人体的自然法则，并且有一套可以增强人体抗体的方法，来使人体的抗体增强

后，由人体本身这个最好的修理工厂去修护自己、改善自己，使人体在自我的精雕细琢下得到最完整的健康。而人体为了自己肉体的健康也不得不全力以赴，不得不拼命，所以在人体全力以赴之下，似乎没有不能治愈的疾病或绝症。既然本自然医学能帮助人体自我去治愈种种的疾病或绝症的本事，又何必像一般医生因治不好病人的疾病，而把责任推卸给"体质"两字呢？一般医生会把疾病推给"体质"两字是因为他们不知道体质可以改善，更不知如何来改善体质。因此治不好病人的疾病时，只要告诉病人说是病人的体质不好，也就可以敷衍了事。而本自然医学却是专门在改善人体的体质，可使一般所谓遗传、体质不佳或先天不足的人，都可以后天得到弥补，而获得彻底的体质改善，也因此本自然医学不必因治不好病而推给体质，也不必因疾病更恶化而推给好转反应吧！

　　人体为了维护自己肉体的健康，必然会将人体内的酸毒或曾经被药物抑制的酸毒，以及种种药物的酸毒一并排除。若人体选择由皮肤来排毒时，这时所出现的皮肤排毒现象将比以前更严重，因此好转反应所出现的皮肤病与一般的皮肤病，基本上并无什么不同。只是好转反应的皮肤病，由于人体抗体较强而使皮肤排毒的现象将较剧烈，而若想以一般的药物和一般的药量来抑制，恐怕不那么容易吧！

　　那么到底是好转反应或疾病更严重呢？当然人体于好转反应的过程会有种种痛苦现象，而人体疾病更严重时也将出现种种的痛苦现象，同样都会有痛苦，可是好转反应的痛苦是有代价的。譬如癌症末期的病人于临终前必将疼痛得在地上翻滚，不是因癌症的原因而死亡，而是人体忍受不了如此剧痛而死亡，这种痛苦完全得不到代价，人体也不能不承受。当癌症病人于好转反应的过程中，仍将出现剧痛的现象，有时甚至会因剧痛而陷入昏迷状态，可是当苏醒后，人体健康已有莫大地改善，这种痛苦才值得、才有代价。在好转反应中的疼痛若能稍加留意，您就会察觉和以前疾病的疼痛有所不同。台南有位胡小姐，以前经常胃疼而都以止痛剂来止疼，当她接触自然医学后，由于药物的酸毒很快被钙离子所化解，而使人体神经迅速恢复知觉，致使胃疼现象又立刻出现，不过这位胡小姐事后告诉我说："那种疼痛的现象的确和以前的胃疼真的有点不一样。"

当一个人在好转反应的过程中，若不是体质非常虚弱的话，虽然人体出现种种不舒服地反应，可是却不会像一般人体有病时无精打采。譬如属于好转反应的感冒，人体仍然能吃、能做、照常上班，小孩在好转反应发高烧时，除非小孩体质很差，否则将蹦蹦跳跳的，仿佛无发烧这么一回事。还有在好转反应所出现的腹泻现象，纵然一天泻了七八次，而且持续泻了八九天，人体反而愈泻愈有精神，不像一般人于一天中只要泻了两、三次就已全身软绵绵。因此只要稍加留意，就不难区别是属于好转反应或疾病更严重了，您愈不怕好转反应、对人体的自我改善愈有信心，人体也将更无顾忌、更加放手去自我改善，如此一来，您整个人体的健康工程才能在最短的时间内来完成。

（六十）**我接触自然医学已一年多，似乎已较不怕冷，可是血液循环仍觉得很不顺畅，经常会有手脚麻木的现象，请问为什么？**

答：我接了这电话时，立即回答说："既然接触自然医学已一年多，而仍觉得血液循环很不顺畅，这则表示你以前的血液非常污浊、酸毒很高。"这位太太说："是的，因经过了两次的剖腹生产而使人体内残留了许多的麻醉剂，导致神经、肌肉经常发炎。""既然你的神经、肌肉曾经常发炎，亦表示你的末梢循环相当不良，而使神经、肌肉的细胞得不到充分血液的滋润，以致面临死亡，才会引起发炎，而人体末梢循环如此不良，使肌肉细胞太缺乏血液的滋润而将急速老化，而形成角质化，以致极易引起全身肌肉僵硬。"她听了我这么叙述后，频频地说："是的，我以前就是这样，不过接触自然医学后全身肌肉僵硬的现象早已消失了，如今只觉得手脚经常麻木而已，而且亦经常还会有头晕现象，可是已经很久不再头疼了，请问这是什么原因？""人体血液循环不良，其'气'必将不足，你目前还经常出现手脚麻木、头晕现象，则表示你的气血仍相当不足。由于气血不足，导致手脚细胞得不到充分的血液来滋润，也将会出现麻木的现象，就有如于学生时代趴在桌上午睡，当头部压迫手臂一段时间后，手臂的血液循环受阻而使细胞得不到充分的血液来滋润，这种情况下我们的手臂也就会发麻。而人体的脑细胞得不到充分的血液来滋润时，人体就会出现头晕现象，而脑细胞严重缺乏血液滋润而使脑细胞大量死亡时，也就会引起头痛现象。由于你目前的气血还较不足，人体的头部位于人体的上方以及手脚的末梢等处，极易因人体的气血不足而无法得到充分血液的滋润，就会引起头晕、手脚麻木的现象，当你的气血有所改善时，这些现象也就自然会消失了。"

〔六十一〕**我的小孩今年已 4 岁多，至今还不会说话，曾经因疝气开过两次刀，请问自然医学能否使他会说话？**

答：若想使这小孩能正常说话，必须把小孩体内的麻醉剂、药物或种种酸毒加以排除，在小孩的改善过程中必然会出现发高烧、腹泻等现象。当小孩的人体有了一番地改善，包括脑细胞、神经细胞的再生等万事俱全后，这小孩也就自然会说话了。

〔六十二〕**我接触自然医学大概有一年多，对身体的改善相当满意，精神好得很、不感冒，多年来的耳鸣已消失，可是这几天来，又出现耳鸣、腰酸，又觉得头晕，请问这是否就是好转反应？**

答：现代人早已习惯止痛就是医病，不痛就是没病

的治病方式。当参阅了《不生病之真法》已知道疾病于
转好的过程中将出现种种不舒服的好转反应后，有些人
担心的不是他的疾病何时可痊愈、他的人体何时可健康，
而却担心接受自然医学后万一出现好转反应时该怎样办？
因此最后仍选择原来"头疼医头、脚疼医脚"的方式，
宁可让疾病折腾一辈子，而不原熬过短暂的好转反应。
遇到这种人，我通常也只好鼓励他赶快回头去找医生，
何必为了治病、为了健康，而让人体受苦，花钱又须让
人体受苦。在《不生病之真法》中亦提过，人生乃介于
得与失之间，有得必有失、有失也必有得。人体想获得
健康将付出代价，得就是得到健康，失就是必须付出代
价。我们都知道天下没有白吃的晚餐，因为天下没有不
劳而获的便宜事，欲当老板则须投资，欲领人家的薪水
则须上班工作。其实好转反应就好像一个国家欲步入民
主政治前的阵痛期一样，譬如于国会中大吵架的情形不
只台湾如此，全世界有许多国家于步入民主之前也都如
此，凡事都如此，有甘就会有苦，有苦也才会有甘。一
提到好转反应，特地在此又稍加强调，主要目的是希望
大家能获得真正的健康，但愿读者不要嫌我太啰嗦吧！

　　接触自然医学已一年多，人体已较不易感冒，那么就
表示人体还未出现过好转反应的感冒，我现在所指的好转
反应的感冒是指人体的抗体增强后所发动自我改善的一种
感冒现象。这种人体抗体增强后所发生的感冒几乎每一个
接受自然医学的人都会出现，有的人只出现过一次就能完
成人体的改善，有的人则须发生两次或三次才能把人体做

一番地改善，因此这一年多来较不易感冒，或许还不要高兴得太早，因为人体于自我改善的感冒还会再出现。

耳鸣、腰酸这都是属于肾、膀胱功能较低落时才会出现这些自觉症状。当人体于自我改善过程中这些现象仍将会再度出现，而且不止一次，因为人体在巡回、轮流地改善五脏六腑，它不是一次就完全把某脏器彻底地改善，而是一次又一次于精雕细琢下，把人体改善得非常完善为止，因此人体在自我改善下，耳鸣、腰酸的现象也将一次又一次地出现，一直到肾、膀胱功能已完全恢复正常，人体已不再对肾、膀胱进行改善了，这种耳鸣、腰酸的现象才不会再出现了。

有关头晕的现象于前面已有详述，这是人体的气血不足所引起，待人体的血液有一番的净化后，且脾脏的造血功能增强，以及多吃青菜、多打青菜汁来饮用，这种气血不足的现象也就会自然消失了。气血不足的人平时最好能喝温的钙离子水，并可加上少许的葡萄糖，因为喝热的可帮助血液循环，人体五宝则以综合五宝为主，若还年轻、身体不是很虚弱的人，钙离子、五宝都可稍微加量，阴离子健康促进器（气功床）可考虑使用，以期人体尽快完成自我改善。

（六十三）我服用钙离子、五宝已一年多，最近视力反而觉得较差，请问为什么？该如何加强？

答：人体最细小的血管就是在眼球内，当人体进行

自我改善、净化人体、血液和血管的过程中，大血管所清除的污物极易卡住在小血管。当这些污物卡住在眼球的细小血管时，则将使眼球细胞得不到充分的血液来滋润，这时我们就会觉得眼睛模糊、视力较差。当卡住在眼球血管的污物被清除后，眼球细胞又得到充分的血液来滋润时，视力就会恢复过来。如此一波又一波，一直到视力完全恢复正常为止。因此眼睛模糊、视力较差的现象出现时，即表示人体正在清除血液、血管，以及正在进行改善眼球的工作，所以是可喜可贺之事，不必担心。不过由于眼球内的血管是全人体最细小的血管，故必须等到全人体所有的血管、血液都有了一番地净化后，眼球内的小血管才能得到彻底地净化。当眼球血管完全畅通无阻时，视力即可恢复正常，因此眼球的改善工作不可能很快。不过假如是小孩的话就不一样了，因为小孩体内和血液中的酸毒、污物都比成人少得很多，所以小孩近视150度以下，还未戴眼镜前，有时只需半年左右即可使视力恢复正常。不过生活、饮食仍须配合，必须多吃青菜、多喝水、少打电动玩具、少看电视等等。

在人体进行改善血液、血管、眼球的过程中，仍须大量饮用钙离子水。气血不足的人于冬天则以喝温的或热的钙离子水为佳，可先将钙离子水泡浓一点存放在保特瓶内，饮用时则以半杯钙离子水对半杯的热开水，这样或许方便一些，人体五宝则以综合五宝为主，另外再补充心宝即可。

（六十四）**我今年 65 岁，高低血压都正常，但心跳却比常人快很多，医院检查不出原因，请问为什么会如此，该如何改善？**

答：血压正常而心跳快很多，这种情形则表示心脏里心室或心房的瓣膜有了轻微毁损，使瓣膜于关闭的情况下不能完全密合，瓣膜无法完全关闭、密合，则将影响心脏每次压缩时血液的搏出量。由于人体是一套非常全自动的机器，当血液的搏出量不足而无法充分供应人体之需时，人体必将采取相应的措施而让心脏压缩的次数增加，来弥补每次血液搏出量的不足，因此心跳就会比常人快很多。心脏的瓣膜会有毁损时，则表示人体的血液已较酸性了，由于血液酸毒偏高才会腐蚀心脏的瓣膜，当血液中的酸毒继续腐蚀心脏瓣膜，使瓣膜的密合度愈差时，心跳又将随之加快。因此欲使心跳恢复正常，则须使心脏的瓣膜恢复正常，欲使瓣膜恢复正常的主要工作也就是净化血液、净化人体而已。由于你的年纪已稍大，不要操之过急，每天只须三五粒综合五宝即可，顶多 10 粒，让人体慢慢地去自我改善，如此于一年半载后视人体的改善情形再稍做调整。

(六十五) 我的父亲罹患糖尿病已多年，于大量服用药物下，身体已经很糟了，可是他只相信权威、只相信西医，我不知该如何救他？

答： 俗语说："内行人看力道，外行人看热闹。"其实有些人不是相信权威，而是看到大医院庞大的建筑物，设备琳琅满目、病房上千间、病人成千成万，一看生意这么好表示这家医院必定有一套，可是一般人都忽略了一个事实，假如医院能治好病的话，生病的人必将愈来愈少，不可能全省各大医院的病人都在成倍地增长、人满为患。相信权威、相信西医都没什么不对，关键是在于权威、西医、甚至科学是否能使您的疾病痊愈。

台北有一位何上校，只相信权威、相信西医，他的太太拿他没办法，只能于煮饭、煮菜、煮汤、煮粥中都加上钙离子。时光如矢，半年一过去，本来必须坐轮椅的何上校，竟然已可以站立起来开始学走路了，何上校本人觉得非常兴奋，也认为是一种奇迹，这时何太太才把真相告诉他，从此以后何上校也就主动地接受本自然医学了，如今他的身体早已恢复健康、早已恢复昔日的大将之风了。

您父亲罹患糖尿病多年，亦可比照何太太的做法，并且尽量鼓励您的父亲多吃青菜、多喝水，如此一来，于一年半载后，您父亲的身体仍将有所改变，他既然把权威当成一种信仰和精神寄托，就让他继续去信仰吧！

（六六）我的母亲已80多岁了，十多年来一直靠药物来维持高低血压于160和100左右，接触自然医学只一个多礼拜后，血压突然升高到230，我的太太和家人都吓坏了，可是我的母亲本人都不觉得不舒服，为什么会这样，是否会有危险？

答：人体的血压有了偏高的现象，就好比一个打水的水泵，于打清水的正常情况上，水泵和水管的压力都很正常，当打的是浊水时水泵和水管的压力就会增高。现代一般医学则给予高血压患者服用血管扩张剂使血管扩大，血管扩大时人体血液流通当然就会较通畅，血压也当然会降低。这种方法就好比打水的水泵打的是浊水时，使水泵和水管的压力增高，这时若将水管的口径换大一点的话，水管的压力当然会降低。但这种方法也是属于头疼医头、脚疼医脚的方式而已，当您不继续服用血管扩张剂，也就是所谓的降压剂时，人体的血管又缩小恢复原状时血压也必然又升高，长期服用下将使血管硬化、失去弹性而无法恢复原状，包括心脏受到血管扩张剂长期的扩张下而导致心脏肥大。

在《不生病之真法》中早已强调过，所有的药物都属于强酸、毒素，血管扩张剂也不例外。当人体的血管，尤其是末梢血管在血管扩张剂的作用下而张大，且由于血管细胞长期在药物酸毒的侵蚀而急速老化，当血管细胞老化也就是血管硬化的现象出现，血管在被扩大又在

硬化下而使血管一直张大着，而使人体血压近乎正常，这种情形下一般医生就会告诉病人："不错，血压控制得很好。"其实，这种近乎正常的血压值并非正常，虽然高低血压值维持在 160 和 100 左右，这是血管被扩大的结果，当血管又恢复正常而缩小时，那么人体的血压又会是多少呢？

您的母亲接触了自然医学刚一个礼拜左右，人体的血液当然还不可能彻底地得到净化，还很污浊。但原来已老化而硬化的血管细胞却已再活化了而恢复原有的弹性，譬如血压突增到 230，即表示血管已恢复弹性、恢复正常而缩小成为原状的一种现象。简单地说，就是血管已恢复弹性而缩小。可是血液仍很污浊，还无法很顺畅地通过人体的末梢血管，因此血压才会突然升高。也因为血管已恢复弹性，使血管能伸缩自如，因此血压虽然突增到 230 时，人体也不会觉得不舒服，不会有头晕、头疼的现象。这种情形就好比一个人于运动时或刚运动后，血液循环加速，这时人体的血管就会随着血液流量的增加而使血管增大，所以人体不会有不舒服的感觉。假如换成一个有血管硬化的人，其血管无法随着血液流量的增加而增大时，将使人体血液无法得到适当的缓冲或调节，而将造成对人体较细小、细弱血管的冲击，人体较细小、细弱的血管就是在脑部和眼球，在这种冲击下眼球就会充满血丝，而脑部血管受到过度充血时则会引起头疼、头晕的现象，甚者将引起脑溢血。

您的母亲于改善过程中所出现的这种现象，也都属于正常现象，绝无生命危险，因此不必担心和惊慌。当人体血液得到净化后，血压也就会恢复正常，由于您的母亲年纪已大，钙离子、五宝都只能给予少量，因此净化血液的过程不可能很快，但不要心急，因为操之过急将使老人家的身体受不了，只要一天天人体健康都有小进步即可。

（六十七）我的小女接触自然医学已一年多，今年刚满12岁，这个月初次来经，请问钙离子与五宝该如何加强？

答：在此先恭喜你有女初长成，女孩子来经即表示已进入成熟阶段，这也是人体的自然现象之一。只要是一个正常的健康女性，一进入成熟阶段每月就会有排卵、来经的现象，既然是属于正常的自然现象，因此钙离子、五宝不另外加强也无所谓。若欲加强时，可另行补充肺宝与肾宝，如经血偏少时则可补充脾宝，以增强脾脏的造血功能。由于令千金已接触自然医学一年多了，因此较不会有痛经的现象，记忆力也应该增强了许多，以后欲应付高中或大学联考将比别人轻松很多，这是因为她有位智慧的好妈妈。由于自然医学的理论和方法与一般医学完全相反，若没有智慧的话则很难接受。

〔六十八〕**我今年已 56 岁，接触自然医学已 7 个多月，到这个月却没来经，请问是否已步入更年期？**

答：一般医学认为女性年过四五十岁后，就会开始步入更年期。所谓的更年期即人体机能老化的一种现象，尤其是指生育的功能退化，也就是说只要人体机能不老化、不退化时，也就不会有所谓的更年期了，因此古时候曾经以老蚌生珠来形容一位高龄的女性又能生子。

年已 56 岁的你，通常已属于步入更年期的年龄，若未接触本自然医学时或许须于一年或两年后才停经。但由于接触到自然医学而使人体抗体增强后，人体必将对自己的肉体做一番地改善，当人体进行自我改善时，人体认为必须挪用制造卵子的营养来支援肾、膀胱或子宫、卵巢的改善，这时人体就会停止排卵，一直到人体将肾、膀胱、子宫、卵巢改善到某一程度时，人体才将又恢复排卵的现象，这时也将又恢复来经。

有关女性更年期障碍于此稍加一提，因曾有读者来问起，说她最近经常有脸上潮热和蚁走感，**注：蚁走感，**即脸上像有蚂蚁在爬行的感觉。这些现象都属于女性更年期障碍的表征，因此我经常会反问她："你今年几岁？是否已停经？"通常这种女性更年期障碍的现象，接触自然医学后很快就会获得改善。人体五宝的应用，仍以综合五宝为主，另外再补充肺宝和肾宝，而钙离子水平常亦当开水饮用即可，当更年期障碍消失后，人体机能又恢复了也将又恢复来经，这就表示人体恢复年轻、外貌也恢复年轻了。

（六十九）我的母亲今年已 78 岁，服用综合五宝一年多，最近又每月来经，我的母亲怕是身体出问题，而不敢再继续服用，请问是什么原因？

答：这个问题于前个问题中已提过，女性步入更年期而引起停经的现象，则表示人体机能已老化，尤其是指生育机能已退化。换句话说，只要人体机能不老化、生育机能不退化时，并不是 50 岁后就会开始步入更年期，很可能七八十岁，甚至 100 岁以后还未步入更年期也说不定。

由于人体接触本自然医学的钙离子、五宝后，使人体细胞的生存环境获得一番地改善，使人体细胞又能得到非常良好的生存空间。这时人体的细胞又将开始活化、活泼、强壮甚至再生，也就是使人体老化的细胞又恢复年轻。当人体五脏六腑的细胞又恢复年轻时，当然人体的生育机能亦将恢复年轻、恢复原有的功能，而又开始排卵与来经等现象，这也就是所谓的返老还少的现象。包括已老化的皮肤细胞又恢复年轻时，人的外貌也将随之年轻，这是接触自然医学后的正常现象。因此不必惊讶，您可以把这个道理解释给您的母亲了解，请她继续服用没关系。

（七十）**我接触自然医学至今已 3 个多月，最近很容易口渴，请问这是否有了糖尿病？**

答：此问题在《不生病之真法》中都已有详述，接触自然医学后当人体新陈代谢加速，人体将要求我们补充更大量的水分。这时人体就会较容易口渴，而且会有非喝水不可的现象，甚至不喝钙离子水都无法解渴。因为人体新陈代谢加速后，人体所需要不只是纯粹的水，而是还需要水分中的钙离子、矿物质和其他种种的微量元素，这都是人体的天生本能，也就是人体的自然法则之一，而不是糖尿病的现象，请不用担心。

水是人体新陈代谢的重要元素之一，人体新陈代谢的主要元素是：氧气、水分和营养。当人体愈健康、新陈代谢愈正常时，所需要的水分则愈多。反之，人体愈不健康、新陈代谢愈缓慢时，则人体所需要的水分也愈少。而人体愈不喝水时人体新陈代谢也必将愈缓慢，当人体新陈代谢缓慢后也将较不想喝水，人体新陈代谢愈缓慢时人体也就愈不健康，所以不喝水的人也一定不健康。因此我经常在强调想健康，就必须多喝水、多吃青菜，尤其是多喝钙离子水，因为钙离子水不仅是完全不受种种化学酸毒污染的好水，而且可充分提供人体新陈代谢所需要的钙离子、矿物质和种种的微量元素，可促进人体新陈代谢、确保人体的健康。

现代大多数人都属于亚健康或不健康，人体新陈代谢缓慢而导致喝水量很少，正常人每天至少需补充 4000 毫升的水分。当接触本自然医学后，人的抗体很快增强，当然新陈代谢也将随之增强，当人体新陈代谢增强后所需要的水分也随之增加，这时人体就会强迫我们人多喝水而让我们觉得非常口渴。以前觉得口渴时您不喝水，人体则不了了之，不会让您口渴得很厉害，可是接触自然医学而使人体新陈代谢加速后，这时人体需要大量的水分而使您觉得口渴时，您若不喝水，人体会让您渴得受不了，甚至会让您渴得"抓狂"。这时您必须配合人体之需大量喝水，尤其多喝钙离子水，以全力支援人体完成每个脏器、每个组织、每个细胞的新陈代谢，以期人体早日获得健全的健康。

（七十一）一年前我刚喝到钙离子水时，几乎无法入口，五味杂陈什么味道都有，如今却觉得味道却愈来愈淡，请问是否有偷工减料的情形呢？

答：钙离子在台湾推展的这 20 多年来，几乎每年每月每日都有人在说："哦！钙离子水怎么这样难喝？"但每年每月每日也都有人在向工厂反应："最近的钙离子是否偷工减料，不然我怎么越喝越没味道？"天下事无奇不有，这 20 多年来，每天都在偷工减料的话，应该泡到水中早就连一点味道都没有了，可是偏偏却还有很多人第一次喝到钙离子水不仅无法入口，甚至体质较差的人还想吐，这两种完全不同的味觉，似乎会令人觉得十分矛盾吧！

　　其实，钙离子于台湾的 20 多年来，不断地临床、实践与改良，品质不仅愈来愈佳，而且更吻合人体的需求、更易于人体的吸收，因此只要持续饮用钙离子水的人，短短的几年时间，他的骨质密度又将增高，也就是骨骼又恢复年轻。同样一杯钙离子水，几个人喝后的味觉感受都不一样，这于《不生病之真法》中早已有详述，这是人体体质酸碱的问题。因为钙离子水系属碱性，由于愈健康的人其体质则愈偏向于弱碱性，愈偏向弱碱性体质的人一喝到钙离子水将觉得甘甜无比。反之，愈酸性体质的人则愈难入口，甚至一喝即吐。

　　曾经有许多人刚喝到钙离子水觉得五味杂陈，我告诉他们："刚开始我喝到钙离子水时也和你们一样，五味杂陈很难入口，可是现在我喝起来是甜的。"他们听了都好像我是欺骗他们。也有许多母亲了解钙离子不错后，很希望给她的小孩饮用，可是又担心这种味道小孩不敢喝，我就告诉这些妈妈们："这是你的体质问题才觉得难喝，但愈健康的小孩喝起来会觉得愈甘甜。"一般刚接触钙离子的人大多不会相信，这时我就会教她们当场求证，把钙离子水给小孩喝，大多数还不会说话的刚出生不久小孩，沾了一口后就会抓着母亲的手不放，一定要把那杯钙离子水喝完才罢休，这时她们才相信我没说谎。俗语说："人活到老，学到老。"我们最好不要"以有限的智慧去推断宇宙间无限的领域"吧！

　　认为钙离子有偷工减料现象的人，通常都已接受自然医学一段时间，其体质已有一番地改善，也就是说他的体质已偏于弱碱性了，因此每次喝钙离子水就会觉得愈来愈没什么味道，其实这是正常现象，也是可喜可贺之事。因为自己的体质在这段时间的努力已有所改善了，不过欲求健全的健康仍须再接再厉，当您度过愈多愈痛苦的好转反应后，才将愈了解健康是怎么一回事，您才会愈了解想让人体健康实在不是一件容易的事，如此之下，当您获得健康后才会愈珍惜人体的健康。

除此之外，人体五宝也经常有人反应："以前把人体五宝含在口中稍久一点，舌头就会觉得难受，而现在却愈来愈没有感觉，这是否表示人体五宝的品质已有差异了？"其实这都是因人体体质有所改善之故。在此也稍加声明一下，中华自然医学是以济世救人为宗旨，故钙离子与人体五宝等自然医学的系列产品，其品质只有愈来愈好，以求凡接受自然医学的有缘人都能获得最佳的受益，因此只有精益求精、好中求好，从来不曾在偷工减料上动过一丝丝的脑筋，这一点请大家放下一百个、一万个心吧！假如您还怀疑的话，可将钙离子水或五宝给一个从未接触的人尝一尝，身体愈差的愈好，看他的反应如何？

(七二) 钙离子、人体五宝和综合五宝等产品，该如何运用与加强，以使人体获得最佳的改善？

答：今先将人体五脏与五行、五色、相生、相克之关系，以下面的这个图表示之：

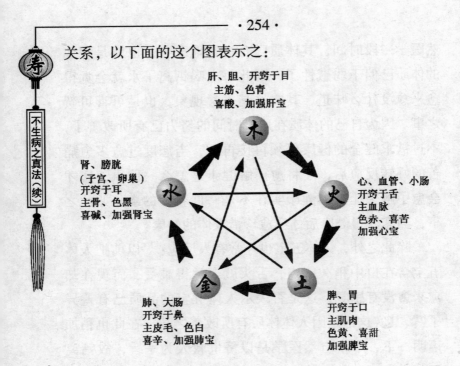

肝、胆、开窍于目
主筋、色青
喜酸、加强肝宝

肾、膀胱
（子宫、卵巢）
开窍于耳
主骨、色黑
喜碱、加强肾宝

心、血管、小肠
开窍于舌
主血脉
色赤、喜苦
加强心宝

肺、大肠
开窍于鼻
主皮毛、色白
喜辛、加强肺宝

脾、胃
开窍于口
主肌肉
色黄、喜甜
加强脾宝

所谓五行相生即木生火、火生土、土生金、金生水、水生木，相生即相辅相成之意。五行相克即木克土、土克水、水克火、火克金、金克木，相克即制衡之意。在五行中，肝、胆属木；色青，肝功能低落的人脸色将稍呈青绿色；主筋，有关抽筋、筋无力均属肝胆问题；喜酸，稍带有微酸的食物有益肝胆，太酸的食物则有损肝胆，当肝胆功能低落的人若不是喜欢吃得很酸的食物，就是稍有点酸的食物就不想吃；肝功能低落的人则以综合五宝为主，另外加强肝宝，由于水生木，故亦可加强肾宝，钙离子水则平时当开水饮用即可。

心、血管、小肠在五行中属火；色赤，故心功能低

落的人则会有脸色通红的现象；主血脉，即人体全身的血液、血管各方面的疾病都与心脏有关；喜苦，心脏喜爱稍有苦味的食物，微苦有益心脏，若太苦味的食物反而将有损心脏；心功能低落的人仍以综合五宝为主，另外再加强心宝与肝宝，因为五行相生，木生火，增强肝功能时亦将使心脏功能增强。

脾、胃在五行中属土；色黄，主肌肉，通常我们会以面黄肌瘦来形容一个人的健康已有了问题，一个人面黄肌瘦时则表示脾脏功能低落，脾胃功能低落的人很喜欢吃甜食，但是稍带有微甜的食物有益脾胃，太甜的食物则伤脾胃；脾胃功能低落的人仍以综合五宝为主，另外再加强脾宝与心宝，因五行中火生土，强化心功能则有助于脾胃功能的增强。

肺、大肠在五行中属金；色白，一个人若脸色较苍白时则属于肺功能低落的现象；主皮毛，肺功能低落的人，皮肤的毛细孔收缩较无法自如，如较易有盗汗、手汗的现象，肺与大肠相表里，大肠排便不顺畅时，大便里的毒素极易随着大肠吸收大便中的水分时而回到人体，这些毒素回到人体后有时人体将选择由皮肤来排除，因此肺、大肠功能低落的人较易有皮肤方面的毛病；肺功能低落时，亦以综合五宝为主，另外则加强肺宝与脾宝，因于五行中土生金，以及中医学理论中强调："脾为生痰之源，肺为贮痰之器。"系指脾胃功能低落的人则将痰多，因此加强脾胃功能则有助于肺功能的增强。

肾、膀胱在五行中属水；色黑，水原属无色，但变成臭水后颜色即呈黑色，人的脸色稍有偏黑时，如黑眼圈、面颊有黑斑、雀斑、嘴唇发黑等都与肾功能低落有关；主骨，骨质疏松、关节酸痛、腰酸背痛，易发生骨折等也都属于肾功能低落的现象；喜咸，肾功能愈低落的人愈喜欢吃得愈咸，稍带有微咸的食物有益肾脏，太咸的食物则会伤及肾脏，当肾功能逐渐恢复正常后，人体就会吃得愈淡了。肾功能低落的人仍以综合五宝为主，另外则加强肾宝与肺宝，由于肺属金，于五行中金生水，尤其有妇女疾病者加强肺宝效果相当不错。

凡年纪较大或体质较虚弱的人，刚开始改善体质时最好都先吞服综合五宝或人体五宝。待体质已稍微改善，不觉得钙离子水很难入口时，才再配合钙离子水，否则曾经有很多人被钙离子水的味道吓倒后，一辈子都不敢再碰一下钙离子。其他如糖尿病患者，其脾、肝、肾三大脏腑的功能都较低落，这种情况下可将脾宝、肝宝、肾宝三种轮流加强，譬如这一次是一瓶综合五宝搭配一瓶脾宝，下次则是一瓶综合五宝搭配一瓶肝宝，再下次则一瓶综合五宝搭配一瓶肾宝，吞服的量也就是各占一半。年纪不大、体质不很虚弱者可大量服用，年老或体质较虚者，则须由小量开始，譬如有些七八十岁的老年人每天只给予三粒综合五宝，身体较好者顶多每天给予10粒，先改善三五个月，以后视其身体改善的情形才逐步增量，绝不可操之过急。尤其是已长年卧病于床上的老人，其全人体的细胞几乎都面临半死亡状态，甚至有大多数的细胞都已死亡，使全身内外有多处溃烂现象，这时您若给予多量的钙离子或五宝后，人体将很快地把这些死亡或半死亡的细胞清除，而长久卧病的人必然已服用了很多的药物，这些大量的药物酸毒也必将被清除，这一来恐怕病人会受不了，反而将很快地结束生命，这一点请特别注意。另外，人体五宝可配合好转反应而加强，譬如这一、两个礼拜或这几个月来都在反应脾胃，那么这段时间里则可加强脾宝，以帮助人体尽快完成改善脾胃的工作。而当人体正在改善肝脏时使人体觉得特别爱困或抽筋等现象，这时您就可加强肝宝，正在反应咳嗽或种种呼吸系统的病变时，则可加强肺宝，而反应血压不正常、心跳急速、心烦时则可加强心宝，反应腰酸背疼、关节痛、水肿、经血不顺、赤白带等则可加强肾宝。在反应的时段中亦可再加强五行相生的脏腑，譬如木生火，则于反应心脏时可加强肝功能来帮助心脏的改善；火生土，即反应脾胃时可加强心功能，也就是补充心宝；余此类推。

　　除此之外，中医学理论尚有引述：譬如肝开窍于目，有关眼睛的毛病则与肝功能低落有关，欲求眼睛的毛病彻底根治的话，仍须增强肝功能。心开窍于舌，舌破则表示心火旺盛。脾开窍于口，嘴破、唇破即表示脾胃已有毛病，唇黑，因色黑则牵涉到肾脏问题，因此唇黑即表示脾、肾的功能均有低落的现象。肺开窍于鼻，有关鼻病和所有呼吸道的病变都与肺功能低落有关。肾开窍于耳，其华在发，因此有关耳朵内外的毛病，以及白发、秃头等都与肾功能低落有关，以上所引述的相关毛病都

不生病之真法（续）

可比照各脏器的改善，而配合人体五宝的加强，则可使人体及早获得健康。

有关五行相克之应用，在此顺便一提，惟恐大家觉得太复杂，不应用也无所谓。五行相克即木克土、土克水、水克火、火克金、金克木，相克即制衡、牵制之意，譬如肝火太旺，则可增强肺功能来加以制衡，即金克木。脾火旺盛，则可增强肝功能来产生制衡作用，因此脾火旺盛时亦可加强肝宝，肝火过旺时则可加强肺宝。余此类推，以上即钙离子、人体五宝、综合五宝与人体五脏六腑之相互关系及应用，其他有关人体五宝、综合五宝之成分与功效于《养生祛病妙法》中已有详述，于此不再重复，这本《养生祛病妙法》中亦包括钙离子的日常急救运用，通常刚接触本自然医学的人，本人都将附加赠送这本小册子。

（七十三）阴离子健康促进器是否可长期使用，24 小时不关掉电源，是否会很快发生故障或耗电？

答：正常人、健康的人可以 24 小时且一年 365 天的连续使用。女性若从接触自然医学后，即持续服用人体五宝与饮用钙离子水，并一直在使用阴离子健康促进器者，于怀孕阶段仍继续使用无妨，惟有以前尚未使用者，于怀孕 3 个月内则暂时不要使用，待怀孕 3 个月后才使用，如此对母体、胎儿都很有帮助。临危病人或癌症末期的人，刚接触自然医学时，不宜使用本健康促进器，否则纵然把时间调到最短、功能调到最弱时，病人仍会受不了，反而觉得难受，必须改善一年半载后，视其改善的情形，才能给予使用。

阴离子健康促进器亦简称"气功床"，它的耗电量极小，仅 1.4W 而已，而且故障率极低，我家共四五套，置于客厅、卧房，24 小时从来不关掉电源，10 年来这四五套的健康促进器一共才送厂修理两次。

因经常有读者询问"阴离子健康促进器"的原则与作用，今欲让读者们进一步了解，特将阴离子健康促进器简介如下：

功效

1. 可促进人体气血之顺畅、新陈代谢之正常，和加速排除酸毒等作用。

2. 可消除头疼、头晕、失眠、噩梦、心悸、手脚冰冷或麻木等血液循环不良之症状。对于筋骨酸痛、行动不便等症状亦有显著的效果，尤其可迅速消除骨折后的疼痛。

3. 配合钙离子和人体五宝使用，对所有急症的舒解十分迅速，如感冒、急性阑尾炎、肾炎、子宫或卵巢发炎等；实乃本医学整体疗法中的得力助手。

原理

1. 大磁场作用：

人体血液约有 6000 毫升左右，血管约有 10 万公里长，相当可环绕地球 3 圈，正常人的血液从心脏搏出绕人体一周只需 23 秒，人体的体液和血液都充满"离子"，离子即分子、分子团带有电荷，当血液在如此快速的流动中，由于离子的电荷转换作用而使人体产生电场，也就是磁场，这种磁场在中医学理论中谓之"气"。

现代人由于血液污浊，使血液循环缓慢，以致人体的气不足，气愈不足时血液循环又愈缓慢，终于导致严重的气血不足，经常头晕疼、疲劳、筋骨酸痛、手足冰冷或麻木、浑身乏力、视力和记忆力急速衰退，不能太劳累又不能不工作。若想享享清福，不出一、两个礼拜，百病即将来临，这是因人体的气不足、血液循环缓慢，一旦停下来时，血液循环必将更加缓慢，而使人体细胞更缺乏血液的滋润，因此百病即随之而至。

本健康促进器（气功床）的大磁场作用，可促进人体血液循环，弥补现代人"气"之不足。现代人几乎都较无时间运动，而极易导致气血不足，本健康器可称为当今助气、行血的最佳健康器材，尤其有些人一到冬天，因手足冰冷而无法入睡，此现象若使用本健康器，约经半小时左右，手足冰冷的现象即可消失，这就是大磁场的作用。

2. 阴离子作用

阴阳五行中之论述，酸属阴（－），碱属阳（＋），由于现代人体内酸毒日增，使人体内带负电荷的离子增多，而使人体的磁场为负磁场，也就是阴气，阴气愈重时人体则愈不健康，故病重者将令人觉得阴气很重。

本健康器的阴离子作用也就是负磁场（－）。根据磁场的特性，乃同性相斥，异性相吸。在这种同性相斥的原理之下，人体的负磁场即将在阴离子作用而渐渐转变为正磁场，也就是人体内的带有正电荷的离子愈来愈多，当人体的阳离子愈多时，由于异性相吸的作用，将使空气中的阴离子 O_2（氧气）愈喜欢接近人体，而使人体的吸氧量增加，氧气是人体新陈代谢中最重要的元素，当人体吸氧量增加时，新陈代谢能力自然增强，人体自可愈健康。新陈代谢加速时，人体所需的水分也将随之增加，因此使用本健康器时将较易口渴，请务必多喝水，而且必须喝钙离子水，否则很难止渴，因为人体新陈代谢增强后，不仅需要大量水分，而且更需要大量的矿物质，所以必须喝钙离子水才能止渴，其道理在此。

3. 超音波作用

台湾有句俗语："病入骨，千刻刻不脱。"人体细胞的密度以骨骼组织最高，所以骨骼的质地结实而且坚硬，由于骨骼组织的密度极高，因此酸毒侵入骨骼后则很难排除，本健康器乃针对此医学瓶颈研制而成。

超音波就是一种震波，也是一种短磁波。震波的作用可使骨骼细胞的间隙稍微松开，而短磁波则可在骨骼细胞的小间隙中穿梭，把骨骼内的酸毒消除出来，经由肌肉、皮肤、汗腺或血管、泌尿系统排出人体，这就是超音波的作用。当骨骼内的酸毒排除后，人体才能脱胎换骨，当骨骼细胞又再生时，人的脸型、体型也才会改变，而且人生命运也将随之转变。

注意事项：

1. 现代人体内大都属于化学毒素的污染，这些化学

酸毒非一般药物可排除，因此当使用本健康器时，必须大量饮用钙离子水来中和人体内的种种化学酸毒，否则当骨骼内的大量酸毒进入血液而无法排除时，反而危及人体，所以必须大量饮用钙离子水，以促使血液中的酸毒迅速排出体外。

2. 使用本健康器时，须打开窗门使空气流通，若使用冷气时，房间也不能完全密闭，以保持空气的新鲜。

3. 本健康器可置于床上或椅子上，可随意移动。

4. 本健康器除家庭用外，尚有汽车专用（12V 或24V），使用者可依实际需要选购。

5. 目前市面上种种健康器材应有尽有、琳琅满目，价格十分昂贵，最贵的有高达百万元。人往往都有一种错觉，认为愈高价位的东西一定愈好，其实不然。本自然医学的钙离子和"人体五宝"和"阴离子健康促进器"等，皆以济世救人为出发点，故不以高价位为手段，愿天下有缘人善加运用，以期早日摆脱药物或病魔，迈向健康无病、幸福美满的人生。

4. 阴离子健康促进器的规格与配件

每组含（一）主机一台①电压 AC100V 50/60Hz

②消耗电力 1.4W

③时间调整 15～60 分或连续使用

④强度：弱、中、强三级

（二）坐垫一个，厚 3mm×宽 45cm×长 95cm

（三）检示器一支

（四）电烫笔一支

全套净重约 2.5kg。

（七十四）我有胸闷现象多年，运功散类的中药粉已吃了不少，每天服用三四次就觉得较舒服，若一停止服用时，就觉得呼吸困难，请问其原因，该如何治愈？

答：胸闷、气短、呼吸困难等这些毛病都和咳嗽、鼻病等呼吸道病变一样，都是由于"止咳化痰"所引起，这个道理于前面有关咳嗽的问题里就已有一番地详述。一般医学、医药所谓的止咳化痰，其实只止得了咳却化不了痰。人体咳嗽的作用是欲震落肺部里的肺泡膜上所卡住的灰尘，污物，以维持肺泡膜的畅通，使肺泡换气的功能正常，如此之下氧气才能畅通无阻透过肺泡膜而进入血液里，以充分供应人体新陈代谢之需，被肺泡膜挡住而卡在肺泡膜上的灰尘、污物，人体将视其卡住的程度而随时发动咳嗽的作用来震落这些灰尘或污物，当这些污物被震落后将与人体的体液结合成为痰后，才能排出人体。肺泡膜就好比汽车的空气滤清器，当汽车的空气滤清器被灰尘、污物卡满后，车子的燃料油因得不到氧气来汽化、燃烧时，纵然是一部非常名贵的汽车也仍然动不了，因此汽车的空气滤清器必须经常清理或换新。人体呼吸时空气经由鼻孔、气管、支气管一直到肺泡，这一路都属于单行道，空气进入肺泡后只有氧气，也就是氧离子才能通过肺泡膜的离子通道而进入血液，

其余空气中的灰尘、污物除了被肺泡膜拦下来外，并无其他管道可排除，若欲排除时则必须循着原来进入的管道来排出，因此所谓的止咳化痰，这些飞尘、污物该从那个管道来化掉呢？纵然也能将这些飞尘、污物转成为离子化，而透过肺泡膜同样能进到血液里，那么人体何必把这些灰尘、污物拦下来呢？因此所谓的止咳化痰，其实只是止咳而已却化不了痰，以致肺泡膜卡满灰尘、污物而使氧气无法顺利透过肺泡膜，导致人体得不到充分的氧气来完成种种的新陈代谢，这时人体就会觉得胸闷、气短、呼吸困难，以及引起种种呼吸道的疾病。

从以上之分析，则不难了解，欲使胸闷、气短、呼吸困难，甚至种种呼吸道的病变消除，惟一的方法就是把卡满在肺泡膜的灰尘、污物清除而已。欲清除肺泡膜的灰尘、污物时则必须让人体发动咳嗽的作用，尤其由于长久以来的止咳，将使肺泡膜的灰尘、污物卡得很紧，因此人体或许将发动剧咳才能震落这些卡得很紧，而且也卡得很久的灰尘、污物，而且刚发生剧咳时还不一定可以马上使这些灰尘、污物震落，所以刚开始或许将有一段时间的干咳，也就是咳不出痰来，若卡得太久、太紧的话，也可能刚开始所咳出的痰中会带有褐色或黑色的小血块或血丝，这属于正常现象，故不必害怕。

欲帮助人体发动剧咳，也就是帮助人体增强抗体、增强自然治愈本能，当人体的自然治愈本能增强后，一发现肺泡膜卡满了许多灰尘、污物时，人体必然会发动剧咳来排除。欲帮助人体增强抗体则是自然医学的责任，

刚开始不妨以综合五宝为主，钙离子水则平时当开水饮用，一旦人体发生咳嗽但咳不出痰时，可将钙离子水泡热的并加点葡萄糖且大量饮用，并加强肺宝与脾宝以帮助人体尽快完成肺部的清除工作，当肺泡膜上的灰尘、污物清除时，胸闷、气短、呼吸困难或种种呼吸道的病变也自然就会消失了。

（七十五）我服用钙离子和人体五宝已一年多了，最近反而觉得记忆力有减退的现象，请问为什么会这样？

答：这个问题和眼睛在改善过程中反而会有视力减退或眼睛模糊的道理一样，因为全人体最细小的血管是在眼球，其次就在于脑部。当人体接受自然医学的改善，正处于净化血液、血管的过程中，由于大血管所清除的污物极易随着血液循环而进入小血管，而使小血管的血液循环受阻，尤其是末梢循环、眼球或脑部的细小血管等最易受阻。当手脚的末梢循环受阻使血液流通不顺畅时，就会有手脚冰冷或麻木的现象，另外有一种气血不足的人，在改善过程中有时会出现全身冰冷的现象，这也都是由于大血管所清除的污物卡住在小血管，使人体的末梢循环暂时受阻之故。当眼球的细小血管受阻时则将有视力减退或模糊的现象，而当脑部的微血管受阻时，则将使脑细胞无法获得充分的血液来滋润，脑细胞必将显得不活泼，当脑细胞在不活泼的状态下，记忆力也必然会受影响，不过这都属于短暂性的现象而已。当人体又继续的自我改善，继续净化血液、血管的过程中，又将卡住于细小血管的污物清除，使脑部细胞又获得充分的血液来滋润时，脑细胞即将又恢复原来的活力，又将使记忆力恢复或增强。这种改善工作有时是一波又一波，因此记忆力也将时好时坏，一直到人体净化血液、血管工作完成后，人体的记忆力将比以前增强很多，所以请不必太担心。

当人体正在净化血液、血管的过程中，仍然以综合五宝为主，另外再加强心宝，钙离子水最好也能大量饮用，因为欲求净化人体时，水分占了相当大的地位，尤其能将钙离子泡温热的开水来饮用，更有帮助血液的循环，使人体尽快完成净化血液、血管的工作。

（七十六）我拜读大作《不生病之真法》有五六遍，每看过一次都有更深入的心得，更觉得书中内容非常有道理，我想请教一事，我曾经做过身体检查，结果尿酸偏高，而且平时手脚易麻，请问该如何改善？

答：我经常在强调，希望大家能把《不生病之真法》多看三五次，甚至三五十次，每看过一次都必将有不同的心得和收获，但有许多人不相信，认为这只是一本白话文的书，又不是文言文，不可能有这么的深度吧！不错，只是白话文，书中的道理又很浅，问题是1. 所谓的真理都很简单，可是愈简单的道理愈难令人接受、愈难令人相信。2. 以往大家所接触、所了解的是一种抑制、止痛的医学，而本自然医学的学理与方法却完全相反，是一种疏导的医学。不仅极力反对把人体内的酸毒利用药物来强加抑制，而且主张排除人体内的种种酸毒，使人体细胞拥有良好的生存环境，而人体全身的细胞才能活泼、强壮，人体也才能健康无病，这是两种截然不同的医学，一般人若想于短时间内把观念做一百八十度地转变实有困难。因此把《不生病之真法》多看一次就会愈认同书中的道理，愈认同后则愈有收获，而且对人体健康的改善将愈有帮助。

有关手脚易麻，也都是和尿酸偏高有直接关系，因为尿酸偏高也表示人体血液已较污浊，手脚就好比人体的边疆地区，当人体的血液污浊时，手脚的微血管、末梢循环就较不顺畅，而使手脚肌肉的细胞无法获得充分的血液来滋润时，细胞将面临于衰老或半死亡状态，以至于手脚会出现麻木的现象，这就像我们学生时代中午通常有趴在桌上午睡的习惯，当头部压在双手一段时间后，由于双手的血液循环受阻，使双手肌肉的细胞得不到充分的血液来滋润，我们的双手就会有发麻的现象。欲求消除这种手脚麻木的现象，主要工作也就是净化人体、净化血液，当人体的酸毒排除后，血液有了一番地净化才能使微血管、末梢血管内畅通无阻，使人体全身细胞都能获得充分的血液来滋润时，手脚麻木的现象自然就会消失，而人体也自然健康无病。净化人体、血液的过程中，以综合五宝为主并加强心宝即可，且大量饮用钙离子，通常尿酸偏高和手脚麻木的现象于一年半载就会有很大的改善。

（七十） 请问脸上青春痘于接受自然医学的改善过程中，青春痘会更大更严重，那么愈合后会不会留下疤痕？

答： 现代有很多人于年轻时代，脸上青春痘的排毒现象非常严重，而且又持续好几年始终无法将人体内的酸毒消除，一直到人体的抗体愈来愈弱后，青春痘的排毒现象才逐渐消失。这种情形是人体没有能力继续排毒，而不是人体内的酸毒已完全清除，而使人体的皮下层、毛细孔内都还残留着酸毒，因此使皮肤细胞无法拥有良好的生存环境而再生，也因而使脸上长久以来被青春痘的酸毒所腐蚀而早已坑坑洞洞的皮肤无法复原。

一般医学认为肾脏细胞和脑细胞不能再生，其实以一般医学的治病方式不仅肾细胞和脑细胞不能再生外，几乎全人体的细胞都无法再生，因为药物本身就是酸毒，酸毒只能加速人体细胞的死亡而已。其实人体细胞的再生能力很强，只要给它们一个良好的生存环境时，细胞就可以生存得非常活泼、强壮，而且更乐于繁殖成长出新的细胞而谓之细胞再生。

所谓的青春痘是人体内所囤积的酸毒已高到某种程度时，人体选择由脸上皮肤来排毒的一种自然现象。但由于人类的无知，不知改善饮食、不知如何减少人体内酸毒的增加，使人体有排不完的酸毒，一直到人体的抗体愈来愈减弱而无能力再排毒时，脸上的青春痘才逐渐减少或消失。通常会有严重的青春痘者，都是曾经企图利用药物来强加抑制，由于药物是属于强酸故可削弱人的抗体，使人体无能力继续排毒时青春痘也就长不出来。当人体被削弱抗体而无法排毒，使人体内积存了更多的酸毒，可是一旦人的抗体又恢复、又增强时，必然又会将人体内的酸毒排除，而且会把被抑制的这段时间里所囤积的酸毒一并排除，而使青春痘的排毒现象显得更严重，本来青春痘只有三五粒，被抑制一次后将演变成三五十粒，再继续加以抑制的话，即将演变成满脸青春痘。

当人体接受自然医学而使抗体增强后，人体就会快刀斩乱麻，想尽快地将人体内的酸毒排出人体，于这种大量的排毒下将使脸上青春痘显得更加严重，一粒青春痘将比原来大三五倍，当人体发动大量的排毒情况下，则将很快地把人体内的酸毒排完，而使青春痘的排毒现象很快结束。当青春痘的排毒现象完全结束后，由于皮下层或毛细孔内不残留酸毒，而且人体又不继续排出酸毒来腐蚀皮肤细胞，使皮肤细胞重新拥有良好的生存环境而再生，使脸上的皮肤比原来更美、更有光泽，甚至以前的坑坑洞洞也将慢慢平坦起来，人体愈健康时，细胞再生的能力则愈强，万一有了刀伤、外伤时，愈健康的人则愈不留下疤痕，让人体健康是本自然医学的惟一本事，因此有缘接触自然医学就不需担心人体会留下疤痕的问题了。

(七十八) 我的小孩出生到现在已 4 个多月，一直都用钙离子水冲泡奶粉给他喝，两个月前全身出现像湿疹般的红色斑点，到现在更严重，这几天他自己不断用手去抓，抓得很用力，我的太太把他的手拉开，他仍然又抓，洗澡时抓得整个浴盆的水都成红色，我知道这是人体正在排毒的现象，可是只有 4 个多月的婴儿，怎可能有这么多的毒素，未免太离谱了，该如何处理？

答：刚出生 4 个多月的婴儿，其体内会有这么多的酸毒，大致可分成先天与后天两种因素：1. 先天因素：父母体内酸毒多，生出来的小孩也同样酸毒多，为父者若肾较不好，为母者若肝功能较低落，那么所生出来的小孩，其肝肾功能也必然较差，因此我经常呼吁新婚的夫妻们，最好能先将体质做一番地改善后才来传宗接代，这才是上上之策，这才能使下一代在起跑点上已超越他人许多。2. 后天因素：对一个刚出生的婴儿而言，极易造成婴儿体内酸毒剧增的情况，大概是药物和奶粉两种为最大因素，药物系属强酸在此不再重述，奶粉系属高蛋白，于人体内无法被吸收与利用时，极易转变成为酸毒，现代有许多母亲认为奶粉泡多一点、泡浓一点，可帮助婴儿成长，而使许多婴儿形成高蛋白中毒的现象，高蛋白中毒的现象就是婴儿脸上或全身皮肤出现红色斑疹，这就是欲速则不达。对婴儿来说，大量的水分比大量的奶粉重要，婴儿会有吐奶现象，通常都是因奶粉泡得太浓之故。

　　基于以上两种因素都将使婴儿体内酸毒偏高，由于这婴儿于出生后就一直以钙离子水来冲泡奶粉，因此抗体将比一般婴儿强。当人体抗体很强时，一旦发现人体内的酸毒偏高时，则将发动排毒现象，以求尽早将人体内的酸毒排除，而使刚出生4个多月的婴儿就产生了大量排毒的现象。人体愈早发动排毒愈好，尤其像这么小小年纪只有4个多月的婴儿，不论他的体内酸毒再怎么多，和我们成人相比还是少之又少，因此婴儿排毒的时间不可能很久，应该有几个礼拜就会结束了，顶多也就几个月而已，不像成人的皮肤排毒有时须好几年。在人体皮肤排毒的过程中，可于沐浴的水中加上本自然医学的沐浴粉来帮助人体排毒，并可中和残留于皮肤上的酸毒，使皮肤不至于痒得太难受。尤其目前台湾的自来水，其加氯量是世界之冠，由于这种沐浴粉是属于次级的钙离子粉，可以迅速地中和自来水中的氯，可防止人体于每次沐浴时被大量的氯所渗入，因为化学品是无孔不入，当您把身体泡入浴缸里，浴缸水中全部的氯不到三五分钟已全都渗入人体，相当恐怖。由于婴儿无法吞服人体五宝，因此于皮肤排毒的过程中，则尽量给予多喝钙离子水即可。

　　（七十九）我服用钙离子、五宝已3年多，最近一吃东西牙龈就会出血，是否有了牙周病？

　　答：人体所有细胞的组织则以骨骼、牙齿的密度最

不生病之真法（续）

高，密度愈高则清除工作也愈难，因此人体排除骨骼方面的毒素，其时间都较延后。有关牙龈出血，也就是人体排除牙龈骨骼内酸毒的一种现象，牙龈的排毒现象有时还会排脓，这些酸毒若不排除，当然就会演变成牙周病了。牙龈出血的排毒现象通常都在接触自然医学的两、三年后才会发生；在改善牙龈、牙齿的过程中，不健康的牙齿也将出现松动的现象，当某一颗牙齿松动了两、三个礼拜后，又自然而然地稳固好而不再松动时，则表示这颗牙齿还不错、还可以保留，若于两、三个礼拜后，仍有牙齿继续松动时，则表示这颗牙齿已被人体准备淘汰了，因此接触自然医学后若有牙齿出现松动时，请不要急着找牙医拔除，多待两、三个礼拜后，若仍继续摇晃时才去拔掉还不迟。假如是人体欲加以淘汰的牙齿，则将继续松动，到最后会自动脱落。

（八十）我服用钙离子和人体五宝一个月后，全身就不舒服，我知道是好转反应，因为我以前吃了太多的西药；如今继续服用钙离子、五宝已半年多，最近经常偏头痛、流眼泪，从脊椎一直延伸到肩膀都会酸痛，请问其原因，该如何进一步改善？

答：接受自然医学的改善过程中会出现偏头痛、脊椎和肩膀酸痛，这则表示你以前也经常偏头疼和腰酸背痛，由于你以前都利用药物来抑制、止痛，虽然有时会觉得不痛或较舒服些，可是都属于短暂的抑制作用而已。

你的偏头痛或腰酸背痛的毛病仍然于病变中而一直未痊愈过，有时候会觉得不痛是因为人体神经暂时被药物所麻醉罢了。

偏头痛或头痛的毛病，也都由于人体血浊、血酸而使脑部血管阻塞、淤积形成脑瘤而压迫脑细胞，或因血浊、血酸使脑部血液循环受阻，使脑细胞得不到所需的养分而面临大量死亡时，以及脑部曾经受到撞击而使脑部有淤血现象，这些淤血在变酸、变毒后严重伤害脑细胞的生存。以上种种原因都将导致头痛或偏头痛，当接受自然医学后在人体的自我改善过程中，人体欲将脑瘤的毒素排除，必须补充大量的水分来将这些毒素加以稀释，这时脑瘤将比原来大了几倍而压迫脑神经，这时将使头痛加剧。脑部血液已有了一番地净化，且血液循环又已畅通，而使脑细胞又恢复良好的生存环境，又能充分获得所需的养分，这种情况下脑细胞又将大量再生，当脑细胞又大量再生时仍将压迫脑神经而引起头疼。当淤积脑部已久，而且已变成酸毒的淤血，在稀释、排除的过程中，以及脑细胞又大量再生时都将引起头疼，甚至剧疼，这都属于人体疾病于好转过程中将出现的正常现象，也就是好转反应。你最近经常出现偏头痛也就是上述的这种道理，表示人体已正在进行自我改善了，这是好现象，也就是人体欲步入健康前的大好消息，请放心与忍耐吧！

脊椎、肩膀和人体所有关节的酸痛都与肾功能低落有关，肾功能低落即包括膀胱功能的低落，而女性则牵

涉到子宫、卵巢等妇科方面的问题；还有，右肩膀酸痛亦牵涉到肝功能低落，左肩膀酸痛则又牵涉到脾胃功能的低落；根据中医学理论："肾主骨。"由于脊椎、关节都属于骨骼组织，因此有了毛病都将与肾功能低落有关，在《不生病之真法》中已探讨过，人体骨骼新陈代谢的时间表是 7 年，但必须给予人体种种最好的条件，否则 10 个 7 年，甚至 100 个 7 年都无法让人体获得脱胎换骨，由此可见，有关骨骼方面的改善相当不容易。你现在所出现的脊椎、肩膀酸痛，这也都是人体正进行自我改善中的正常现象，而且只刚开始而已，以后人体将一次、再次地进行改善，而你的腰酸背疼也将一波波地出现，欲求获得真正的健康，也只有忍耐再忍耐吧！反应腰酸背痛的疼痛现象应该不会很剧烈吧！不过我的内人有一次反应腰酸背痛时，当时她正在客厅里走动，由于疼痛得很厉害而蹲了下来，或许不很剧烈，但应该是很痛吧！因为痛的人不是我。

　　人体于自我改善的过程中会出现流眼泪的现象，则表示人体的肝、肾功能都已有低落的现象，因为若根据中医学理论而言："肝开窍于目。"这表示肝功能低落时亦将涉及眼睛的问题。另外台语有句俗语："肾败眼睛就糟。"此话的意思是指肾功能低落后，眼睛即将出现种种毛病，包括视力减退等，还有一句俗语是："败肾流目油。"系指肾功能低落的人，则会流眼泪、眼水。由于肝脏是人体的化学工厂，可化解血液中的酸毒，肾脏则是滤除人体血液中的酸毒和种种污物的功能，当肝、肾功

能低落时，人体血液必将十分污浊，血液污浊时首当其冲的就是眼球，因为眼球的血管是全人体最细小的血管，因此最容易发生血液循环障碍，而使眼球细胞得不到充分的血液来滋润，而将引起种种眼睛的毛病。流眼泪、流眼水是人体欲排除眼球内的酸毒所采取的一种措施，由于所排出的眼泪、眼水是属于酸毒，因此将使眼睛觉得酸、涩、痒或种种不舒服的感觉，这时可使用淡的钙离子来冲洗眼睛，把这些所排出的酸毒洗掉后，眼睛就会觉得很舒服了，但必须挨到眼球内的酸毒排除干净为止，这种流眼泪、眼水的现象才会结束。

人体在自我改善中反应头痛或腰酸背疼时，如年纪于55岁以下而身体并不很虚弱的人，可将钙离子、五宝稍微加量，以帮助人体尽快完成自我改善。所有疼痛也都属于急症，可将钙离子冲泡热或温的开水，并加上少许的葡萄糖来饮用，可使疼痛迅速获得缓解。五宝方面则以综合五宝为主，头疼可加强心宝，以求促进脑血管的循环，腰酸背疼可加强肾宝与肺宝，右肩膀酸疼可加强肝宝与肾宝，左肩膀酸疼可加强脾宝、心宝与肾宝，流眼泪时，则可加强肝宝与肾宝。年轻体壮的人可以加量，人体五宝的总吞服量，正常量一天是30粒，可一次吞服或分多次吞服，吞服时间以早上7时至9时之间空腹时服之最佳，加量就是每天的总吞服量六七十粒，甚至上百粒无妨。但老年或体弱者则必须少量为之，慢慢改善而已，绝不可求功心切、操之过急。

（八十一）**我原来的血压很低、很怕冷，接触自然医学半年来，今年冬天虽比去年冷，可是我却觉得较不怕冷，不过最近到医院检查，发现血液中的尿蛋白偏高，而且皮肤又有了湿疹，会痒，为什么？**

答：血压偏低也是气血不足的现象之一，气血不足、血液循环缓慢，人体当然会较怕冷，尤其末梢循环不顺畅时，亦将有手脚麻木与冰冷的现象。血压较低、气血不足的主要原因也就是血浊、血酸而导致人体的血液循环无法顺畅而引起，而净化血液、净化人体是自然医学的基础工作之一，当人体的血液、血管有了一番地净化后，人体的末梢循环较顺畅时，人体自然而然会较不怕冷。人体血浊、血酸时，其血液中的尿蛋白必然较偏高，而且在人体自我改善过程中，当人体的每一个细胞都清理出一点点的废物或变质的蛋白质——尿蛋白时，无形中将使静脉血液的污浊度增高很多。这时您到医院检查时或许不只尿蛋白偏高，甚至医生会告诉您："您有尿毒迹象，若不洗肾，恐怕有生命危险。"皮肤有了湿疹也是人体选择经由皮肤排毒的自然现象，因酸能腐蚀肌肤，当人体皮肤受到人体内排出的酸毒所腐蚀时，较严重的腐蚀将引起皮肤溃烂，湿疹现象则属于中度的排毒，较轻微的排毒时，皮肤将只出现瘙痒现象。当皮肤细胞受到酸毒的侵蚀而将导致死亡，当皮肤细胞死亡时的发炎、肿胀而压迫神经，使人体将有瘙痒的自觉症状，痒与痛

之差异，乃轻微的痛即痒，极严重的痒即痛。譬如人体的伤口于愈口前将有瘙痒的现象，这乃由疼痛转变为小痛，一直到轻微的痛——痒的缘故，因此皮肤排毒通常都将伴有瘙痒的现象，这都是属于正常现象，所以不必担心。

（八十二）我接触自然医学已两年多，最近似乎不觉得饿，不吃东西仍然很有精神，偶尔吃多一点就觉得肚子胀胀的，请问原因？

答：在人体自我改善过程中，当人体有不觉得饿，而且吃多一些就会觉得肚子胀胀的这种情形，则表示人体正进行改善脾胃功能，人体为了改善工作的顺利进行，希望人体不要再吃进食物来影响改善的工作，因此就会让人体不觉得饿；这就好比一家公司于年底欲整理、清点仓库存量时，则将停止进货以利清点工作之进行。当人体不觉得饿的这种现象，和一般的没胃口、食欲不振的现象有些差异，一般没胃口时，人体会觉得饿，可是想吃点东西却吃不下，但人体于改善脾胃过程中虽然不觉得饿，可是想吃仍可照吃，只是稍微吃多一点时肚子就会觉得胀胀的，因为人体正忙着改善脾胃功能，而使消化的作用暂时会较差。这种情形就好像道路正在维修中，车子就无法开得很快，甚至完全无法前进。当人体将脾胃功能做了一番改善后，这种不觉得饿的现象就会消失了，通常这种过程有时将持续半年以上，有时过了一段时间后人体认为仍须再一次地改善时，这种不觉得饿的现象，仍将再发生，一直到人体认为已将脾胃功能改善完成为止。在人体改善脾胃的过程中仍然以综合五宝为主，另外可加强脾宝与心宝，以帮助人体快速完成自我改善的工作。

(八十三) 我接触自然医学已半年多，痛经的现象早已消失，腰已不再那么酸痛，可是这几天来耳内非常疼痛，请问为什么，该如何处理？

答：女性会有痛经现象则表示子宫、卵巢内所囤积的酸毒已偏高，当人体所排出的卵未被受精时，在一段时间后自然就会变质、变坏，因为卵是非常高营养的物质，愈高营养的物质变质、变坏后其毒性愈高，因此人体所排出的卵未被利用而变坏后，将使人体内的酸毒剧增，使子宫、卵巢的细胞无法生存而面临死亡，当细胞于死亡的发炎、肿胀过程中必将压迫神经，而引起痛经现象。这种情形就和皮肤过敏一样，当人体内的酸毒已接近饱和点，这时只要吃进一些高蛋白食物，如鱼、虾类而使人体内的酸毒增加时，人体即将发动排毒现象，当人体选择经由皮肤排毒则将引发皮肤过敏。这两种情形都属于人体内或某部位的酸毒突增而引起的现象，只不过所出现的自觉症状不一样而已。由于自然医学可迅速改善人体体质、中和人体偏高的酸毒，因此痛经现象可于短时间内获得改善；不过有一点须注意的是，当人体认为必须排除子宫、卵巢内的酸毒时，则将出现类似来经的排毒现象，颜色较黑，大多伴有血块，排毒时间的长短因各人体内酸毒的多寡而不同，当人体认为已排除得差不多时这种排毒现象才会消失。

有关耳内疼痛或其他种种的耳疾都与肾功能低落有非常密切的关系，即中医学理论所述："肾开窍于耳。"当耳内觉得非常疼痛时，通常都是耳内、耳骨的酸毒即将化成脓欲排出人体的前兆，待耳内的脓开始排出时就不会那么疼痛，耳内排脓时间的长短仍因人体内酸毒的多寡而异。不过有一点须特别注意的是，当耳内正于大量排脓之际绝不可利用种种药物来强加抑制，不论是外用或内服都完全不可，否则将由于耳内的酸毒无法排除而演变成牙龈肿痛或其他更痛苦的自觉症状。

痛经、耳内疼痛和腰酸背痛都属于肾、膀胱功能低落的现象，女性则包括子宫、卵巢功能的低落或病变时，人体则将出现这些自觉症状。在自然医学的改善过程中，这些自觉症状仍将再出现，这即表示人体正于改善肾、膀胱功能中。这时可将钙离子冲泡温热的开水，并加上少许的葡萄糖来大量饮用，可使人体的疼痛稍微舒缓。人体五宝可稍微加量，仍以综合五宝为主，并加强肾宝与肺宝，以帮助人体尽速完成肾、膀胱功能之改善。但年老或体虚者仍以少量为佳。

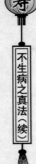

（八十四） 我曾因罹患地中海型贫血，医生说我脾脏已萎缩而将脾脏切除，目前仍然有贫血现象，又有乙型肝炎，请问如何改善？

答： 说实在的我很佩服现代医学的这些学者、专家们，既然能将人体的疾病分类成一二十万种病名，譬如贫血的现象又能区分成什么地中海型贫血，似乎分类得愈细、病名愈多，则表示愈科学、愈有成就感。可是美中不足的是，既然能细分出这么多的病名，也应该知道这些病的病因，最重要的是如何使这些疾病痊愈。若不能使疾病痊愈时，纵然知道病因仍无济于事，这种做法对人体疾病到底有什么帮助呢？

脾脏切除后，人体的贫血现象并没治愈，反而使人体更糟糕，使种种疾病更接踵而来，这即所谓的"牵一发而动全身"。

有关地中海型贫血、乙型肝炎等，都是相信高权威、高理论的高蛋白主义下的产物，也就是注重于鸡、鸭、鱼、肉、蛋与豆类等高蛋白食物，而很少吃到人体最需要的青菜而引起。因为叶绿素的成分和人体血液的血红素很接近，也就是说叶绿素是人体造血的主要元素之一，人体长期不吃青菜必将会有贫血的现象。而脾脏有造血的功能，医生的责任是在于增强或恢复人体五脏六腑的功能，而今反而将脾脏切除，当然人体的贫血现象不能获得改善，甚至将更严重；根据中医学理论："肝在五行

中属木，色青。"因此肝脏最需要的营养元素则是叶绿素和维他命 C、K，也就是多吃青菜，故长期不吃青菜的人，其肝脏功能必将急速衰退而演变成种种肝胆方面的毛病。

有人认为脾脏切除就没事了，其实脾脏切除后反而比脾脏功能低落更糟糕，这不仅严重影响人体消化、吸收营养的功能，且将使人体五脏六腑的功能失调，久而久之将引发其他重疾。譬如根据中医学理论，脾、肝、肾这三大脏腑功能低落的人极易导致糖尿病，而今脾脏已切除，又有乙型肝炎，而肝功能低落后血液中的酸毒必将剧增，而将使肾脏的负荷增加，长期下将使肾脏于超负荷、疲惫下而衰退，因此这种体质与糖尿病相当有缘，当然其他的毛病都很有机会发生，因为您已为人体奠定了造病的基础，人体不生病的话似乎将对不起您。

本自然医学主要目的就是在于帮助人体增强抗体、增强人体与生俱来的自然治愈本能后，由人体去自我改善、自我医治自己的人体，使人体达成真正的健康。如今人体的脾脏已被切除，目前惟一补救的方法就是大量服用人体五宝，来维持人体的平衡，仍然以综合五宝为主，脾宝、肝宝与肾宝则轮流补充，钙离子水则平时当开水饮用即可，若体质太虚弱者则暂时不要饮用。

（八十五）我已是鼻咽癌末期，接受化学治疗至今头发已完全掉光了，经朋友介绍而接受了自然医学已有两个多月，刚开始觉得体力、精神都有很大的进步，使我觉得非常有信心，可是这几天来，嘴巴、鼻孔和双耳都流出污血和血块来，从嘴内流出的血块约拇指大有十多块，鼻孔和双耳亦流出许多小血块，请问这是否就是排毒，有没有关系？

答：鼻咽癌形成的原因于前面已有详述，在此不再叙述。主要原因就是以药物抑制人体咳嗽，使肺部内的灰尘、污物和种种化学酸毒无法排出人体，而将演变成种种呼吸道的病变，最后则将形成鼻咽癌、喉癌或肺癌。人体所有癌症都是因人体内的酸毒偏高而引起，并非一般医学所说的癌细胞所形成，既然癌症是因酸毒偏高而引起，所谓的化学治疗是一种强酸性的化学剂，这种化学剂一沾到人体马上会使肌肤溃烂，这种治疗方式不仅无法使癌症治愈，反而徒增人体酸毒而导致人体加速死亡而已，而且每接受一次化学治疗回来后，人体还须痛苦好几天，身体愈虚弱者痛苦的时间愈久。

当接受自然医学后，人的抗体一增强时，必然会将体内原已囤积的酸毒和这些化疗的酸毒加以排除。人体欲将这些酸毒排除时将先以水分来加以稀释，使其化成血水后才能排出人体。若酸毒囤积的时间太久或人体内的脏器、组织、肌肉或骨骼等细胞，大量被酸毒所腐蚀时，人体所排出的血水中将伴有血块，酸毒愈高则血水、血块则愈黑愈臭，只要用肉眼一看这些又黑又臭的排出物，就不难了解这是人体正在排毒的现象，因此没有什么好怀疑的，也不必担心害怕。待人体把这一批酸毒排除后，这种排毒现象就会停止。当人体在改善、清理人体的过程中，认为必须再把酸毒排出人体时，则将出现第二波的排毒现象，如此一波又一波地排毒，一直到人体已净化到某种程度为止。或许有人一看到流血、排血，不论是好的血液或污血、黑色的血水、血块，只要一看到是血，心里就害怕了，有时将误以为病更严重了，其实这些酸血、毒血不排除，人体绝不能恢复健康。因此我经常提醒大家把《不生病之真法》多看几次，把观念做一番地改变，好好地加强自己的信心，愈有信心则愈有利人体地改善，尤其癌症患者将有一番艰辛的历程，必须一次、再次地熬过，惟有耐心渡过罢了。在此有一点欲提醒大家的，就是癌症患者或重疾者每出现一次的大排毒后，最好能将钙离子、五宝停止服用三、两个月，甚至半年，而把改善的时间拉长，不要让人体一波接一波地大排毒，或许人体会受不了或使人体太过于虚弱，待三、两个月或半年后再继续服用，停止服用的期间，则须注意饮食，以蔬菜为主，且多喝水。

（八十六） 我的鼻咽癌于第一次排毒过程中，排出十多块拇指大的血块和许多小血块，第二次从嘴巴又排出拇指大的血块有二十几块，从鼻孔和双耳仍排出许多小血块，人体排出这些又黑又臭的血块和污血，我知道这是在排除人体的酸毒，可是只是鼻咽癌怎么会排出这么多的污血和血块呢？

　　答：所谓的癌症也都属于病已入骨的疾病，台湾有句俗语："病入骨千刻刻不脱。"此话的意思是指已入骨的疾病则很难治愈。而一般医学对癌症又施以化疗、电疗、放疗，说是用来控制癌细胞的成长，其实只在加速人体正常细胞的死亡，而化疗又只徒增人体酸毒而已，对于癌症的治疗完全碰不着边，甭说可使癌症痊愈，连一般医学所强调的控制都无法达成。以我个人的了解与看法，这些所谓的化疗、电疗、放疗只能加速癌症患者之死亡而已，可是我却百思莫解，为什么一般医学会采用这些烂方法，而一般癌症患者又十分乐意来接受，不仅加速死亡又得花钱又受苦。

　　您曾经注射过大量的化学毒剂，这些化学毒剂于人体自我改善的过程中仍须加以排除，否则人体绝无法健康，又加上人体的肌肉、骨骼或某脏器、组织的细胞等，受到大量酸毒的侵蚀而死亡，这些死亡细胞的残骸都将被清出人体，因此就会排出这么多的污血与血块，当人体排除这些污血、血块暂告一段落时，人体的健康也就会进一大步了。我经常在提醒大家，治病的两大方法就是抑制与疏导，抑制就是利用药物、酸毒来削弱人的抗体，使人体没有能力排毒，而将人体内的酸毒、疾病抑制在人体内，使疾病缠绵不愈，一直到钱花光、人也去了为止；疏导却是完全相反，反而必须将人体内的药物、酸毒与疾病完全逼出人体，使人体细胞能恢复良好、正常的生存环境，细胞才能生存得非常活泼、强壮，细胞非常活泼、强壮，人体才能健康无病。因而，假如人体排除酸毒、污血或臭血块是不对的，那么一般医学的抑制、控制也就是正确了，假如一般医学的抑制、控制是错误的方法，那么人体排除酸毒、污血与臭血块等排毒现象就属于正确的方法了。这两种方法哪一种是对的，哪一种是错的，还是让读者自己去评估吧！

在此再次提醒，癌症患者排除污血、血块都只是属于人体改善过程中前阶段的现象而已，以后种种的排毒现象都将发生，人体原有的疾病和酝酿于人体内的疾病都将被暴露出来，尤其人体细胞于大量再生之际更有一番非常痛苦的煎熬。因此我经常在强调一句话："年纪愈小就能接触到本自然医学则表示愈有福报，因年纪愈小、人体愈无毛病时于人体自我改善过程中较不会有痛苦的反应。反之，当人体已有了重疾时，在病愈过程中必将有一番的艰辛历程，除非您所追求只是控制而已，不希望疾病痊愈，这是您的权利，我仍将尊重您的选择。"

（八十七）我的鼻咽癌这次的排毒已不是血块，而是臭肉块，从口中排出的二十几块也都有如拇指般之大小，从双耳和鼻孔仍然排出许多小肉块，当然也都夹带有污血，看起来很恐怖，请问以后还有什么好转反应呢？

答：由于现代人的疾病都是人类利用种种的药物强加抑制下而形成，当人体的疾病形成后若再继续抑制时癌症则很快接踵而至。因此人体于自我改善过程必然会将这些被抑制于人体内的酸毒、药物的酸毒、已暴发的疾病，以及还潜伏于人体内的疾病等一一都须清出人体。所以人体欲使疾病痊愈，于疾病转好的好转过程中，所出现的好转反应是属万象，也就是什么现象都可能发生，但这些都是人体自我改善过程中的必然现象，因此大家可放下一百个心。

不过我仍须提醒大家，人体演变至癌症形成的阶段时，其体内酸毒都已极高，而且通常都伴有种种的疾病，在这种情况下，人体在排毒、祛病的过程中将比一般人更艰辛，所以我特别建议，每当度过一次转强烈的排毒、祛病的反应后，最好将钙离子、五宝暂停服用，或者以少量地五宝服之即可。由于癌症都是因人体内酸毒偏高而形成，因此不论任何癌症如肝癌、胃癌、大肠癌或子宫颈癌等等，只要能让人体内的酸毒排除后癌症自然就会消失，不过由于癌症患者的体内酸毒较高，因此于人体自我排毒或种种好转反应过程，都较一般疾病患者来得剧烈，其好转反应的疼痛有时不是每一个人都能忍受，故在此特别呼吁癌症患者们，欲接受本自然医学前最好能慎重考虑一番，或者少量地服用人体五宝，不要让人体有所好转反应。更想建议读者预防胜于治疗，防患于未然，莫待疾病已在人体内形成时才想到来改善体质、净化人体，或许为时未晚，不过必须多承受一些好转反应的煎熬吧！

（八十八）我的姐姐肝硬化已引起腹水，而送医院，这几天服用钙离子水打青菜汁和人体五宝后，元气已恢复很多，可是腹水现象却未消失，请问该如何进一步改善？

答：通常肝硬化的这种症状以药物控制时，必将使肝脏更加速恶化而已，因为肝脏是人体的解毒工厂，而药物大多属于强酸、毒素，若企图以药物来抑制肝脏的种种疾病时，惟有徒增肝脏的解毒负荷而已，使肝脏无法化解这些药物的酸毒而使肝功能更急速衰退。当肝硬化已演变至腹水现象时，药物已抑制不了，送医院已无济于事，只是家人可借此花大钱求得心安，表示对病人已尽心又尽力了。

由于肝脏于五行中属木、五色中属青，因此以青菜加上钙离子水打成青菜汁来给肝脏有毛病的人饮用，其效果必将十分显著，对病人而言，在精神、气色有了很大的进步时就表示病情有了转机，是好现象。腹水现象则牵涉到肾、膀胱的问题，此问题再过三五天或一个礼

拜左右，待肝、肾功能都稍有增强时，腹水现象也就会
自然消失，这段时间里可配合使用阴离子健康促进器，
可促进人体新陈代谢，使肝、肾功能可于短时间内增
强，使用时将阴离子健康促进器调整在"弱"处，定
时开关调整在 15 分钟，然后观察病人的反应才慢慢增
强或延长每天的使用时间，如此配合，腹水现象很快就
会消失。

（八十九）我曾经胃出血 9 次，最后一次是钙离子救了
我这条命，这一年来一直继续服用钙离子和综合五宝，
并加强脾宝，身体改善得很不错，这期间反应了一两次
感冒和拉肚子，胃痛的现象已不再发生了，可是最近我
的胃又痛得很厉害，每晚三更半夜都痛得醒来，而坐在
床铺上两三个小时，觉得昏昏欲睡才躺下，请问为什么
会这样？

答：胃出血主要原因是胃酸偏高，导致胃的细胞被
胃酸所腐蚀而引起溃烂现象，人的胃有了溃烂时于一般
医学谓之胃溃疡。这时我们人尚不知改善饮食和避免人
体内酸毒的增加，胃溃疡的现象必将随着人体酸毒、胃
酸的增多而日愈严重，以至胃穿孔或胃出血。目前一般
医学对于胃出血通常只能给病患注射血液凝固剂之类的
药物，来使血液凝固以达到止血的效果，可是这种方法
对较大量的胃出血将无法达成止血的效果，而使人的血
液流完后而死亡。这种注射血液凝固剂的方法对于轻微

的胃出血或许有效，不过这种方法有时由于这些被凝固的血液无法还原，很可能流入脑血管里而引起阻塞，这就是所谓的脑栓塞，也就是一般所谓的脑中风。目前的医学或许很科学，但几乎每一种方法都将产生后遗症，不得不慎。人体是一个小自然体，若想健康无病时惟有顺乎自然，也就是顺天而已，否则科学愈发达、医学愈进步，人类的疾病反而愈多罢了。

胃出血这种现象，轻度的胃出血或许可获得短暂性的止血效果，但若不知改善体质、改变饮食习惯，胃出血的现象仍然还会发生，而且一次比一次严重，就像一般的堤防有了缺口或破洞一样，若不用正确的方法加以修护，其破洞必将愈来愈大，因此不要心存侥幸、不可三餐都是大鱼大肉、更不可暴饮暴食。话说至此，或许台湾有大多数的人会异口同声地说"吃乎死，不可死没吃。"这是一句台语，意思是宁可吃到人死或吃得人亡，而不能不吃。民以食为天，当然要吃，吃是为求维生，但必须吃得得体，否则不只是胃出血，或许更严重的疾病都将来临。胃出血时，以自然医学的方法只要三颗钙离子和一小碗的生麦粉加水拌成糊状后，让病人以坐姿的情况下半吞半喝地服下，若无法确定胃出血的部位是在胃的底部或侧边时，可令病人服下后卧下并翻滚一圈，使这些糊状的钙离子能接触到出血处，瞬间就可产生止血的效果。不过以后仍然注意饮食与改善体质，将人体内偏高的胃酸排除，否则胃溃疡、胃出血的现象仍将会发生。

人体由于胃酸偏高而使胃的细胞大量受到这些胃酸的腐蚀，以致大量死亡。当接触自然医学一年多后，人体已有了一番的净化，胃酸已不偏高，这时胃的细胞又将开始再生，以前溃烂愈严重者则细胞的再生也愈大量，再生的时间也必然愈长。当细胞大量再生时势必压迫神经，而使人体出现疼痛现象，细胞愈大量再生时则压迫神经愈厉害，人体也就愈疼痛，这种细胞再生所出现的疼痛现象必须等到细胞再生的这工程结束后才会消失，时间最长的有半年多，曾经轻微溃疡者则一、两个月或两、三个月不等。这段时间里也只有忍耐再忍耐，待胃的细胞又完全再生后，您的消化系统才能恢复最正常的功能，人体也才能获得健全的健康。胃细胞大量再生之际，则以流体食物为主，如以青菜熬成粥来食用，而且能少量多餐，尽量减少胃的工作负担，以帮助胃的改善工程尽早完成。

（九十）我的小孩接触自然医学已5个多月，这次反应咳嗽已两个多礼拜，前几天咳出了好多的痰，可是这几天咳得很像气喘，请问这有没有关系？钙离子、五宝是否须加量？为什么上次只咳了一个多礼拜，这次已咳了两个多礼拜还未结束？

答：根据中医学理论："脾为生痰之源，肺为贮痰之器。"因此痰多即表示脾肺功能都较低落。咳得像气喘似的，则表示以前人体欲发动咳嗽的震动作用，来震落肺

泡膜所卡住的灰尘、污物时，人们就利用种种的药物来削弱人的抗体，使人体无能力咳嗽，使肺泡膜所卡住的灰尘、污物无法清除，以致长年累月使肺泡膜的灰尘、污物卡得愈多也卡得愈紧。当接触自然医学后，使人体的抗体增强，人的抗体一增强后，势必将人体内所有的酸毒、垃圾排除。当人体发现肺泡膜卡满了许多灰尘、污物时，则将立即发动咳嗽作用来震落这些灰尘、污物，以恢复肺泡膜的正常功能，使空气中的氧气能顺利通过肺泡膜渗入血液里，再经由血管输送给人体全身的细胞，以供细胞完成种种新陈代谢之用。如此之下，人体细胞才能获得充分的氧气来完成种种新陈代谢的工作，人体也才能健康。

但是，由于人体以前欲借咳嗽作用来排除肺泡膜所卡住的这些灰尘、污物时，都被人们利用药物强加抑制下来，使灰尘、污物于肺泡膜上卡得很紧，又且长年累积下的灰尘、污物也必将愈卡愈多。当人体抗体增强后仍将借用咳嗽作用来清除这些灰尘、污物，这种清除肺部的工作，人体有时会以一次完成，有时将分成多次来完成。该以一次或分成多次来清除，人体自有分寸、自有斟酌，人体将视抗体的强弱而决定。若人体发现肺泡膜所卡住的灰尘、污物甚多，必须分成多次来清除时，于第一次发动咳嗽时由于人的抗体还未很强时，则发动咳嗽的时间就较短，而且也较不剧烈。当人体的抗体愈来愈强时，人体仍将再发动第二次或第三次的咳嗽，一直到肺部内的垃圾完全清除为止，人的抗体愈强时所发动的咳嗽也必将较强烈。若肺泡膜的灰尘、污物卡得很紧而人体势必将这些灰尘、污物排除时，其咳嗽现象必将非常剧烈而会有类似气喘的现象，这种现象说是正常嘛当然也算正常。因为这也就是人体排毒、清除垃圾的一种自然现象，因此不必担心，也当然没有关系。可是说不正常也可说是不正常，为什么呢？因为人体每次欲借咳嗽的作用来清除肺部里的垃圾时，我们若不加以抑制、阻止，都顺其自然的话，人体肺部也就不会囤积这么多的垃圾，人体当然也就不会有剧咳的现象，更不会咳得像气喘似的。当人体肺部里囤积过多的垃圾而无法排除，人体不仅将因氧气不足而容易引起头疼、头晕，以及影响人体细胞的种种新陈代谢外，很可能将导致肺癌、喉癌或鼻癌等呼吸道的重症。

当人体发动清除肺部里的垃圾时，小孩或年轻人均可将钙离子和五宝加量，以期帮助人体尽速完成肺部的清理工作，钙离子可泡温开水并加少许的葡萄糖来大量饮用，五宝方面则以综合五宝为主，并轮流加强肺宝、肾宝和脾宝。老年人或体质较虚者，仍少量为之，若咳得太剧烈时，亦可将钙离子、五宝暂停服用。有一点须声明的是，虽然已将钙离子、五宝停止服用，但人体的咳嗽现象却不会马上停止，必须等待抗体稍微减弱后才会停止。当人体已不再咳嗽后，又再开始服用钙离子和五宝，这种方法可使人体清理肺部的工作分成多次进行，使人体不至于咳得太厉害而觉得十分痛苦。万一咳得使人体觉得很痛苦时，仍须忍受，因为这种痛苦是人类自作聪明的结果，这叫作自作自受，怨不了谁，要怪也只能怪自己以前太相信头疼医头、脚疼医脚的医学罢了。俗语说："解铃还须系铃人。"以前由于人类的无知而将人体种种排除酸毒、排除垃圾都加以抑制，而使人体致病或不健康。如今欲恢复人体健康，也只有让人体恢复抗体、让人体有能力再把人体内的种种酸毒和垃圾排除而已，除此之外或许没有其他更好的方法吧！

（九十一）**我刚接触自然医学时，稍一感冒只要将钙离子泡热开水并加上少许的葡萄糖，顶多喝了两三颗后就没事了，可是最近一感冒至少须两三个礼拜才会好，这次一咳嗽就咳了一两个月，为什么？**

答：在此之前，已曾经将感冒的主因有了一番地详述，因此不再重复。简而言之，感冒是人体为了增强人体的抗体、免疫力或是为了消除外界侵入的细菌、病毒时，所采取的一种措施。当您未接触自然医学之前，人的抗体、免疫力还未很强时，人体为了增强抗体而发动的感冒也将属于小规模而已，这种情形就好比一个国家为了增强国防力量而发动军事演习，可是由于兵力、弹药或军事设备不足，也只能发动小规模地演习而已。感冒也就是人体发动军事演习，由于还未接触或刚接触自然医学的人，若人体稍有感冒现象也就像是小规模的军事演习而已，因此有时只需一颗钙离子或顶多两、三颗的钙离子，即可迅速帮助人体完成以感冒来增强抗体的

工作，若是因细菌、病毒侵入人体而引起人体为了抵御外侮而发动的感冒，亦将由于钙离子可迅速配合人体自然治愈本能的发动，而很快的能将细菌、病毒消灭，使人体的感冒现象很快消失。

可是，当人体接触自然医学后，人的抗体必然愈来愈强，待人的抗体增强到某一程度，也就是人体认为已有能力好好为人体自我改善时，而且人体认为必须先以感冒方式来自我改善，人体就会发动感冒来对人体进行改善，这种人体抗体增强后所发动的感冒，其持续的时间将比以前的感冒久一些。因为人体已较有能力来对人体进行较久一点的改善工作，这就好比一个人的体力增强后就可以将工作时间延长，而且也必须有较长的时间才能对人体做较彻底地改善，当人体发动感冒方式来对人体有了一番改善后，人的抗体也就比以前又迈进一大步。以上就是接触自然医学一段时间后，感冒必须持续两、三个礼拜的原因，由于一般人把咳嗽现象也都说是感冒，有关咳嗽之一事于前面已都有一番地详述，在此不再重复。人体发动咳嗽的主要目的是为了清除人体肺部内的垃圾，因此必须待人体肺部内的垃圾完全清除后，咳嗽现象才会消失，欲进一步了解请参阅前面有关咳嗽方面的叙述。

一般接触自然医学后，抗体较强的小孩很快就会发生感冒、发高烧、咳嗽等现象来自我改善，抗体较弱的小孩则须半年以上，让人的抗体逐渐增强后才会发动感冒的方式来自我改善，而成年人通常须一年以上人体才有能力发动感冒来自我改善，而老年人则须两年以上，甚至必须好几年后才有能力发动感冒。因此我们有时会听到一些老人家说："我已经很久不曾感冒了"。乍听下将认为这位老人家的身体相当不错，所以不感冒，其实是抗体已很弱而没有能力发动感冒之故。一般平常较易感冒的人，当接触自然医学后则较不易感冒，必须一直到人体抗体增强后发动感冒来自我改善时，才又会出现感冒的现象。当人体发动感冒的方式对人体进行一次或数次的改善后，人体认为不必再以感冒方式来对人体改善时，感冒的现象也就不会再出现了，必须再 5 年 10 年或 20 年后，人体认为必须再以感冒的方式来自我改善时，感冒的现象才会再出现。

（九十二）我接触自然医学已一年多，以前经常跑医院，现在已完全不必上医院了，可是最近不知为什么阴部非常瘙痒，经常排出像赤白带似的分泌物，其味难闻，我的先生已有怨言，因为每一次接触也令他奇痒无比，请问为什么会如此？该如何处理？

答：首先在此恭喜你不再跑医院了，凡接触自然医学的人都一定可远离药物，不再依赖药物来维生，又待人体彻底地将人体做一番地改善后，人体也就可远离疾病，不必再饱受病魔的折腾。不过是否能熬过人体每一波的自我改善，则须视每个人的耐力和福报了。

阴部瘙痒的现象是因人体选择经由阴道的内皮肤来

排除人体酸毒而引起，类似赤白带的分泌物就是人体排除子宫、卵巢及周遭酸毒的现象。于前面已都探讨过，酸能蚀骨腐肉，由于酸毒会腐蚀人体的肌肤，轻微的腐蚀将使肌肤瘙痒，若是较严重的腐蚀使肌肤出现溃烂时，则将使人体觉得疼痛。这种人体所排出的酸毒沾到别人的肌肤，仍将引起瘙痒的现象，因此只要沾到就必须马上用清水洗净，平时当你觉得阴部瘙痒时，可用一颗钙离子对 1000 毫升至 1500 毫升，浓淡你可自己稍加调适，装入妇用清洁罐来冲洗，这种妇用清洁罐通常于一般西药房可买到，只要一冲洗后瘙痒的现象就会马上消失。若想帮助人体尽快把酸毒排完，则钙离子与人体五宝都须加量，另外可再加强肺宝与肾宝，如此来帮助人体自我改善的效果就非常不错了。

〔九十三〕**我接触自然医学的这一两年来，已不再经常感冒，而且腰酸背疼已改善了许多，这次来经不知为什么已十多天却一直没停，每天的量不很多，为什么？**

答：有关经血排不停，这表示是你的子宫、卵巢有了肿瘤，而人体已把这个肿瘤化成血水，而人体正在排除这些血水的现象，会出现这种现象也表示你以前有痛经现象，这种排除血水的现象，其颜色通常都呈褐黑色，而且大都会伴有黑色的血块，其排除血水的时间，则须视各人体内酸毒的多寡而定。其实不只排除血水的时间长短是因人而异，而且人体何时才会把肿瘤化成血水也都不一定，譬如我的师母，她接触了自然医学 10 多年后，发现下腹有愈来愈大的迹象，当她的小腹大到了某一程度时，总是会不放心而到医院检查，检查结果医生告诉她说："你的子宫有了肌瘤，已接近爆裂阶段，若不赶快开刀，恐怕有生命危险。"我的师母听了后，才知道她有子宫肌瘤而且已化成血水，很快就会排出来了。因此医生的建议没加以理会，过不了几天这些血水就开始排放，前一、两个礼拜所排放的量较多，后来逐渐减少，一直排了一年多才结束。排放的时间长达一年多，换成他人时恐怕早已失去信心，而又回头上大医院去了。我的师母自从这次大量排放子宫肌瘤所化成的血水后，她的肌肤也比原来更洁白、更漂亮了，人体当然也更健康了。

你这次人体排放经血的现象，不论排放的时间有多长，因为所排出的血水是人体的酸毒，当人体内的酸毒愈少时，人体细胞就会愈活泼、愈强壮，人就将觉得较有精神。但有些人一看排放经血的现象，已一、二十天或一、两个月时，心里就会惶恐。她不去了解人体所排出的血水是人体的酸毒，也不去了解这些血水又黑又臭又带有黑色血块，这些脏的血水不排除，人体必将不健康，而心里只害怕排了这么多的血水，人体是否会虚脱、人体是否受得了、人体是否会有问题？因此愈想而心里就愈恐慌，在这种心理因素下人体也就会觉得虚脱、浑身无劲或种种不舒服的现象，所以愈能了解人体的自然法则，愈能了解人体自我改善的道理后，我们自然就会愈放心地把人体交代给人体去自我改善。

有关感冒和腰酸背疼的现象，于此再稍加强调，刚接触自然医学后将会有一段时间较不易感冒，可是当人的抗体增强到某一程度，人体认为已有能力发动感冒的方式来自我改善时，感冒现象也就会再发生，而感冒的时间也将较持久，有的人只发生一次感冒就可完成人体某方面的改善，但有些人有时须发动好几次才能完成人体自我改善的工作。腰酸背疼的现象也是一样，当人体正进行改善肾、膀胱、子宫和卵巢时，人体就会出现腰酸背疼的现象，也是不止一次，这种腰酸背疼的现象必须待人体认为不必再发动改善时才不会再出现，因此欲求非常健全的健康，仍须耐心等待。

（九十四）接触自然医学两年多了，已度过了感冒、牙疼、牙龈排脓、耳内流脓、香港脚等好转反应，最近却出现头发大量脱落的现象，请问这是为什么？

答：感冒反应是人体为了增强抗体而发动的自我改善现象之一，有了香港脚是人体排除人体最底部所囤积的酸毒而采取的一种措施。除了这两种外，其余的牙疼、牙龈排脓、耳内流脓和头发脱落等，都与肾功能低落有关，也表示您的肾功能是全人体最差的一环，所以每一次的反应大多与肾功能有关。根据中医学理论："肾主骨，开窍于耳，其华在发，以及齿为骨之余。"因此牙疼、牙龈排脓、耳内流脓、头发脱落等现象都与肾功能低落有关。在人体自我改善过程中，当人体为了全力支

援肾、膀胱的改善时，而将毛发成长过程中所需的营养素也都调用去支援，使毛发严重缺乏所需的营养素而脱落。另一个原因是，人体认为肾、膀胱已经有了一番的改善，已有多余的营养素可供给毛发成长之需时，人体就会先把一些发质较差的头发淘汰，以利新头发的成长，在这种情况下，人体亦将出现头发脱落的现象。简单地说，这都是人体自我改善中的自然现象，因此都不必担心，尽管放下一百个心、一万个心让人体去自由发挥吧！

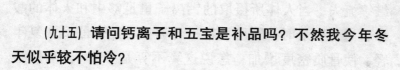

(九十五) 请问钙离子和五宝是补品吗？不然我今年冬天似乎较不怕冷？

答：古时候由于物质较缺乏，人们也较节俭，一般人三餐大都以蔬菜、五谷为主，很少吃到鱼、肉之类，因此偶尔将鱼或肉类加上少许的人参、当归一起炖煮后来食用，谓之进补。沿袭至今，人们都还存在着必须时常进进补，人体才会健康。有关进补的问题，于前章曾有一番的详述，所谓的"补"字，即补充人体之不足，使人体得以阴阳调和后，人体才能健康无病。现代人自小孩阶段就已大鱼大肉，欲补充现代人体的不足，也就是给予人体大量的青菜，青菜也就是现代人的最佳补品，而不是大鱼大肉了，因此在《不生病之真法》中就已强调"时代背景"，由于时代背景的不同，人们的生活环境、饮食习惯等，和古时候已有很大的差异。在这种情况下，欲求人体健康，在观念和方法也都必须随之改变，甚至必须一百八十度的改变，绝不可墨守成规或食古不化了。

钙离子与人体五宝是属于补品吗？应该是的。钙离子、五宝是人类的生命之源，卫生部批为"人类健康的新资源"，也就是人类的大补品，尤其是现代人的最佳补品，亦有人称之"现代仙丹"或"现代人的仙丹"。由于现代人的体质都偏向于酸性化，使人体的骨髓、骨钙于孩童阶段都已大量流失，钙离子可直接代替人体的骨髓、骨钙来中和人体的酸毒，使人体的骨髓、骨钙不再继续流失，当人体所摄取的钙离子量足够中和人体的酸毒后尚有剩余时，则可再补进骨骼里，让骨骼又恢复年轻、使骨质密度增加，您说这算不算是"补"，当然是啰，而且是"世纪之补"。因为人类自古以来能补进人体骨骼内的物质，似乎只有钙离子而已。探讨至此，或许有些人会搞迷糊，在前面曾经提到钙离子主泻、人体五宝才主补，没错。但现在我所说的钙离子是补进人体骨骼、贮存于骨骼内，以代替骨髓来中和人体酸毒、排除人体酸毒以及支援人体的各种病变之需。而人体五宝则补充人体各脏腑所需的营养素，人体五脏六腑有了充分的营养素，另外又有充分的氧气和水分时，五脏六腑的细胞和人体全身的细胞才能生存得非常活泼、强壮。人体的每一个细胞都非常活泼、强壮时，人体才能健康。因此人体五宝当然也属于补品，而且是现代人较不易摄取到的营养素，所以人体五宝和钙离子都是现代人的最佳补品、健康圣品。

较易怕冷的人，其气血都较不足，气血不足的人其脾脏造血功能必然较低落，而血液也都较污浊使人体的末梢循环不良，血液污浊则与肝、肾有直接关系，因此较易怕冷的人其脾、肝、肾等三大脏腑的功能必然都较低落。当接触自然医学后，大量吞服人体五宝时自可强化人体五脏的功能，使脾脏的造血功能、肝脏的净血功能以及肾脏的滤血功能都逐渐恢复正常，又加上钙离子可代替人体骨髓的作用，来中和人体酸毒、净化血液，因此人体气血不足的现象很快可获得改善，而且血液愈干净其循环也愈好，使人体的末梢循环也愈来愈良好、愈趋于正常，这时人体就会愈来愈不怕冷了。所以接触自然医学后，必然会愈来愈不怕冷、愈来愈不感冒、不生病，从此以后不必再依赖医生或药物来维生了。

（九十六）**我接触自然医学已一年多，这几天的小便却有白浊的现象，而且腰部十分疼痛，这是否也属于人体排毒的一种现象？**

答：排尿本来就是人体排除老废物的一种管道，而小便白浊则是人体更大量排除老废物的一种表现。人体全身细胞所需要的氧气、水分和营养，是经由动脉血管、微血管来输送，以供应全身细胞新陈代谢之需，当全身细胞完成种种新陈代谢后所产生的废物，将经由静脉血管输送到肾脏，透过肾小球的作用把血液中的这些废物滤除，这些废物必须夹带着水分才能排出人体，这种夹带着大量水分的废物也就是尿液。当人体接触自然医学

后，由于人体的抗体将随之增强，而人体的抗体增强后势必将全身细胞做一番较彻底的清除，这种现象就好像每一个家庭于年终大扫除一样，使整个社区每天的垃圾量比平常增加很多。当人体针对全身每一个细胞进行大扫除时，所清理出来的污物、酸毒也必然比平常增加很多，这些大量的污物、酸毒经由肾小球滤除而排出人体时，将使尿液比平常污浊许多，这也就是您所谓的小便有了白浊的现象。由于小便白浊的这段时间里，将使肾小球、肾脏处于超负荷的情况，故人体极易出现腰酸背疼的现象，在这种情况下，有些肾功能较低落的人，因一时无法承担这种超负荷的工作量，也就是无法将人体全身细胞所排出如此大量的污物、酸物如数一一加以滤除时，人体亦将出现水肿现象，这也都属于正常现象，也只是短暂的现象而已，待人体把全身细胞所大量排出的这些污物、酸毒一一滤除后，水肿现象也就自然消失了，您未出现水肿现象，则表示肾功能还算正常，因此更不需为此事担心。

（九十七）我有脑神经衰弱的毛病已 10 多年了，一直都没睡好觉，自接触自然医学后，每天都一觉到天亮，最近却又很难入眠，可是隔天的精神却还不错，请问这是否也是好转反应，该如何使反应赶快度过？

答：神经系统在人体内是一个非常细腻的组织，组织愈细腻则改善也将愈费周章，因此有关脑神经的改善

不生病之真法（续）

也必然要有一番的努力，而且不止一次的改善，而每当人体于改善脑神经时，人体又将出现睡不好觉的现象，一直到神经系统有了一番的改善为止，这种睡不好觉的现象才不会再出现。

当人体正处于改善脑神经的过程中，虽然晚上不能睡得很好，可是白天的精神却很好，因此不必太在意，万一精神较差时中午可小睡一下。在改善期间，每晚睡前喝一杯温的龙眼干汤泡钙离子，龙眼干以带壳的为佳，欲熬成汤时则须将外壳敲破但不可去掉，然后加水熬成汤即可，不要熬得太甜。饮用这种泡了钙离子的龙眼干可使人体较易入睡。改善期间仍以综合五宝为主，另外可加强心宝，钙离子则泡温热开水并加上少许的葡萄糖来饮用，年纪较轻的人都大量服用，以期帮助人体尽快完成改善工作，年纪较大的人则少量为之。

（九十八）我的母亲已将近70岁了，由于罹患高血压、糖尿病而服用药物已10多年，身体已很虚弱，一两年前她的脚踝因腐烂得不能愈合，医生建议须把脚踝锯掉。经我的努力，寻求中草药才保住了我母亲的双脚，半年前我接触了自然医学后，给我的母亲服用了钙离子和人体五宝，病情更有了明显的进步，可是这几天却进入了昏迷状态，不知是福还是祸，会不会像以前中风时一样，起不来又走不了，拖了一段很长的时间？

答：借此特地再强调一番，欲照顾这种长年不断服

用药物的病人，尤其是老年人必须相当留意。我们都已知道，药物系属于强酸、毒素，而酸能蚀骨腐肉，人体于长时间里受到药物强酸的侵蚀下，人体的五脏六腑和全身的细胞必然会引起腐烂或半腐烂现象。在这种情况下绝不能给予钙离子水，因为钙离子水一进入人体后，将很快的把人体内已腐烂或半腐烂的细胞化成血水，而使人体产生大量的排除血水或吐血现象。若人体内有大部分的细胞都已腐烂或半腐烂时，而都被钙离子水化成血水而排出人体时，人体将很快宣告死亡，这种情形对病人或家人或许将是一种解脱，可是基于孝道、人道的种种因素下，总希望自己的亲人能多活一些日子。因此照顾长年服用药物的病人，最好以渐进方式，开始每天只给予三五粒的人体五宝即可，并配合饮食的改善，或者以淡的钙离子水熬成大补粥给病人吃，大补粥的做法在《不生病之真法》中已有说明。谨记：绝不可一开始就给予钙离子水。然后慢慢观察病人的改善情形，才将人体五宝的服用稍微增加，但于两年内的服用量最好不要超过每天10粒的人体五宝，改善一年后可给予少许的钙离子水，依照这种原则下让病人的人体慢慢自我改善，绝对急不得，否则什么时候会出状况谁都无法预料。

　　刚刚我提到，两年内人体五宝的服用量每天最好不要超过10粒，改善了一年以后才能给予少量的钙离子水，因为对一位长年的病人接受自然医学的改善时，最好于两三年内不要出现任何剧烈的好转反应，否则很容易说走就走。您的母亲接触自然医学半年多，这几天进

人昏迷状态，在这种情况下，也就是人体正在斟酌、正在考虑是否该放弃或是继续保留这个肉体，若人体选择放弃这个肉体时，人很快就会走了；若像您所担心的，走又走不了，恐怕会拖得很久，那就有希望存活下来，因为会拖得很久，则表示人体还在努力中，不想放弃这个肉体之故。这种情形就好像接受自然医学一段时间后，牙齿会出现松动的现象，若牙齿松动了两三个礼拜后又固定了，那表示这颗牙齿还可以；因此人体认为有保留的价值，假如一直都没固定下来，而一直都在摇晃，则表示人体已想放弃这颗牙齿，而这颗牙齿于不断的摇晃下到最后就会自动脱落。

您的母亲于接触自然医学半年多，就已进入昏迷状态，则表示您所给予的钙离子或人体五宝稍微大量一些；而事到如今，惟有看您母亲本人的造化了，谁也帮不上忙，医院、医生也无能为力。因此我经常强调："人本来就没病，我们只要平时帮助人体把体内的酸毒、垃圾清除，人体细胞就可活得很健康、很快乐。"可是现代人不仅把人体内的酸毒、垃圾利用种种药物来强加抑制，而这些酸毒、垃圾被抑制于人体内而形成各种疾病后，又继续大量服用药物，也就是大量增加人体内的酸毒，使人体雪上加霜，使病情日趋恶化，到最后医院或医生宣告无效时，才想找上自然医学。在这种病情已十分严重的情况下，自然医学纵然能使之病愈，而病人亦须付出相当大的代价，我们都知道"预防胜于治疗"，因此我建议读者最好能把自然医学应用于日常生活，与日常生活

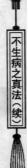

融为一体，做好平时的保健工作，"树根盘得牢，就不怕台风常来扰"，我们人体的免疫力、自然治愈力都很强时，所有的疾病、传染病也就和我们无缘，也根本不用担心病重时于好转反应过程中所出现的痛苦吧！生命无价，疾病令人痛苦，虽然药物能使人获得短暂性的舒服，可是药效一消失，痛苦又即出现，而使人一生摆脱不了病魔的折腾，请利用电子计算机重复多算几次，是否划得来。

　　（九十九）我的手肘和膝盖于年轻时曾经严重摔伤，早已痊愈，这20多年来也不曾复发过，接触自然医学一年多后，我的手肘和膝盖又先后开始作痛，请问这是否旧伤复发，假如钙离子和五宝反而会使人体的旧伤复发的话，我还能继续服用吗？

　　答：通常我听到类似这种口吻，譬如：我本来没病，而现在反而全身酸痛。好好的一个人，反而吃得全身瘙痒，请问我还能再吃吗？我还敢再吃吗？我听了后，都直截了当的回答说："当然不能再吃了，除非您的脑筋有问题，不然好好的一个人何必吃这些钙离子或五宝来让人体痛苦，花钱又受罪，何苦来哉！想接受自然医学，最好先把《不生病之真法》多看三五次，甚至三五十次，不然的话，不要乱吃钙离子或五宝，否则吃出问题来怎么办？对本自然医学而言是否吃钙离子或五宝则较不重要，最重要的是您的观念是否改变，是否已能抛弃以前

错误的医学观念，若还存在以前错误的医学观念，我劝您赶快走回头路，还是去接受头疼医头、脚疼医脚的方法，这对您来说或许较适合些。"

因为治病只有两大方式，就是疏导和抑制两种而已。自然医学的治病方法是在于帮助人体增强抗体后，由人体自我去医治自己、改善自己的肉体，把人体内的种种酸毒、疾病排出人体，谓之疏导。由于排除人体内的酸毒或疾病的过程中，将使人体觉得痛苦，因此现代医学则主张必须利用药物来抑制，使人体不觉得痛苦而谓之治病，终于使现代人误认为"止痛就是治病，不痛就是没病"的观念下，而使疾病于人体内日趋恶化，一直演变到药石罔效的地步。由于止痛就是治病的这种观念，在现代人心目中已根深蒂固，因此若不将《不生病之真法》多看三五次的话，我也懒得跟他说什么。所以信则信，不信就算了，我不会去鼓励一个人来接受自然医学，也就诚如我经常提起的一句话："风雨虽大，难润无根之草；佛法无边，只渡有缘之人。"完全勉强不得。

接受自然医学一段时间后，手肘或膝关节又先后出现疼痛的现象，也可能是旧伤复发。另一种原因是肾功能较低落、人体内酸毒偏高。若是旧伤复发则表示以前没有完全治愈，而今接触自然医学使人体抗体增强后，人体为求把自己的肉体改善得尽善尽美，必然会将以前未完全治愈的毛病，都一一加以改善，当人体进行改善手肘或膝关节时，手肘和膝关节就会出现疼痛的感觉，待人体已完成改善的工作后，这种疼痛现象就会消失。

若是肾功能低落、人体内酸毒偏高时，于人体自我改善的过程中，人体的所有的关节，不论手、脚关节、手指头、脚指头的关节处以及脊椎等，都可能出现疼痛现象，有的人只是局部出现疼痛而已，有些肾功能非常低落的人则会有全身骨骼、关节轮流引起疼痛，或者全身都引发疼痛。因为根据中医学理论："肾主骨。"有关骨骼、关节的毛病都与肾有关，肾功能低落时人体血液中的酸毒必将偏高，由于酸能蚀骨腐肉，尤其关节处较易受到酸毒的侵蚀，因此肾功能低落、人体内酸毒偏高时，极易引起关节方面的毛病，而人体自我改善过程中也必然会将人体已有毛病或已将出毛病的关节，一一加以改善，于人体自我改善过程中，人体也必将出现种种不舒服的现象，这也就是人体自我改善中必将出现的自然现象，也是正常的现象。当人体完成改善后这些不舒服的现象才会消失，这种人体的自然现象、自然法则于《不生病之真法》中，以及本书都有一番的叙述过，请再多看几次，并且多留意人体的自我改善的情形与变化，您就会愈了解人体的自然法则，也就会愈相信人体，愈能放心让人体去任情发挥、去自我改善。

当人体于改善各关节的过程中，仍然以综合五宝为主，另外可加强肺宝与肾宝，钙离子可冲泡温热的开水并加点葡萄糖来饮用，年轻人可加量，老年人或体质较虚的人仍然以少量为宜，让人体慢慢改善即可。

（一〇〇）**请问，小孩跌倒、膝盖受伤、红肿，该如何处理？**

答：有关所有外伤之处理方法如下：

1. 刀伤：伤口较小时，可将钙离子粉直接抹于伤口上，由于钙离子粉将很快与血液结合而凝固，因此可以马上止血，若伤口较大，血液较大量冒出时，则先按压或扎紧动脉血管，然后用较多一些的钙离子粉涂于伤口上，当血液已稍凝结时才不必再按压。钙离子与血液凝结后将牢牢的附着于伤口处，不可抓它，它将随着伤口的愈合而逐渐一点一滴的脱落，疤痕也将随着愈合的情况而逐渐缩小。万一钙离子粉脱落时，则可用钙离子粉搅拌凡士林来抹伤口，一直至愈合为止。

2. 擦伤：骑机车或其他原因而跌倒、擦伤时，则必须先用棉花沾淡钙离子水来清洗伤口，把伤口上的砂粒或污物洗净后，再抹上拌有钙离子的凡士林即可。

3. 灼伤、烫伤：当人体遭受灼伤或烫伤时，则先将受伤部位浸于米酒或淡的钙离子水中，一直到受伤部位不觉得有灼热感为止，然后抹上灼伤药膏即可。灼伤药膏的做法如下：凡士林一罐、钙离子六粒，大黄、梅片、滑石粉各一两，加上数滴麻油搅拌均匀后即可。家庭里平时最好能准备一罐以应急时之需，有关其中所用到的材料，如凡士林于一般西药房可买到，而大黄、梅片、滑石粉等则须到中医房购买。本灼伤特效药膏是高雄县

林园乡的王素珍小姐所提供，经过多年来的临床与印证，效果相当神速，非一般的灼伤药膏可相比拟，伤口愈合后不留疤痕，不过仍须大量服用人体五宝与钙离子水，以活化细胞并促进细胞之再生。

4. 撞伤、红肿或裂有伤口：可用地瓜叶、绿色菜叶或一般叶子较厚、较有水分的青草药等，只要任何一种就可以，经过捣碎后加上少许的钙离子粉并搅拌均匀后，涂于伤口即可，凡所涂到之处其红肿则很快消失，不过肌肉内的淤血现象将会被迫出于表皮，而使表皮出现瘀青的现象，这都是正常现象，请不必担心。或着用鸡蛋的蛋清搅拌少许的钙离子粉来抹伤口亦可，搅拌时须先将钙离子粉对上少许的水，使之溶解后再拌上蛋清，否则将很难拌匀。

5. 蛇、虎头蜂或其他昆虫咬伤：最好能先用吸罐把毒液吸掉，有一种简易的吸罐于一般登山用品社可买到，然后用淡的钙离子水稍将伤口洗一洗，并于水分未完全干之前抹上钙离子粉即可，并须大量饮用钙离子水，以中和已进入人体内的蛇毒或虎头蜂的酸毒。

（一○一）我小时候背部曾经被牛车碾过，长大结婚后只生了一个男孩后就不能再生育了，最后连坐都无法坐上半小时，因此无法上班、工作，使整个家庭经济问题完全靠我的太太，如今接触自然医学后，以前被牛车碾过的位置又出现剧痛，这是否表示人体已开始自我改善了，我很希望早日健康，早日正常上班，免得我的太太那么辛苦？

答：一个人被牛车从背部碾过，必将伤及脊椎与中枢神经，而且人体内也必然会有淤血现象，这些现象于日后都将成为严重的疾病。由于脊椎侧弯将压迫中枢神经，而影响五脏六腑的正常运作，使五脏六腑的功能逐渐低落，最后将演变成真病，因此目前有一种疗法叫做"脊椎矫正"，当一个人受到外来撞击导致脊椎侧弯，而影响到某一脏腑，使人体有了不舒服的现象时，经脊椎矫正后，使被压迫的中枢神经恢复正常，人体不舒服的现象也就会消失。但这种脊椎矫正对于已形成真病，或是由于五脏六腑有了毛病而引起的脊椎侧弯时，其效果则较差或只能获得短暂性的舒服而已，因此若已形成真病或五脏六腑有毛病而引起脊椎侧弯，主要工作仍在于人体的改善，当人体改善到某一程度后，想配合脊椎矫正并无不可，尤其现代人年纪轻轻的就有骨质疏松的现象，若不先将人体做一番改善后再做脊椎矫正，否则很难保证不出问题。

人体由于外伤、撞击将使体内形成淤血，于前面曾经引述过。这种淤血现象不清除时极易演变成癌症，可是现代的一般医学只懂得抑制、止痛，根本不管您的人体内淤血与否，而且也没有方法可将人体的淤血清除，使这些淤血于人体内变酸、变臭、变毒，而导致人体致病、致癌。当接受自然医学后，只要人的抗体一增强，必然会将这些已变质、变毒的淤血化成血水后排出人体。当淤血排除后人体细胞又有了正常的生存环境时，人体细胞又将大量再生。在这种人体排除淤血以及细胞大量再生的过程中，人体必将出现种种不舒服，甚至剧痛的现象。这些痛苦的现象出现时，也只有忍耐度过而已，绝不可再打针、吃药来加以抑制、止痛，否则您的疾病将没完没了，永无痊愈的一日。

人体在自我改善过程中，出现不舒服或痛苦的现象时，则表示人体正在进行改善中，亦表示您的疾病已有了转机，也就是病愈在望了。小时候经常听到一句话："会痛才有医，会哀才有救。"此话是指人体还知疼痛或者还会哀叫时才有活命的机会。因此这次人体所出现的剧痛对您而言，是一个大福音，不论有多痛苦只要熬得过去就是您的，所有的病痛也都将渐渐远您而去了。这段时间里可将综合五宝与肾宝各一半来吞服，可稍加量，钙离子则冲泡温热开水并加点葡萄糖来饮用，以期人体早日完成改善。

（一〇二）我目前正在洗肾，一个礼拜洗三次，本来我还会排尿，洗了一段时间后，排尿量愈来愈少，现在已完全不排尿了，整个脸愈来愈黑，身体也觉得愈来愈虚弱，每次洗肾回来后人体都觉得很痛苦，请问，自然医学能否帮我摆脱这种痛苦？

答：目前市面上正流行一种逆渗透纯水机，血液透析机也就是洗肾机，它就是应用这种逆渗透的原理，把人体血液中的水分滤除。这种血液透析机是高科技产品，利用这种高科技产品来净化人体血液，就是我在《不生病之真法》中所提到的"代打"方式，所谓代打，就好比您代替您的小孩写作业，到最后您的小孩纵然大学毕业仍然不会写作业，因为人体的五脏六腑和我们人一样，有一种惰性，当有人代替我们做事时，渐渐的就什么事都不会做，纵然会做也不想去做。当人体的肾脏有了洗肾机来帮它滤除尿液时，肾脏亦将愈来愈懒惰，到最后将完全失去滤除尿液的功能。

由于上述因素而使人体的尿液愈来愈少，最后完全不会排尿，这种情况也表示人体的肾脏已报废了。肾在五行中属水、色黑，水是无色可是当水质变坏、变臭后颜色就会呈黑色。人体是一个小宇宙、小自然体，故有阴阳、五行、五色之分。人的五脏六腑也都属于独立的一个小宇宙，因此仍然有阴阳、五行、五色之分。当五脏六腑有了毛病或功能低落时，其征兆亦将表现于脸上

或手掌，譬如心属火、色赤，一个人若满脸通红，则表示心、血管或小肠有问题。脸部愈来愈黑则表示肾功能愈来愈低落，因为肾属水、色黑，当肾功能恢复正常后，脸黑的现象也就会自然消失了。

　　罹患尿毒症的人接受自然医学的改善时，仍以综合五宝为主，并加强肾宝与肺宝即可。服用量可视各人健康情形而定，年纪不大的人可大量服用，年纪愈大的人则只能小量服用，一直改善到人体又会排尿时，才配合饮用钙离子水，喝水量的多寡视排尿量而自行增减，当排尿量愈来愈多时，最好能将每周洗三次减为二次，而渐渐减为一周只洗一次，到排尿量已较多时则可考虑停止洗肾。在减少洗肾次数或已停止洗肾的时间里，亦可利用三温暖或其他方式让人体大量排汗，因为人体全身的毛细孔的排汗量，相当于400万个肾小球的能力，也就是相当于4个肾脏的功能。停止洗肾后仍然继续服用人体五宝和钙离子，一直到人体恢复健康为止，于改善期间万一好转反应较剧烈时可稍将人体五宝或钙离子减量或暂停服用，待好转反应已稍转弱后才继续服用，这样才不至于使人体因好转反应太强烈而觉得很痛苦。

　　所谓的尿毒症，通常是因平时不断的服用药物而引起的药毒症。以前刚罹患尿毒症时每周只洗肾一次，渐渐随着肾功能的低落而使每周须洗肾二次或三次，当人体又能排尿时想和医生商量每周少洗肾一次或两次，恐怕会有困难，这只有靠您自己去说服吧！

（一〇三）我接触自然医学已4个多月了，我每天的尿量已逐渐增多，有时故意向医生请假，说是出远门而不去洗肾，如今每礼拜减少洗肾一次，人体还不会觉得很不舒服，可是这几天觉得两脚非常无力，为什么？

答：首先在此先恭喜您的病情已有很大的进步，这是您的福气和努力，不过还不要高兴得太早。人体为求达到健全的健康将会继续不断的对全人体轮流的改善，在人体自我改善过程中，将出现种种不舒服的反应，譬如您这几天两脚非常无力，这表示人体正在改善肝脏，因为在中医学理论所述："肝主筋。"在人体自我改善过程中，出现手脚无力的现象时，则表示人体正在进行改善肝脏，而使筋会有较无法承受重力的感觉，这都属于短暂性的现象而已，待肝脏已有一番的改善后，这种两脚无力的现象也就会消失。

罹患尿毒症通常都认为只是肾功能的低落或肾衰竭而引起，而前面提到两脚无力是由于人体正在进行改善肝脏之故。这解释或许将有一些人会觉得纳闷或不解，其实人体的五脏六腑中不只肝肾有极密切关系，所有五脏六腑都有其相互关系，这个道理于第七十六问题中已将人体五脏六腑、五行相生、相克的相互关系中曾有一番的详述，读者可加以参考。虽然人体五脏六腑有其相互关系，但会引发尿毒症仍以肝、肾功能低落较有直接关系，因为肝脏是人体的解毒工厂，当人体内酸毒偏高

或大量服用药物，使肝脏不胜负荷而将使肝功能急速低落，肝功能一低落后，肾脏滤血的工作负荷则将剧增，如此一来，肾脏于长期超负荷下极易衰竭或引发尿毒症。

因此罹患尿毒症的人，在人体自我改善过程中人体将以肝、肾为主要改善对象。当然其他的改善工作人体亦将视实际需要而进行改善，譬如必须发动感冒来增强人体的抗体，或是由于糖尿病演变成尿毒症的人，其脾脏、肠胃等功能也必然较差，肠胃不佳的人牙齿也都较易发生蛀牙或牙周病，人体都将一一加以改善。改善肝脏时，人会觉得爱困，连走路都想困，眼睛有时会流眼屎，是一种黄色的化脓物，或者出现筋骨无力的现象。人体于改善肾脏系统，也就是包括子宫、卵巢时，最易出现的就是腰酸背痛，其他如女性则将有经期不顺、经血不停、大量的赤白带或阴部瘙痒等现象。不论有任何不舒服的现象，都是人体正在自我改善。当已经停止洗肾时，就必须多喝水，因为现代有大多数的人由于不喝水而导致肾功能低落，而且平时三餐仍以蔬菜为主，少吃鱼、肉、豆类，以减少人体的负担，以期人体早日恢复健康。

(一〇四) 我接触自然医学已一年多了，最近每天的排尿量已很正常，所以我决定不再洗肾了，医生说我不出两个月一定又须回到医院洗肾，如今已超过两个月了，我仍然没有再回医院，可是这几天腰背酸痛得很厉害，有时心脏也觉得很不舒服，这是什么原因？该如何改善？

答：恭喜您不必再洗肾了。当人体不再依赖血液透析机来净化人体血液时，人体将会更积极的想使肾脏的滤血功能早日恢复，因此将全力改善肾脏，腰背酸痛得很厉害则表示人体正在积极改善肾脏的表现，是好现象，待这一波的改善后，您的肾功能又将有非常显著的进步。心脏会出现不舒服的现象，这表示您的心脏以前也有经常不舒服的现象，在《不生病之真法》中都曾经强调过，当人体进行自我改善中，以前曾经有过的毛病都会再出现，或还隐藏在人体内的疾病都会显露出来。尿毒症的人由于血液污浊、血液中的酸毒较高，这无形中亦将腐蚀心脏、心瓣膜的细胞，或因血浊而使心脏的冠状动脉不很畅通，而使心脏细胞得不到非常充分的养分来滋润，或因血液中的酸毒偏高而腐蚀心脏或心瓣膜的细胞，当人体有了一番净化后，心脏或心瓣膜的细胞又大量再生时，心脏也必将出现不舒服的现象，以上这些因素都将使心脏有了不舒服的现象，不过在人体自我改善的过程中所出现的不舒服现象，也都属于短暂性的现象而已，因此不必太过于担心。如果非常不舒服时，可将综合五

宝和心宝各一半的量来吞服，并且喝热的钙离子水并加点葡萄糖可帮助人体的改善工作早日完成。有关腰酸背痛的现象仍以综合五宝为主，并加强肺宝和肾宝即可，钙离子仍喝温热的并加上少许葡萄糖，如此之下，即可帮助人体较迅速的完成改善工作。

(一〇五) 停了洗肾已半年多，脸部的肤色早已恢复正常，而且容光焕发，人也觉得愈来愈有精神，可是这几天来，一喝钙离子或吞服人体五宝后马上就呕吐，每次呕吐后人就觉得非常不舒服，我的先生觉得这些现象和以前的好转反应不一样，有点不大对劲，似乎有"患邪"之类的问题，因此我请教了我们村子里的关老爷后，现在已经好多了，请问，在这世间真的有这回事吗？

答：有关"患邪"这一方面的问题，本来我不想在本书中提起，因怕有些不信邪的人会反弹或认为我是在倡导迷信。其实类似这方面的问题，只要是专心投入于本自然医学的人，在济世救人的过程中都一定会遇到，尤其面对一些绝症、重症或临危的病人，则经常会碰到类似这方面的问题，或其他奇奇怪怪的现象，是巧合或是迷信呢？

我的老师王晖评博士，有两次被学生邀请去探望罹患癌症的病人，探望后一上路，车子行驶不到 200 公尺就撞上大树或电线杆，人虽然没受伤，可是他那部富豪的车子却是灾情惨重，一次的维修费用高达三四十万元，

这两次的车祸后，就被保险公司退保了。事发之前王博士本人也都有一种预感，可是仍然发生，眼看会撞上可是方向盘就是动不了，是否又是巧合!? 屏东有一位钟先生，他的母亲已卧病多年，经朋友介绍而接触了自然医学，他先向朋友借了一盒钙离子，一回到家后，进入厨房想用钙离子冲泡牛奶给母亲喝，这时楼上传来一阵声音："小钟，您不要乱冲泡那种东西，我绝不会喝的。"声音非常洪亮，不像他母亲的声音，而且他回家时，他的母亲是睡在二楼的卧房里，根本不知道他回来，这又是巧合吗？有关这方面的怪事很多，在此不能一一提起，说实在的，世间之大真的无奇不有。

有许多绝症患者如癌症、尿毒症等求教于我，通常我都会告诉他们："一般会罹患绝症的人，往往不只是业力或因果问题，而有很多人都与前世或这世的冤孽有关，因此罹患绝症的人能否痊愈，则须看各人的造化，或许有形的病好处理，可是无形的问题却很难解决。"在接受自然医学的癌症或尿毒症的病人，有很多在三四个月或半年后即可和常人一样，正常上班、工作，可是当人体健康正迅速恢复之际，类似好转反应的痛苦现象也即将来临，说是好转反应却又不像好转反应，像你所提到的，一喝钙离子水或吞服五宝后马上引起呕吐。而每次呕吐后，人体就非常不舒服，但仍有些人是气色、体力和精神愈来愈不好等，这些异常现象有很多都已不是好转反应了。为什么会如此？认为迷信也好，或者有人不相信也好，反正在此一提仅供大家参考。

（一〇六）**我接触自然医学将近两年，最近脸上出现浮肿，请问这是人体正在改善哪一脏腑，该如何加强？**

答：在人体自我改善的过程中，脸部、腿部或全身出现浮肿时，通常有两种原因：

1. 则表示人体正在进行全身大扫除。在这种情况下，人体百兆亿的细胞中，每一个细胞只要清理出一点点垃圾或酸毒时，那么人体的静脉血液就会显得十分污浊，而使肾脏滤血的工作量剧增，这时若肾功能未完全恢复后，由于一时无法承担这种突增的工作量，而无法将人体细胞大量的垃圾、酸毒迅速排出体外时，人体也就会出现浮肿现象。

2. 当人体正进行改善肾脏时，这时肾脏的滤血功能也必然较差，而亦将使人体细胞新陈代谢后的废水、垃圾或酸毒无法迅速排出人体，导致人体出现浮肿现象。

上述的两种原因也都与肾功能低落有关，因此只要肾功能稍微增强后，这种现象很快就会消失。在人体浮肿的过程中，水分暂时不要喝得太多，通常可比照排尿量的多寡来调整喝水量，尿液少则喝水量也须减少，而尿液多时喝水量也才能增多。浮肿的现象若能配合阴离子健康促进器之使用，以加强人体的新陈代谢与血液循环，并大量服用人体五宝则可帮助人体迅速完成改善工作，人体五宝的服用仍以综合五宝为主，并加强肺宝与肾宝，在这种配合下若不是肾功能非常低落的人，通常于两三天内，这种浮肿现象就会消失了。浮肿期间若配合运动或三温暖，使人体产生大流汗作用，亦将使浮肿现象很快消失。

（一〇七）我服用钙离子和人体五宝已七八个月了，今天早上醒来却发现有一只脚像大象腿，另一只脚却是正常，请问为什么会这样？

答：这个问题的原因和前一个问题一样，于此不再重述；两条腿会有一条腿正常，而有一条腿出现浮肿现象，则表示你的肾脏有一个较差，平常较差的这个肾脏也较易出现疼痛的现象，而现在又有浮肿现象，也表示目前这个肾脏也正有疼痛的现象。不论腿部浮肿或肾脏正有疼痛现象，这都属于人体自我改善过程中的自然现象之一，只需人体将肾脏有了一番改善后，这种现象也就会自然消失。钙离子与五宝的服用方法可参阅前一个问题的答复内容。

（一〇八）我的小孩膝盖受伤，我用蛋清拌钙离子粉敷上，有时用甘薯叶捣碎加上钙离子粉来敷伤口，红肿现象当天就已消失，可是这几天来膝盖反而出现淤血的现象，在皮肤上呈紫黑色，范围愈来愈大，为什么会这样？

答：钙离子粉拌上捣碎的甘薯叶或其他外用青草药，不仅消肿的效果相当迅速，而且由于严重的撞击使人体

内、肌肉、骨骼所形成的淤血都将被逼出人体。你的这小孩这次膝盖的跌伤可说是相当严重，但也可能是以前亦曾经跌伤所残留下来的淤血，你所说的这种淤血情形不只是于肌肉而已，而包括膝关节的骨骼也都有淤血现象，这些淤血若不排除，时间一久，膝关节很可能报废，甚至可能演变成骨癌。

或许你一看到膝盖的淤血现象愈来愈严重，而心里也愈紧张，假如是这样的话，则表示你还存在于旧有的医学观念里，认为头痛于医治过程中必须愈来愈不会痛，脚痛也必须愈医愈不会痛才对，像这种淤血现象呈现于表皮而有愈来愈严重的现象，也就会认为不正常。在此若引用台湾一句俗话："没吃黑豆怎么能拉出黑豆屎。"假如人体内没有淤血现象，敷上钙离子后当然不可能会出现淤血现象。理论终归是理论，还是让你小孩膝盖上的钙离子和甘薯叶，也用来敷在你的膝盖上，看看是否也会出现淤血的现象。不过有一点必须声明的是以前你的膝盖曾经跌伤而没有彻底治好时，将钙离子加于甘薯叶中来多敷上几天时，仍然会将旧伤的淤血逼出，而亦将使膝盖表皮出现异常现象。凡事最好都能亲自求证，不要只一味相信权威、相信专家，否则人体怎么于这世界上消失都不知道。

（一〇九）**我的太太体质很差，因此我只给她服用综合五宝，至今大概已有 3 个多月了，不知为什么今天她的鼻孔不断地流出鼻血，请问这有没有关系？**

答：接受自然医学的改善过程中，会出现不断的流鼻血，而且通常鼻血中都将夹带小血块，会出现这种现象的人，则表示原来就有了鼻病，而且已将演变成鼻癌、鼻咽癌。通常一般人一看到不断的流鼻血时，心里就害怕，害怕流了这么多鼻血人体不知会怎么样？几乎没有人会想到所流出的这些污血、酸血不排出人体时，人体将会怎么样？有谁知道这些污血不排除，人体很快就会演变成癌症。不论鼻病或鼻癌都是人类自作聪明，发明种种的药物来抑制人体咳嗽而引起，本来咳嗽是人体欲排除肺部污物、灰尘的一种自然现象，可是每当人体发动咳嗽作用时，每次都被人类利用药物强加抑制，使肺部的污物、灰尘无法排除而演变成真病，甚至演变成绝症。

如今，接触自然医学后，人体的抗体一增强，必然会将人体内的种种酸毒清除。流鼻血也是人体内的酸毒化成血水而排出人体的一种现象，当人体利用流鼻血的方式来排除酸毒后。下一个动作必将发动咳嗽的作用，来清除肺部的污物、灰尘，这只是呼吸系统的改善。其他人体五脏六腑若有异常现象时，人体也都将加以一一改善，也惟有如此人体才能健康，因此人体于自我改善

中所出现的种种排除酸毒或有不舒服的现象时，都不必担心、害怕。在此又特地强调："我们人类不仅不断的破坏大自然，连人体这个小自然体也不断加以破坏，而使病魔有机可乘。而人体比我们人更了解人体、更知道珍惜人体，因此我们可以非常放心的把人体交由人体去自我改善、自由发挥吧！"

（一一〇）**我和我的先生接触自然医学后，刚开始只喝钙离子水，喝了两个多月觉得身体有点虚弱，我的先生从此就不敢再喝了，而我打电话进一步请教后，改用吞服综合五宝，至今又已两个多月，我的身体已改善许多，可是最近右侧颜面觉得有点麻麻的，不知是什么原因？该如何进一步改善？**

答：钙离子是一种学术名词，化学符号 Ca^{++}，但所有物质的学术名词也必然代表某一种实质的物质，譬如人体的五大营养：蛋白质、脂肪、糖类、维生素和矿物质等，都属于学术名词，但也代表某一种物质，因此在《不生病之真法》中对钙离子的作用有了一番详细的引述。而人体五宝只是轻轻的带过而已，因为人体五宝不属于学术名词，而是一种产品，我若对人体五宝仍加以详细说明时，或许对一些寻求健康无门人是一大福音，可是或许将有大多数人一看到书中强调某产品时，人的直觉反应就会认为这是一本生意的书，瞬间就会将心门紧闭，而把本书的好处一笔勾销，也因此而坐失良机，甚至此生中一直无法成为自然医学的有缘人。

福

不生病之真法（续）

　　由于《不生病之真法》对钙离子有较详细的引述，因此使读者对钙离子的印象特别深刻，而忽略了人体五宝，虽然所有刚接触自然医学的人，我都会赠送他一本《养生祛病妙法》，此书的主要内容是钙离子日常急救应用和人体五宝的成分、功效和运用，若能将此书多看三五次且能运用自如时，不仅此生可远离药物，而且外出登山、旅游可经常救人一命。可是这本书赠送出去后却仍然有很多人认为是在推销产品而不予理会，以致一直对人体五宝不了解而无法去运用，使人体的改善无法达到很理想的境界。

　　在自然医学中钙离子主泄、人体五宝主补，诚如中医于治病过程仍须注意人体的泄与补，针灸下针也必须将泄与补能运用自如，现代医学的营养品也就是属于补品，对于人体是否有补益，我们可暂时撇开不谈，其实现代医学仍然离不开泄与补。由于钙离子主泄，它的作用可中和人体酸毒，并可增强人体抗体后让人体自动将人体内的酸毒排除，因此钙离子属于泄。由于钙离子可中和人体内的酸毒和促进人体排除酸毒，而使人体细胞的生存环境获得改善，使细胞得以正常生存而显得非常活泼、强壮。可是人体细胞不仅需要正常的生存环境外，仍须养分来滋润，而人体五脏六腑的细胞所需的养分亦各有不同，因此自然医学于这20多年来，不断的临床与实践而研发出"人体五宝"，而且又不断的加以临床实验与改良，以尽量吻合人体五脏之需，由于人体五宝可确实补充人体五脏六腑所需要的营养素而谓之补。

由于现代人的体质有愈来愈虚弱的现象，以自然医学这20多年来的推展过程而言，在10多年前对人体的改善可先泄后补，可是近几年来则必须泄与补兼顾，因此刚接触自然医学的人，通常我都会建议他先服用综合五宝，因为综合五宝里钙离子片剂与人体五宝都有，对于人体的改善将较完整。你喝钙离子水两个月后会觉得人体有点虚弱，而且于改善过程中颜面会有麻麻的现象，这都表示你的人体较虚弱、有气血不足的现象，因为人体较虚弱所以才经不起"泄"。但若只注重于"补"而不将人体内的酸毒排除，人体细胞饱受酸毒的侵蚀也无法生存，因此必须泄与补兼顾，所以你服用综合五宝两个多月后人体就有很大的改善。

现代人由于气血不足、血浊、血酸，使人体的末梢循环不良，而导致手脚冰冷、肌肉僵硬、皮肤角质化、颜面神经麻痹、手脚趾甲发育不良等，这些都是人体末梢循环不良使细胞得不到正常血液的滋润而引起。你的颜面会有麻麻的现象，表示你以前就曾经有这种现象，那么于人体自我改善的过程中这种现象也会再出现，或许有人会说："我这个毛病早已治好了。"可是不论是否已治愈，只要于人体自我改善中仍然再出现的话，则表示以前根本没治愈而只是被抑制而已。也许以前脸上觉得麻麻的现象不十分明显，可是于人体自我改善过程中，由于大血管所清除的污物极易卡住在小血管或末梢血管，当卡住在颜面的末梢血管，使颜面末梢循环不良时，脸上麻麻的或颜面神经麻痹等现象，不过这也都属于短暂性的现象而已，请不必担心，待卡住小血管或末梢血管的污物又被清除后，这种现象也自然就会消失，但这种现象有时将出现好几次，须一直到人体血液有了一番净化后，这种脸上麻麻的现象才不会再发生。其他如手脚冰冷、肌肉僵硬、皮肤角质化、颜面神经麻痹、记忆力衰退、脑神经衰弱或手脚趾甲发育不良等现象也都须于血液净化、人体内的酸毒减少后，才会有明显的改善。

　　人体正进行血液、血管的改善工作时，仍然以综合五宝为主，并加强心宝，钙离子水亦以温热为佳，因气血不足的人喝温热的钙离子可促进血液循环，亦可加上少许的葡萄糖，不加也无所谓，若无肾水肿的现象时，可将钙离子水大量饮用，人体五宝亦随之增加，以尽速帮助人体完成改善的工作。

　　(一一一) 我接触自然医学已一年多了，我并不觉得人体有什么改善，而且也不曾有过好转反应？

　　答：通常会提出这个问题的人，大致上有下列几个因素：

　　1. 只将《不生病之真法》走马看花似的，随便翻了一次，对自然医学不了解，更谈不上有信心。

　　2. 既然对自然医学不了解、也没什么信心，那么对于钙离子或人体五宝当然也不可能大量服用，他会把钙离子或五宝当成仙丹，吃一点点就希望对人体有很大的改善。

3. 年龄在 25 岁至 55 岁之间，而且身体没什么大毛病者。因为在这段年纪的人，抗体不强不弱，不像年轻人或小孩子抗体较强，只要稍给他一点点助力后，人体的抗体很快就会增强与进行人体之改善。而年纪较大、毛病较多或药物吃多的人，其体内酸毒已接近饱和点，只要一触即发，这种情况下仍然只给一点点助力后，人体就将出现种种排毒现象或自我改善。因为现代人的体内不可能没有酸毒，因此只要大量喝钙离子水和服用人体五宝时，只要服用量一够、时间一到、人体抗体一增强，似乎没有一个人不出现排毒的现象的，因此 25 岁至 55 岁之间，且没什么大毛病的人，只要大量服用下仍将很快会出现反应。

不过一般打电话来说他都没什么改善、没什么反应的人，只要稍加提醒后，他就会说："是！是有这些情形。"因为自然医学的钙离子、五宝不论吃多吃少，对人体也一定有所改善，只是改善的情况或多或少而已，譬如一开始服用后，人体就较不易疲劳、较不易感冒，长年脑神经衰弱的人可睡得很好、较不怕冷、皮肤瘙痒或出现香港脚的现象，这些都是人体有了改善，只是有些人较粗心大意，或本来对自然医学存着半信半疑的心理，因此不曾加以留意，所以就不察觉而认为已经服用半年或一年怎么还是没改善。不过若希望人体能有一番的表现、能好好的自我改善的话，最好还是把《不生病之真法》多看几次或几十次，当您愈肯定自然医学、对自然医学愈了解、愈能放心把人体交由人体去自我改善时，人体也才能在毫无顾虑下自由发挥，如此之下，人体也才能获得最佳的改善。

（一一二）**我饮用钙离子水一年余，健康检查后，发现血液中的钙质低于正常值，这段时间大多吃青菜为主，若只吃青菜，请问人体血液中的钙质会流失吗？**

答：人体的血液必须维持在弱碱性，即 PH 值在 7.3 ± 0.05 左右，钙离子可中和人体体液、血液的酸毒，使血液渐渐趋向弱碱性。钙离子和青菜都可帮助人体的抗体增强，当人体抗体增强后，血液中多余的钙质（也就是人体不想要的）和种种的酸毒，人体必然会一一加以清除，而使血液中的含钙量降低。

或许此事应该极易求证，只要配合骨质密度之检查就可轻易证实，譬如血液中含钙量愈高的人，其骨质必定愈疏松，亦即此人的体质呈酸性，而使骨髓大量流失。而血液中含钙量愈低的人，其骨质密度必定愈佳。不过接受本自然医学而以前未曾测过骨质密度的人，或许以前的骨质早已非常疏松，当大量饮用钙离子和吞服综合五宝，而使人体认为不必再释放骨髓来中和人体偏高的酸毒，使血液中的含钙量已明显降低时，这不代表骨质密度已恢复正常，必须待人体自我改善和中和日常生活每天所摄取的酸毒后，仍有剩余的钙离子时，才能再补进骨髓，才能使骨质密度增高，骨骼才会年轻，当骨骼又年轻后，即使年纪再大，走路不小心摔跤时也不一定会骨折。

亦可在接受本医学之前先测试骨质密度，当接受半年或一年后再测试，若不是仍然大鱼大肉或大量吃西药的人，其骨质密度必将明显增高。当骨质密度增高的人，其血液的钙质（结合钙）也必然减少。以上所引述的，应该很容易去证实，读者就不会再停留在"健康检查结果或权威的理论"里，凡事要实事求是，多实践印证才是明智之举吧！

（一一三）我有位朋友，是退休教师，现年 62 岁，接受自然医学两年，最近咳得很厉害，咳出许多白色的东西，因咳嗽得很痛苦，难以忍受而到医院求诊，却发现已得肺癌，并接受医院的治疗。请问，为什么接受自然医学两年多的人还会得肺癌呢？

答：现年 62 岁，刚退休不久的这一代老师们，当时在教书过程中，大多是用粉笔写字，每天吸入了许多笔粉，而长年囤积于肺部，若人体本能较强的人，每隔一段时间就会发动咳嗽，来振落卡在肺膜上的这些笔粉，以维持肺泡膜的畅通，确保人体之健康。

由于人类无知，每当人体发动咳嗽时，人们反而利用种种的药物来加以抑制，让人体无法借咳嗽的作用来排除肺部内的这些笔粉或种种污物，所谓之止咳化痰，虽然止咳化痰的方式，可令人马上获得舒服，在现代如此污染的空气和长年来吸入大量的笔粉之下，若一味的只求止咳化痰，只会有鼻子过敏或种种的呼吸道病变而已，到最后势必演变成喉癌、鼻癌或肺癌；可能吗？应该错不了。

当接受本医学后，人体的本能将一天天的增强，当人体本能增强后，发觉肺部囤积许多污物，而且人体认为已有能力发动咳嗽来排除时，人体就会发动咳嗽。由于人们长年以来在止咳化痰下，人体肺部不仅囤积了很多污物，而且又卡得很牢，并不是随便一咳就能轻易地把这些污物加以排除。

我经常强调："人体有一种若不让人体健康绝誓不罢休的傻劲。"而人体本能愈强时，这种傻劲也就愈强，而今人体为求彻底清除肺部长年来所囤积的污物，不得不发动剧咳。以前乃因咳嗽觉得痛苦而加以抑制，至今人体必须发动剧咳才能彻底排除肺部的污物时，人体岂有不痛苦的道理呢？

我亦一再强调："人体于自我改善过程中，我们只有乐观其成，只问结果，不问过程。"人体于自我改善的过程中，有如房子重新装修一样，本来还可居住的房子却搞得乱七八糟，但若不太旧又如何换新呢？您不仅不会怪罪于装修的工人，而且还需付给他一大笔的工钱和材料费；重新装修后整个房子变得美观舒适，这才是结果，也是大家所期待的；而且人体于自我改善的过程中，不只需要过程，也需要时间，譬如人们不吃青菜、不喝水，大量的吃下鸡、鸭、鱼、肉等人体不想要的东西，又吃下大量的药物来止咳化痰、止痛抑制之下，破坏了人体六十几年，我们总不能要求人体于三五天之内就必须完成改善吧！

人体在发动剧咳的过程中，所咳出白色的东西，这就是当老师时长年累积于肺部的笔粉，亦表示人体长久以来不会发动咳嗽来排除这些污物，而今人体有能力发动剧咳来排除，本是值得高兴的事，岂有因痛苦或害怕而跑医院的道理呢？而且人体于自我改善的过程中，往往会出现肺水肿的现象，尤其平时没有什么大毛病的人，通常在接受本医学后的一二年，人体才有能力发动较强烈的改善，这都只是过程，不是结果；在这种情况下若到医院检查，医生说是罹患肺癌，应该没什么好怀疑的，而且人于 60 多年来若一直没有能力把肺部的污物清除的话，欲演变成喉癌、鼻癌或肺癌，应该不是一件难事吧！

近百年来，人类几乎已把人体的自然本能抛之于脑后，对人体的自然本能、自然法则十分陌生，如今为了了解人体，只有掏空自己，摒除过去旧有错误的观念，好好的来了解人体与生俱来的自然本能，当您非常肯定人体本能后，才能傻呼呼的把人体交给自己的人体去自我改善、自由发挥，不论人体于自我改善中出现非常痛苦或种种异常现象，甚至疼痛得整个人晕眩过去，还能处之泰然不动，才不会惊慌失措，吓得赶紧跑医院，因为您已十分肯定人体本能比医生高明数百万倍，假如人体都已无能为力，既使再求助于医生亦只是多此一举罢了，欲求了解人体进而肯定人体本能，也许可将"人之自然本能"和"不生病之真法"等书，用心反复多看几遍、几十遍吧！每多看一遍必将有不同的收获和心得，真的吗？应该是吧？

近10年来，经常有读者来电话，说他非常肯定我的理论，而想接受本医学，而我都一再强调再用心看书，看到十分肯定自己的人体再说吧！不然只肯定我张家瑞是有极限的，当人体发挥小改善所出现的小痛苦或许还可忍受，一旦发动非常强烈的改善而感到痛苦万分时，必将吓得赶紧跑医院吧！因此只有十分肯定人体本能，才是无限的，才能好好度过种种的好转反应，以达成健全健康的人生。

（一一四）请问，该如何才能加入自然医学的行列？因为我觉得没有任何行业比自然医学更有意义、更有远景的，是这样吗？

答：我经常在强调一句话："21世纪是服务业的世纪，尤其以健康服务业为主流，而中华自然医学又是21世纪医学的主流，远景相当看好。"欲加入自然医学的行列没有什么资格、学历、年龄之限制。最重要的是，必须把《不生病之真法》看上三五十次后，才能愈肯定愈相信本自然医学，只有愈肯定、愈相信本自然医学后才能愈敢大量的服务钙离子和五宝，只有敢大量服用才能出现愈多愈剧烈的反应，人体也才能于短时间获得较大的改善。人体改善愈多也才敢向亲朋好友们拍胸脯，因

此自然医学于台湾推展的这 20 多年来，能推展得很好的人并不多。而推展得不错的人，通常也都是自己本人连同全家人都很大量服用钙离子和五宝的人，否则您纵然是医师身份而自己不服用的话也推展不了。所以若想加入自然医学的行列、欲想推展得愈好，简单地说，就是自己敢亲身去体验、亲身去实践。

经常有热心朋友来电话说："这自然医学真的不错，我想帮忙推广。"可是来电话的这些热心朋友们，大都只喝了三颗钙离子，其实这种人中占大多数的人对自然医学仍抱着怀疑的态度，并不是真的认为自然医学不错。由于怀疑、怕受骗，因此想借帮忙推展的名义想买便宜一些，万一吃了没效果也可减少一些损失。所以每碰到这种只吃三颗钙离子就想帮忙推展的人，我通常都请他们先服用一两年后再说吧！结果往往都挨不到三两个月就已销声匿迹了。过去的推展过程中也经常碰到此事，当时都认为有心推展的人，就草草率率的答应他，其实他并不是真的有心帮忙推展，当然也不可能去深入了解本自然医学，而且《不生病之真法》一书也还未出版，以致服用钙离子或五宝于两三个月后，稍为有了好转反应时就被吓坏了，从此以后对于钙离子、五宝只字不提，偶然有亲朋好友欲再向他购买一两瓶钙离子或五宝时，他就会告诉他们："这种东西吃不得，好好的一个人吃得吐血，没病却吃出病来，不能再吃了。"本自然医学说实在的，很难推展，纵然您本人的身体已有了 180 度的改善，您周围的亲朋好友也不一定相信，甚至连您身边的另一半也不一定会相信，因此过去有很多人推展不来，则改推销其他健康食品，他为了推销其他的健康食品，则必须说出为什么不再推销钙离子、五宝的理由，而使以后想推展本自然医学的人于推展过程中难上加难，因此若不是已对本自然医学相当深入者，我通常不轻易放手让他去推展。而已经接触三年以上，对人体本能已有一番认识的人，富有热心、爱心与耐心的朋友们，当然欢迎加入本自然医学救人济世的行列。

不生病之真法（续）

三、健康园地

（一）昔日空心树，如今女"铁人"

—— 一位老人家的自述

我名叫洪玉缘，生于 1931 年，幼年时患中耳炎，从小左耳经常流脓，一直流至老年，童年患类风湿关节炎和胃肠炎，关节经常酸痛，胃经常吐酸水，经常连饭一起吐出，一并把胆汁吐出后才会停止。小小年纪经常头痛、头晕。童年多难，渴望成年后能有健康的身体，时时在想着若能不生病该有多好呢！可是人生旅途中往往事与愿违，在 1954 年我又感染恶性疟疾，差点送命。

愈后出院不久，又发高烧，胡言乱语，而使内科医院拒收，而转送北京市精神病医院，经反复检查结果，还是恶性疟疾，最后虽然利用药物治愈了，但却留下可怕的后遗症，不能见光，一见光双眼就流泪，不能听嘈杂的声音，一听心脏就几乎会跳出来，不想吃东西，只吃了一点点食物还是吐掉。经医院检查，诊断为神经性呕吐，经常整夜失眠，医生说是极度神经衰弱。天天针灸，有一次合谷穴被针扎得肿了一大块，可是仍然无感觉、不知痛。坚持了好几个月后，身体有所好转，可是我却无法再上学了，因我已失去记忆力。后来被调回厦门的锻压设备厂，没想到过去所学的机械制图全忘光了，连"Φ"的这种直径符号也忘了。

进入70年代初，我患了急性肾炎，经治疗肾炎治好了，却伤及肝、脾，而使肝肿大三公分，脾肿大四公分，四肢出现紫斑，嘴与鼻孔经常流出血来。由于闹不过病魔，于是于1978年我就提早退休了。

进入80年代，日子愈过愈难辛，全身经常出现各种慢性炎症，除类风湿关节炎外，还有慢性咽喉炎、内外痔疮、牙周发炎、牙龈肿痛化脓，左耳流脓已是家常便饭。受尽种种折磨，我的人生比黄连还苦，曾想寻短路一了百了。

似乎老天怜惜我这苦命人，在1991年6月经杨先生的引荐下幸能接触到自然医学，方使我体弱多病的身子有了180度的改变，当我喝下第一杯钙离子水时，多少年来不敢沾冷开水的舌头，感到涩苦酸甜、五味杂陈，而且开始生津，胃也有点温温的，真是立竿见影。第二天吃饭立刻感到肠胃有所改善，消胀特灵。不多久口臭消失了，敢与人对面说话了，厚厚的舌苔变薄了，失眠症减轻了，不经常感冒了。服用到第31天，突然全身浮肿现象消失了，两腿明显的细了很多，全身感到格外轻松，左手突然不麻了。我开心地爬上六楼去向杨先生报喜，激动得向所有来到家中探望的亲朋好友们述说这离奇之感。服用六个月后，我似乎已从奄奄一息随时都可能远离世间的人变成一个健康的人，第一次体会到健康人生的快乐。可上街买菜，以前两手一沾到冷水人就晕倒，如今可用冷水洗碗筷、衣物了，可与老伴散步，并可跳绳了。

接触自然医学的一年后，大家都说我年轻了。确实，我手上的老人斑消失了，皮肤也变白、有光泽了。十年前，左手的食指、中指和无名指每一节都有黄豆般的淤血块，也都不知道何时消失的，肠胃病痊愈了，多年不敢吃的粽子也都敢享用了，引用邻居的一句话："昔日的空心菜，如今成了铁人。"自然医学改变了我这个洪老姐，而洪老姐却成了亲朋好友的关注人物，如今在他们的影响下，香港已有数百人都成为自然医学的崇拜者。

（二）钙离子救了小湄

郭晓湄，年龄一岁半，系福州马安通信兵总站里一位郭处长之女。出生后父母倍加疼爱，为求爱女健康，整天看报翻杂志，以求最佳的育儿方法，杂志上介绍小孩要补菜汁，就每天将各种蔬菜煮汁给小湄渴。看报上讲猪骨头汤可以补钙，就每天弄猪骨来熬汤，由一大锅炖成一小碗，郭处长每天都须花上一小时来守着炉子。真是可怜天下父母心，看书养儿盼成龙，如此精心喂养，凡报上所讲的能办的都办到了。刚开始心里还蛮踏实，老家原来都是苦出身，当爷爷、奶奶、姥姥们也不知当今的"小皇帝"该如何抚养，只知道一味的关心、疼爱罢了。

　　小湄一岁多了，左邻右舍同年龄的小孩都先后会走路了，而小湄却还不会翻身。于是，全家人开始着急了，抱着小湄到处求医，诊断结果说是腰骨部有问题，但要等到五岁后才能动手术治疗，正于四处求救之时，幸好遇见正在筹办福州金钙力公司的杨总经理，并引见王晖评博士。经王博士一番解释后，才知道小孩脑门骨闭合不了，贪睡、精神差，都是严重缺钙而造成，给予大量的菜汁和骨头汤，其中的钙质很少，反而只有大量的胶质物，以致影响小孩的成长。告之以服用钙离子水，因小孩还不能吞服人体五宝无所谓。于是，每天一粒钙离子，就水冲服，不到一星期就开始发烧了，虽然王博士早已讲过会有此反应，但大家还是心中不安，一直是40多度，烧了两天两夜，家人没有一个敢睡觉的，一天中打了好几通电话到台湾请教如何处理，因怕小孩高烧后留下后遗症，在王博士的鼓励下，没打退烧针，只是不断地给小孩喝钙离子水和青菜汁，连杨总经理都吓得捏把冷汗，因为这对大家都属于第一次的经验，但小孩除了浑身发烧外，精神还是很好，使大家心中还安定些。20天以后，小孩在保姆家中竟然自己扶着床边走了六步，一看脑门也完全闭合了，全家人喜出望外。一个月后，小湄已能走、能跑了。

　　看到小孩的变化，了解此事的人都感到钙离子具有神奇的功效，感谢钙离子救了小湄，感谢王博士和杨总经理的关心和协助，全家人送了一面锦旗给福州金钙力公司，以表答谢之心。亦由于小湄的改善、发高烧，证明了钙离子的神效，使福州金钙力公司成立之时，奠定了非常稳固的基础。

（三） 钙离子将是我的终身伴侣

我是一个便秘将近 20 年的患者，由于常年便秘搞得我六神无主、坐卧不宁、饮食不正常、工作不踏实。中西药不离肚，但成效甚微。老吃泻药而使肠胃不佳，无奈我只能不断的服用牛黄来消火，以及依赖着润肠片之类的药物来过活。一便秘就服用，由于不能根治，常年依赖药物下而形成恶性循环，眼看着许多美食都不敢食用，因怕吃了又便秘，身体日渐消瘦。同志们一看到我就说："您又瘦了。"说心里话，我就怕人家这么说我。便秘成了我逃避不了的大灾难，长此下去，我这年近六旬的老人非精神失常不可。

有一次偶然机会，我接触了自然医学，只喝了几颗钙离子冲泡而成的钙离子水后，便秘就大有改善了。我如获至宝似的一口气服下了 30 粒的钙离子水，自我感觉非常好，我的便秘消失了。同志们见到我都说："脸色好多了，比以前精神了。"这教我如何不兴奋和高兴呢？我肯定钙离子将是我终生的最佳伴侣。

武念祥　于 1996 年 5 月 29 日

（四） 自然医学之奇迹

熊昭琦，女，61 岁，原属于航空部三〇三研究所高级工程师。熊工程师于 1984 年脑血栓，造成右肢瘫痪，手抬不起来，坐在沙发上，腿也抬不起来。头也因肩周炎而不能转动，冬天坐骨神经痛而不能穿衣裤，身体发胖。

1992 年的冬天接触到自然医学，开始注意饮食，每天一粒钙离子加 1000 毫升的蒸馏水，三年来于饮食上不吃糖、不吃荤食与油腻物，多吃水果、蔬菜，身体已逐渐恢复，手臂已能慢慢弯曲，并能伸直抓东西了。当开始接触自然医学的两个月后，身体就有很大的改善，吃饭、睡觉已都能正常，肩周炎这两年来不曾再发生了，除了血压还稍微偏高外，其余都很好。

熊昭琦说：回顾这一生，我在 40 岁患高血压、心脏供血不足，50 岁中风，60 岁全都好了。1994 年我到全国各地亲戚家走访了一遍，用了半年的时间，到处宣扬自然医学的神奇功效。现在全家人都在服用，我的妹妹熊昭琳，住在车公庄 24 号楼，她不但自己服用，儿子出国留学也都带上一大包。哥哥熊昭房，在湖南省电力工业局，也都全家人服用。嫂子在今年过年时，不慎被车撞伤，脸上到处都是伤，她就用浓浓的钙离子水来抹伤口，结果两天时间，嘴和脸上的红肿全部消失。钙离子的活血化瘀效果的确令人惊奇。

熊工程师女婿的母亲，57 岁，患糖尿病已多年，但不是胰岛素依赖性的，眼睛白内障曾手术两次。1994 年开始接触自然医学。一年来，奇迹出现了，糖尿病已正常、浮肿也消了、眼睛亮多了。1995 年 6 月份，她全家一次就购买了人民币一万多元的钙离子、五宝，决定此生与自然医学为伍，以求得健康愉快的老年生活。

（五）我的心声

我因车祸留下了一些后遗症，使我和家庭因而遭受很大的损失。8 年来我一直处于很消极的状态中，生活很不方便，听家人说，1985 年出车祸的当时，很危险，其他的三位同志都已遇难身亡，我昏迷了 48 天，家人很着急。我的肝脏破裂，还有脑震荡等，在医院脱离危险期后，就带了些药物回家休养。在这几年中，北京里较有名的医院全都跑过，治法大致类同，给的药也差不多一样，自身的症状一直没什么多大改善，后遗症最严重的是我的颜面神经重度麻痹，使我的人丝毫表情都没有，很呆滞，几乎和木头人一样，哭笑全不会，还流口水，舌头也不灵光，说话别人听不懂，别人说过的话，不能完整重复。头脑不清楚，记忆力减退，食欲、睡眠都相当差，走路像患了中风的病人，双手扶着拐杖，慢慢地擦着地板走，不小心就会摔倒，整天昏昏沉沉，全身无力。最让我难堪的是小便失禁，一直无法治愈，使我整天不敢喝水，在这种情况下我非常庆幸的接触到自然医

学，每天不断地喝钙离子水和吞服五宝，从 1993 年 8 月
25 日开始服用，一个月后颜面神经麻痹已有所改善，记
忆力恢复，头脑清楚食欲和睡眠都很正常，大约于 11 个
月后，身体有了明显的改善。1995 年 5 月 8 日公司来人
看我，基本上已恢复正常。平时于早上我都慢跑五六里
路不感到累，上下楼拎着十斤重的水没问题，还能动手
修理小东西，小便也正常了，现在心情非常好，身体状
况很好，我太高兴了，没想到自然医学能让我恢复得这
样好，我衷心感谢自然医学，此生愿为自然医学做一切
事情。

北京市器件五厂工人　彭宝柱

（六）这种投资很值得

　　丁鲁桢，男，63 岁，原属北京外语学院干部。丁先
生于 1987 年 12 月 11 日患脑血栓，按脑出血误诊治疗，
就医于某中医院，只恢复到能说："一、二、三"。几年
来，一年不如一年，开始还能扶拐上厕所。1989 年摔跤
骨折，不能行走；每年一到冬天就感冒、咳嗽，一直到
开春四五月后才较缓和，高烧病多。年初验血黏稠度大，
每天需服用十多种药，得病后开始发胖。1992 年 7 月病
情加重，在床上自己坐不起来，头很不舒服，嘴直流口
水。

　　1992 年 9 月 6 日接触到自然医学，经杨先生介绍使
用钙离子，每天半粒，冲泡水后服用，下午三点起床咳

嗽，四点体温升至 38.5℃，五点到 39.1℃，晚饭吃不下，各种反应都出来了，晚九点出大汗，全身衣服湿透，口水增多。如果五天后才退烧，四年来的腿肿第一次消下去了。吃到第四粒，自己走动感觉腿轻松了许多。五粒后，手浮肿也消失了。六粒后，精神大好，不再嗜睡，可以看电视了，五年来已不曾看电视，现在看到晚上 9 点甚至 11 点，自己扶着拐杖能在屋里走三米远。

1993 年 2 月份反应一次，尿里有蛋白、红血球，三个礼拜后就转入正常。当时医生诊断为肾炎，但没吃药，化验尿液却是碱性。反应发高烧，家人开始紧张，而后就一天一天的没出现异常现象，只是体温稍高些而已，家人也就放心了。有时痰多得卡在喉头，使呼吸有困难，这些只喝了热的浓钙离子水或配合一些中药，就畅通了。

自 1993 年 6 月开始，所有的药物都不用了，只用钙离子或五宝，精神很好，记忆力逐渐恢复，头脑也清醒多了，血压为 95～155。自然医学的产品不但效果好，而且又无副作用，许多亲朋好友都要求代购，现在全家人都在食用，身体都大有改善。其爱人穆兰教授感慨地说："接触自然医学后虽然花了不少钱，但老丁不用找人侍候了又省了不少钱。改善过程似乎不很快，但却天天看着在恢复，心里有盼头，不像吃西药遥遥无期，这份投入很值得。"

（七）服用钙离子——有得有失

　　1993年初，我发现同我在一个科室的勇坚同志，以一个经常感冒、生病，有时还要住院的"老病号"，如今变为神情焕发、潇洒自如、满面红光的健康人时，有幸向他请教，他才告诉我自然医学与服用钙离子、五宝，接触了这种健康医学又服用了这种神方，才使他短时间内判若两人。从此，我便成为自然医学之一员。

　　虽然年近五十，体态发胖，别人看来，五大三粗的挺着将军肚，似乎很健康。而我也常以此对别人自我标榜，然而自己的身体心里有数，虽然大病不患，却是小病不断、外强中干、曾经患有坐骨神经痛、神经性头痛、返流性胃炎、慢性鼻炎、鼻窦炎、重度脂肪肝、内痔等疾病，长期的困扰我的身心。尤其是那20多年的内痔，无论春夏秋冬，常常出血、疼痛，每逢大便十分痛苦，大便愈来愈细，直径不到1.5公分，经多方面治疗，毫无效果。此外饭后腹胀如鼓，此乃脂肪肝的"功劳"，亦无药可治。

　　自从接触自然医学后，只服用到第三粒钙离子时，我所领教的是急风暴雨般的腹泻，而令人不可思议的是，居然无任何不适之感。后来方知，此乃所谓奇妙的"排毒反应"，既然是排毒，就无任何放弃之理，服用至今已四年，有得有失，失去了疾病，得到了健康。如今很少感冒、腹胀消失，内痔的现象已逐渐离我而去，迎来的是轻松愉快。

北京　查·哈斯　1996 年 12 月 30 日

（八）钙离子使我全家得福

　　我 34 岁的那一年，肾脏长了两颗像黄豆大的结石，医生不敢跟我用碎石机来击碎，因为长在肾脏与输尿管的接点处。医生说："怕万一没处理好，肾功能会坏掉，只能用开刀将石头取出。"当时我吓坏了，一直不敢去医院接受开刀。后来又因父母都有严重的糖尿病、尿酸较高，导致腰酸背痛，肺部又不好，经常咳嗽、感冒、气喘，吃了很多中西名药和健康食品，一直都没有好转。直到有一次机缘，在一家服饰店里，认识了一位瑜珈老师赖明惠，当时她耐心的辅导我，因此我亦拜她为师接受瑜珈课程；如此接触了自然医学、自然饮食，亦服用钙离子与人体五宝，两三个礼拜后去照 X 光，我的肾结石竟然不见了，连医生都很吃惊，怎么不用碎石机又没开刀，结石会无缘无故的失踪了。

　　在接触自然医学的五个月后，开始从两个膝盖反应，长了一颗颗像水泡又臭又痒又痛的痘痘，接着在脚趾缝也一直反应香港脚的排毒现象，后来经过赖老师加强了我的信心，现在已完全复原了。我的儿子和女儿从小气管就不好，经常发烧、咳嗽、气喘、肠胃也不好，经常胀气，而且长不大。服用钙离子、五宝后，不但长高了，而人的抗体也都增强了，亲戚好友人人都赞美。有一次 3

岁的小女因长水痘及咳嗽得很厉害，吵着说："妈咪，买钙离子片给我好吗?"当时，赖老师在台中知道了，专程带了两瓶钙离子片和离子珍珠膏来。就这样又吃又擦，竟然三天就消掉了，也没有发烧，现在他们只要不舒服，就自己知道喝钙离子水和吞服人体五宝。

家母黄张焕招已患了20多年的糖尿病，三年前又发现患有肺结核、白内障，简直成为药罐子。经赖老师指导后，也成为自然医学的拥护者，也用钙离子水当眼药，好久没去看眼科了，有一天又到眼科检查，医生说："你好久没来拿眼药水，而眼球肌却能保养得这么好。"当时我在旁，我很自豪地告诉医生说："我是用钙离子水来保养我母亲的眼睛。"医生很惊讶，要我拿书给他看。

我接触了自然医学保全家平安，省了很多医药费和精神的折磨。我常对朋友说："赖老师救了我的命，是我家的贵人，在此谢谢她。"我也要把自然医学介绍给亲友们，希望把这健康福音也能带给他们。

屏 东 黄淑芹

（九） 愿自然医学深入各个角落

每一个见到我的人，不免对我的印象都建筑在"健康宝宝"的形象上。因为我的个子高大、丰润有加，形于外，根本无法联想我曾是与药缠斗过的人。事实上，我是不折不扣属于外强中干的人，如今我却已是个名符其实的"健康人"了，但愿您也是。

我是个相当严重的贫血患者，尤其一到生理期，简直是我服苦刑的日子，其间我不敢出门或做粗重的工作，因为曾有多次在外痛晕，而被抬回家或被送入医院的恐怖经验。所以每次到了这个日子的来临，情绪有如一座火山，随时都可能爆发。而医生对于我的症状无法明确，却讶于我的外表，有如此高壮的身体，怎么会毛病这么多？最后医生的结论："你的体质太差。"我为了"体质"两字请教了许多医学专家、健康专家和中医师，均无法得到满意的答案，最后于自然医学中才知道什么是体质，如今服用钙离子、五宝已有二年，感谢王教授创造了这神奇的健康医学，它使我改变了体质，得到了完全的健康。我的妈妈从一个痴肥妇女变成了苗条有致而富有韵味的女人，外表看来年轻了好几岁，前后瘦了7公斤，同样是自然医学的功劳。

而远嫁于美国定居的姐姐，一家人亦因我的爱心传播，终于也得到这套宝藏。自从接触到自然医学后，人生好像又重现生机，而我至今对自然医学已非常深入的体悟，希望这自然医学能深入世界每一角落，让人间每一家庭都能幸福美满，使社会达到全面的净化，且愿"东亚病夫"这个辱名能从国人身上远离而去，这也是凡接触到自然医学后的人都有此的期盼与责任感。

高雄县　郭淑娟

不生病之真法（续）

福

（十）肝病、黑眼袋消失了

俗语说："健康为事业之本。"年轻时代，只知"拼命赚钱"、开创事业，凭着年轻力壮的本钱，横冲直撞，逐尘商场。如今虽已闯出一片天地，然而长期的劳心劳力和日夜颠倒、暗无天日的交际应酬，使壮如牛般的我变成病猫子，每天无精打采，哈欠连连，脸上的眼袋又黑又大，就像戴了一副太阳眼镜一般，而且早就已没"性"趣了，虽然急得到处寻求名医，却检查不出哪里在作怪，西医甚至建议我到精神科去看门诊。唉！早知成功的代价是这样，那我宁可做个平凡人。

每天忙里忙外，纵然一身的不舒服，也得勉强振作，否则，辛苦一辈子的基业，虽已开花结果但亦将毁于旦夕。如此，岂止不甘，而是将"郁卒"至极。后来，经朋友介绍而接触了自然医学后，每天大量的饮用钙离子水和服用人体五宝，才让我又恢复了男性本色。不但黑眼圈消失，也年轻了许多，最高兴的是不再无精打采、疲惫不堪，和以前几乎判若两人，如获新生。

台北市西藏路　蔡天启

（十一）皮肤干癣不见了

10多年来，身上常因莫名的斑点，逐渐由小变大，颜色由浅而深，由手到脚布满全身，虽不伤人命却伤人

心。这样的斑斑点点暴露人前，让身为女人的我更无地自容了。10 多年来不断的求医过程中，任何治疗都尝试过；西药对我的病只能做暂时性的控制，长期的利用药物来控制也不是办法，而转求中医，仍未见改善。各种偏方、食品疗法、物理治疗——试过，我的胃就像一个试验药厂，试验后的结果就是五脏六腑全部伤及，人变得虚弱、无元气。在我感到人生无望之际，朋友适时出现给我莫大的安慰与鼓励，并推荐我认识了自然医学，深入了解后，我觉得救星到了，于是开始接受净化人体和血液，一年多以来病情改善不少，斑点退了，至今不曾再复发，精、气、神比以前好多了。如今有了自然医学做我身体上的后盾，我的人生再也无惶恐了。

高雄市　郭雪静

（十二）我们全家人愈来愈年轻

　　我的五官端正，曾经于友人的鼓励下，参加了高雄市"港都妈妈"选拔赛幸运得获，可是得奖的喜悦却是十分短暂，因为鼻病和严重的妇科长期困扰着我，严重时几乎令人丧失求生意志。痛苦难耐的时候我曾对我先生说："我实在不想活了！"这种病痛的折磨，生不如死，若非过来人是无法体会的。

　　或许"鼻病"是我们的家族遗传，家族中每个人都有鼻过敏的现象，记得从我懂事以来就是"浊水溪流水不停，喷嚏连连声不绝。"一年四季都在感冒，这已是

40 多年的历史了，而且年纪愈大愈严重，尤其入夜后鼻塞不通，呼吸困难令人无法忍受，接着彻夜辗转难眠，真有如世界末日的来临。而严重的妇科犹如雪上加霜，就是这种不是病的病，却跑遍了中西医院、诊所，好像神农氏尝尽了人间百草。后来竟因长期吃药而伤及了人体五脏六腑、脑神经衰弱、筋骨酸痛，更糟糕的是白皙洁净的脸上居然长满了肝斑，这对一生爱漂亮的我，简直就要"抓狂"了。

后来，经朋友介绍而接触了自然医学，开始服用钙离子系列产品的一个月后，开始产生"好转反应"，如打喷嚏、流鼻水、肝斑增多等，起初还有点怀疑，经朋友详细解说后才继续服用。至今二年余，不但以前的毛病渐渐好转，而且这段期间我们全家人没有看过医生、吃过药，人也愈来愈年轻了。

高雄市　智大萍

（十三）草籽枝会绊倒人

——区区一颗钙离子可救人一命

我的父亲于丙子年农历五月八日中风。当天早上大妹来电话通知我赶快回去，因于台中尚有事缠身而未及时赶回台南。中午，我打电话回家，是父亲接的，他说已经没事，叫我不用回去。事后，大妹告知，虽然已经暂时脱离危险，无生命之虑，但有一手一脚已有了轻微障碍，而且曾经经过家门却不知走进来。

隔天，大妹再度来电话，于电话中哭哭啼啼的，令我心中大惊，因为平时极为坚强的妹妹，怎会如此？莫非情况不妙。详细询问下才知父亲再度中风，且比前一天的中风严重许多，送到号称台南最有经验治中风第一把交椅的郭××医院治疗，当时的血压是收缩压230mm Hg，医院给予打了三次针，每次都稍微降到180mm Hg，很快又冲到230mm Hg，医院的医生们已是无能为力了，要求我们转院，转送到大医院去，当时大妹一听到不行，当然悲从中来，立即打电话到台中给我，意思要我赶回家中，看能否见父亲最后一面。当得知父亲尚未过世，心中真是高兴，原来只是被宣布没办法救，而不是已死亡。

早在1995年8月中旬，当《不生病之真法》一书出版后，我就不知拜读了几十遍。基于对自然医学的认识，我知道事情并没有绝望，中风只要尚未断气，是有机会救活的，且愈早采用自然医学处理，则完全复原的机会愈高。因此于电话中交代妹妹立刻泡一颗钙离子给父亲喝。当我赶回台南时，父亲已转院到台南市立医院，而且正在被急诊室的医师怀疑怪罪，因为血压只有160mm Hg，为何送急诊？怎么解释，医师都不相信几分钟前在郭××医院处被判定无法处理，才要求转院。

其实我原来就读于国防医学院，数年前母亲死于肝癌，一个学医的人眼睁睁地看着自己的亲人被病魔折腾至死，这种心中的悲痛与感慨实非笔墨所能形容，后来又获知我的老师×××，是我们国内癌症的第一把交椅，由于自己本人罹患鼻咽癌无法治愈，而从中医研究院的五楼跳下死于二楼阳台上。我又因困扰我多年的鼻过敏无法治愈，而请教我的学长，没想到却被学长挨骂："甭傻了，鼻过敏怎能痊愈，真枉费您读了这几年的医学。"听到这一番话，我真的傻了，我所学的医学是一种连不是病的鼻过敏都无法治愈，那又如何能济世救人。我因而开始寻求医学真理、健康真理，一天又一天，一年又一年，终于老天不负苦心人，在《不生病之真法》一书刚出版时，就于一个偶然的机会下看到。当时我细心地看了几页后，我的心中已确定这就是我梦寐以求的健康真理，拜读了几次后，我即回台南拜访张博士，也从此接触了自然医学；此次父亲的中风，由于他老人家较执著于西医，我亦认为父亲的身体还不错而疏忽，幸好，尚未铸成大错，否则又将成为终生憾事。

父亲虽中风没几天，但已严重得半身不遂。当时我坚持把父亲带回家中疗养，免得被西医耽误了痊愈的最佳时机。当我把父亲接回家后，左邻右舍和村子里的所有长辈们一致指责，我无言以对。我默默的以自然医学的方法来调养父亲，我用的方法是每天十颗钙离子水，并睡阴离子健康促进器，又配合远红外线热敷，前三天禁食其他食物，再来就是严格要求调养期间只能吃新鲜、自然、完整的健康素食，也就是纯蔬菜大餐，仅短短的十天，从严重的瘫痪到能跑能跳、能骑机车，感谢上帝。

我这份见证已写得很保守，因为我是曾经学过现代医学的人，深知目前占有大多数的国人仍沉迷于旧有的医学领域里，对于新医学的神奇成果将难以置信。就好比我父亲于转院的途中，很勉强的灌入我父亲口中的只是那颗钙离子的六分之一的量而已，就已出现奇迹，您相信吗？若不是我亲眼目睹我也不相信。此次，我父亲中风之事，受到太多人的关心，且于短时间康复的消息更备受瞩目。而今使邻居和许多亲朋好友们已都成为"中华自然医学"的忠诚信徒了。

感恩人　王竑杰　于 1997.4

（十四）10 年钙离子缘，18 年终成眷属

18 年的爱情长跑应该是世界纪录吧！18 年前与未婚妻定了婚后，我的准岳母看我体弱多病、人又瘦小，而一直不答应我的未婚妻嫁给我。这期间我的长辈们曾经几度交涉，皆无下文，使我不得不暂时放弃此念头。没想到 18 年后，我的准岳母又托人四处打听，知道我的身体已比以前健康，而且仍然没结婚，而主动的向我再重提这件婚事。因此已光棍生活 40 多年和爱情长跑 18 年的我，终于有了幸福美满的家庭。这不是天方夜谭，但却是我此生中连做梦也不曾想到的事。

我从小就体弱多病，经常感冒、肠胃不好、狐臭、肾功能又很差。四处求医无效，最后只好顺其自然。高中毕业后，为了自己的身体，于休假日或下班时间，尽量利用时间去拜师学艺，因此我对人体经络学、中医学、中草药之应用等亦有几分的造诣。我的身体也因而改善不少，可是想获得完全的健康仍有困难，尤其狐臭的这问题，却成为我与人相处的一大障碍，或许也是我的未婚妻不嫁给我的原因之一吧！纵然如此，仍然是"爱拼才会赢"。

10年前，经张教授的推荐认识了钙离子，经过张教授一番的说明与我心灵的感觉，当时我就肯定了钙离子与人体五宝，那时候的人体五宝是用透明的胶囊包装，颗粒较大很难吞服。可是我每天都是大把的服用，并大量用钙离子水。那时尚未正式命名"中华自然医学"，《不生病之真法》一书也尚未出版，我只凭我的直觉和傻劲，深知这些东西非常不错，就憨憨地服用罢了。改善期间，经过多次的感冒、发烧后，我的身体就有了很大的改善。服用了两年多，狐臭的现象更厉害，奇臭无比，我知道这是人体正全力排除狐臭的现象，果然如此，经过半年多的排除后，狐臭现象终于消失了。我的肠胃方面早就不再有问题了，肾脏反应了不知N次的腰酸背痛后，近年来似乎已不曾再腰酸过，我的人比以前稍胖了些，原来看起来有点像病态的脸，如今却是一脸福相。有一次张教授见了我说："黄俊龙，您已开始会存钱了。"其实，我不仅开始有存钱，连本来以为此生无缘的未婚妻也都又投入我的怀抱了，人逢喜事精神爽，如今天天满面春风，新娘子想要什么？须花钱无所谓，照办，欢喜就好！难怪，张教授和王晖评博士经常在强调"健康就是命运"。

台南　黄俊龙　于1997.4.15

（十五） 自然医学之赐后继有人

俗语说："不孝有三，无后为大。"我是一个独生子，尤其出生在一个旧有传统思想的家庭里，若不能生下一男，似乎将非常对不起列祖列宗。可是偏偏老天不作美，结婚后仅生了一女就无法再生育了，其实不是老天爷没关照我，而是自己的身体做不了主，一年365天有大部分的时间都躺在医院里，每次一送进医院至少都须呆上三四个月，甭说想得一子，就是此生能有机会恢复健康与否？连想都不敢想。

我是一个从事制造皮鞋的技工，由于皮鞋的制造过程中必须使用强力胶，每天8小时的工作外，经常又须加班，在每天长达10小时以上的工作中，不断的闻到强力胶的味道，就是这样而已，5年、10年下来，和我同时进入这家制鞋厂的同事刘超雄先生，早就得了气喘的毛病，而我却有了严重的肝病，肾功能也非常低落，头发也愈来愈少使头顶上已秃了一大块，秃头倒是小事，最糟糕的是严重的肝病使我每天无精打采、全身无力，疲惫不堪。多年来于大量的使用药物下又伤及肾脏，有时腰背酸痛得坐卧都不适，不仅无法上班工作，而经常被迫上医院。

10年前，我的同事刘超雄先生接触了张教授，使他的气喘有所起色后，很高兴的来到我家告诉我这个好消息，我也因此开始接受了钙离子和人体五宝。当张教授知道我很希望生一个男孩时而告诉我说："不要急，最好先把身子调养好再做生育之打算，若能投资两年的时间好好的改善您夫妻俩的体质后，再来怀孕时对小孩子有很大的好处，而且生男孩的机会较大。"可是，没想到仅短短的半年多，我的太太却已有了身孕，我知道后急急忙忙的请教张教授："只有半年多，我的太太已怀孕了，该怎么办？"这时张教授说："既然已有了身孕，那就请您的太太继续大量的服用钙离子和五宝吧！"日子一天天的过去，新生命终于诞生了，而且竟然是男孩，我和内人以及全家人无不欣喜若狂。

仅仅的半年多，又让我恢复了生育能力，这当然也表示我的身体已有了很大的改善。如今肝病早已痊愈了，黑眼袋已消失了，头发又长出来了，人也年轻了许多，因此使我这10年来一直坚持的服用钙离子、五宝，不敢轻言放弃。如今我已是一个快乐的健康人，于六七年前就接管了我父亲已经营数十年的青草药店，这两三年来，凡是不断服用青草药而不能使病痊愈的人，我都推荐他看书，就是参阅《不生病之真法》，因为现代的化学毒素已经不是青草药能化解，而是非钙离子不可，有了这本书后实在太好了，免得说了老半天，对方仍然有听没有懂，希望天下间有缘、有福的人能早日接触到自然医学。在此特别感谢自然医学之赐，使我后继有人。

台南　林乡茂　于 1997. 4. 16

（十六）我只有一句话"我比谁都健康"

记得我小学五六年级时，正流行一首歌，歌名是"我比谁都爱你"。引用这个歌名，我想高呼"中华自然医学，我比谁都爱你，因为你使我比谁都健康。"当然，或许不可能比谁都健康，但在我的同学、同事中我却是最健康的人。以前曾经有一段很长的时间里，每天都为自己的健康而忧虑，如今却常以健康而自豪。目前我就聘于一家公司担任会计工作。有时我自己也很怀疑，我是否还那么年轻吗？应该不可能吧！可是却经常有人问我："张小姐，你结婚了吗？"早就当妈妈了，大儿子今年已经就读高中了。

8年前，有一天晚上，被浑身的病痛折腾得无法入睡，不知已凌晨几点了，我在彷徨无助的情况下而求助于我的大哥，就是张家瑞博士，当电话一打通，我大哥听我哭哭啼啼的，话也说不清楚，只好叫我好好睡觉，隔天一早会来看我。当大哥来到我家一看到我时，吓了一跳说："怎么几年不见而已，你的身体变得这么糟糕。"而叫我认真服用钙离子和人体五宝，则开始服用的前三个多月，每喝钙离子水或吞服人体五宝时就马上呕吐。这时我的大哥已去了中国大陆，因此我的大嫂就把我接到她家中，以方便照顾，若不是大嫂的细心照顾，我对于我以后的人生实在不敢想像，或许已在奈何桥上不知来回几趟了。

我虽不是头顶长疮、脚底流脓全身坏到底，不过从头部到五脏六腑，以及全身 360 支骨头似乎都有问题，10 多年前由于骑机车摔伤而导致严重的脑震荡，从此以后只要稍碰到头部就又将发生脑震荡，而且经常头晕、头痛，脾胃、肝脏、肾脏和妇科方面都有毛病，自从那次脑震荡后，身体更是急速走下坡。来到大嫂的家后，仍然是喝钙离子水也吐，吞服五宝照吐，大嫂看我呕吐后，就叫我再喝再吞，渐渐的，一天、一个礼拜、一个月过去了，如此又过了两个多月后，喝钙离子水与吞服五宝时就不再呕吐了，可是钙离子水的味道仍然叫我无法忍受，连人体五宝一打开瓶盖也都有一股异味，一直到了服用两年多后，钙离子和五宝的异味才消失，不过有时于好转反应中仍然还会觉得有一股怪味，现在闻起来才觉得人体五宝很香，而且钙离子水喝起来很甜。您说，以这种情况看来，我的身体有多差呢？

　　于人体自我改善的好转反应过程中，几乎别人有过的反应我都有，别人不曾反应过的现象我也都发生，譬如我反应肾、膀胱方面时，腰酸背痛的现象不在话下，人体所出现的浮肿期间，曾经有多次中有一条腿正常，而另一条腿却像大象腿，而且经常睡到三更半夜，胸部的肋骨自动张开，每当醒来后发现才用双手压回去。一年 365 天中占大部分的时间都在反应，反应期间人体痛苦，但却高兴在心里，因为每一次好转反应后，我的身体也都向健康迈进了一大步：若有稍久一些不出现好转反应时，我的心里反而会觉得不高兴，有时会自己嘀咕的说："最近人体怎么没继续改善呢？"我的身体也就在一波波的改善下，年复一年，如今身体一健康，烦恼事也随之减少，人体无病一身轻，每天都过得很快乐，过得很逍遥自在，这才是真正的人生。

台南　张雁凌于 1997. 4. 16

（十七）给双亲的最佳献礼——"健康"

近 10 多年来，一直潜心钻研人体这小宇宙、小自然体，10 年前，当我已洞察人体的自然法则，对人体的种种自然现象、自然法则有了深入了解后，接着又获得人间至宝——钙离子和人体五宝。那时，我曾对父母亲说了一句话："爸、妈，或许我不能给您们很多钱，但我却可以给您们'健康'。"

时光如梭，岁月催人老。双亲的年龄已七十八九了，10 年来，村子里老一辈的人，甚至比双亲年轻的人，走的都走了。双亲却愈来愈年轻，家父因不习惯坐车，因此较少外出，家母则较活跃，至今每天仍田里田外，出国旅游一概奉陪，经常要我们带她去爬山。两位老人家还做做小生意，生活起居一切都自己照料，完全不需我们做子女的服侍，每年春节，内外孙儿们全部回来时，也都是家母亲自掌厨。家母的身体原来就较无毛病，10 年来的改善过程中，主要的反应是皮肤瘙痒而已，若痒得太厉害时，她就将钙离子、五宝吃少一点或暂停，她的静脉曲张的现象已改善很多了。家父于年轻时，体力

不生病之真法（续）

很好，手脚利落，27 岁那年肩上扛重物，仍半走半跑，由于路滑不小心而摔倒，人亦被重物整个压住，使脊椎严重受伤，当时四周无人，家父坐在地面上整整一小时后才能慢慢爬起来。当时台湾刚光复，物质十分缺乏，家父本着年轻力壮而未就医，而于两年后演变成糖尿病，几十年来一直服用一些中草药，方使病情不致快速恶化，而 10 多年前仍演变至前列腺肥大。10 年来的改善过程主要的反应也就是脊椎与肾、膀胱方面，因此经常腰背酸疼，有时筋骨觉得十分僵硬，由于脊椎严重伤害而压迫中枢神经，导致长期脑神经衰弱，而于改善过程也经常睡不好觉，其他拉拉杂杂的小毛病，亦不断的反映出来，使家父有一段时间想放弃，而后经家母和内人的鼓励下才又继续接受自然医学的改善，本来脊椎骨有两节严重弯曲和骨刺，如今早已痊愈了，前列腺肥大现象虽未完全复原，但糖尿病现象也早就消失了。

当双亲接触自然医学已六七年后，较不会出现大反应时，我就告诉双亲可以将钙离子、五宝稍微加量无所谓，家母生性节俭，仍然是较少量的服用，我就经常鼓励他们，而引述以前老一辈的人常说的一句话："不求好生，但求好死。"此话的意思是指我们人虽然无法选择出生时的富贵贫贱，但却希望寿终时安然的死去，欲求"好死"的主要关键就是在于健康，古时候的人时间一到，眼睛一闭就走了，而现代人一生须受尽病魔折腾，而死前又须疼痛得于地上翻滚，似乎是痛死的而不是病死的，这到底是个人所造的孽而不得好死，或是因错误

的医学带引着人类步入如此痛苦的深渊呢？因此我经常鼓励双亲想求得走得安然，就是必须让身体健康，欲求健康无病，或许只有借助于自然医学，只有多服用钙离子与人体五宝吧！在此也希望全天下为人父母者，也都能享有健康、快乐、幸福的晚年。

张家瑞　于1997.4.19

（十八）人生无疾赛神仙　黑白彩色一线间

从1995年7月10日起，接触到自然医学至今，不觉已一年又十个月，在这期间心里的起伏很大，从刚开始的疑惑、不安到半信半疑，一直到认同与肯定，以及现在我用最中肯的心，将此自然医学推荐给我周围的亲朋好友，包括我的母亲与兄弟姊妹们，希望他们也能有此福气寻回全家人的健康和幸福。接受自然医学的人体自我改善过程中，几乎尝尽人生的酸、甜、苦、辣，历尽沧桑，犹如身经百战，而今有了如此丰硕的战果，不禁感到万分欣慰，并庆幸自己当初明智之抉择。

在此之前，我的先生是个"药罐子"，或许我不该这样来形容他，不过事实却是如此，疾病似乎和我的先生特别有缘，患有脑神经衰弱、头痛、失眠、牙疼、眼疾、耳鸣、良性鼻瘤（亦称皮上皮乳头瘤）、心律不整、胃溃疡、脂肪肝、富贵手、香港脚、颈紧，以及腰椎经常酸痛。所有所谓的现代病、文明病几乎集于他一身，折腾得令他痛苦不堪，整天愁眉苦脸、唉声叹气，甚至一个

晚上找四个医生也是常有的事。而三个小孩，或许是承袭了父亲的体质，三天两头就往医院跑，打针、吃药已是每天的主要功课。我白天须带小孩到医院排队挂号，并帮先生预约，然后于晚上再陪先生到医院就诊，一家人已成各医院的常客。小孩不能上课，大人不能上班，没有收入，费时又费钱，生活陷入困境。病痛、就医、打针、吃药，多年来已成为我和先生每天惟一的共同话题，以现代病之猖獗，相信和我同样有此遭遇的人，应该不在少数吧！因此希望我的此篇健康见证，能帮助有缘的读者们也能走上此条健康大道。

　　记得刚接触自然医学时，凭良心说，我并不相信世间真有如此神奇的钙离子和五宝，尤其张教授告诉我，只要全家人能好好的配合自然医学，对人体健康有了一番的改善后，不出一年半载，家运、财运将有很大的转变，也就是开始会有了积蓄；当时我并不以为然，认为张教授只是在吹嘘，因此一直抱着半信半疑的心态配合着，没想到经过一年之后，我发觉银行存款真的慢慢地增多了。这时终于让我体会到张教授的那一席话："身衰而运低，命好才有好运，命好就是有好的生命，也就是有好的身体，有好的身体、有了健康才能有好的财运，因此人体健康后才能拥有财富。"因为我先生的身体已渐渐康复，不再请病假、不再看医生了，而且已有体力在业余时间赚取外快。我的小孩也都能正常去上学，不再打针吃药了，使我有时间打工赚钱弥补家计，以及做一些我一直很喜欢做而没有时间让我去完成的事，如看看书、学画画等。如今，我的人生开始有了目标，前后的两种不同的心情、不同的体会与感触，实非笔墨所能形容。

当然在这过程中相对的也付出相当大的代价，我们全家人几乎都领教过多次"好转反应"的考验。例如：我的先生在好转反应时，所有的病痛都再次呈现，牙痛、头痛、胃痛，甚至流出鼻脓、鼻血，还吐血块等等。我的大女儿于人体自我改善肝、肺时，皮肤出现大量排毒，使全身到处出现溃烂的现象，一直到现在人体排毒的现象还未结束，因为她以前服用了太多的药物。而我的小儿子，曾发烧到40℃并持续了24小时才退烧，另一次又发烧到最高温是39.8℃，一星期后才退烧，光是肺部在排痰时，曾经两次咳嗽达三四个月才停止。再说我的慢性结膜炎和慢性喉炎，找过三四个医生都看不好，而今也都痊愈了，连脸上的蝴蝶斑也淡化了。

本来，我的母亲责备我不该道听途说，拿全家人的生命开玩笑，为此事几乎闹家庭革命，但经过长期的印证和我一番的解释后，尤其在我大弟的膀胱结石被钙离子化解排除后，母亲才终于接受，并也一起服用。本来她的左手经常酸痛得很厉害，曾打过两针的类固醇，不但不见好转，几乎连手臂都给废了，现在已不再酸痛了，连20多年来依赖西药控制的甲状腺肿大，也一年多不再服用西药了。更值得一提的事，1996年7月初，母亲于旅游金门时，曾有同一旅行团的团员发生食物中毒，她也利用了钙离子与五宝来为该团员解毒，效果非常神速，而渐渐地使她老人家也愈来愈肯定自然医学，并且已同意当时年仅一岁的小女儿服用。将近两年的努力和坚持，全家人的体质都有了一番的改善，个个身心一天比一天健康，饮食也随之改变，原来全家人似乎都是肉食动物，而今连小孩也都以青菜为主。如今我已拥有幸福美满的家，这是我一直渴望而终于成真的事实。

生活于过去那段黑暗的人生里，从来也没想到，我此生竟然能从黑白转变成彩色的绮丽人生，这一切该归功于两位大贵人，在此特别一提，那就是汪贵凤小姐和陈玉隆先生，真感谢他俩人的引荐与无时无刻的鼓励与扶持，才使我很有勇气的走完这段黑暗坎坷的路程，使我全家人再次闻到春天的气息。尤其感激隆哥赠送的《不生病之真法》，此书使我们全家受益匪浅，真是功德无量，您们的帮助与恩情，只有感激再感激，千言万语尽在不言中。

台南　洪水莲　于 1997. 4. 17

目录速查表

一、健康之道

· 369 ·

不生病之真法（续）

不生病之真法（续）

二、人生之道

不生病之真法（续）

不生病之真法（续）

寿

不生病之真法（续）